中华优秀传统文化的传承与创新研究

剧静宜 著

吉林文史出版社

图书在版编目（CIP）数据

中华优秀传统文化的传承与创新研究 / 剧静宜著.

长春：吉林文史出版社, 2024.9. -- ISBN 978-7-5752-0644-0

Ⅰ. K203

中国国家版本馆CIP数据核字第2024DQ3321号

中华优秀传统文化的传承与创新研究

ZHONGHUA YOUXIU CHUANTONG WENHUA DE CHUANCHENG YU CHUANGXIN YANJIU

出 版 人：张 强

著 者：剧静宜

责任编辑：张焱乔

版式设计：李 鹏

封面设计：文 亮

出版发行：吉林文史出版社

电 话：0431-81629352

地 址：长春市福祉大路5788号

邮 编：130117

地 址：www.jlws.com.cn

印 刷：北京昌联印刷有限公司

开 本：710mm×1000mm 1/16

印 张：13.25

字 数：210千字

版 次：2024年9月第1版

印 次：2024年9月第1次印刷

书 号：ISBN 978-7-5752-0644-0

定 价：85.00元

前　言

在经济全球化和现代化进程不断推进的背景下，如何有效地传承中华优秀传统文化，避免其在现代社会中被淡化或被遗忘，成为文化工作者和教育者的核心任务之一。优秀传统文化是中华民族的精神根基，承载着丰富的历史智慧和道德观念。因此，在传承过程中，首先需要通过系统的教育和宣传，将优秀传统文化的精髓深入人心。比如，可以在学校教育中增加优秀传统文化课程，通过经典诵读、礼仪教育等方式，让年轻一代了解并认同优秀传统文化的价值。创新既是文化发展的动力，也是优秀传统文化适应现代社会的必然要求。优秀传统文化在面对现代社会的快速变迁时，需要通过创新实现与时代的对接和融合。例如，在文学、艺术、影视等领域，可以将优秀传统文化元素与现代表现形式相结合，创造出既有传统韵味又符合当代审美的新作品。这不仅能吸引更多的年轻人关注和参与优秀传统文化，还能使优秀传统文化在新的历史条件下展现出独特的魅力和价值。

本书旨在系统探讨中华优秀传统文化的基本概念、传承路径、与现代教育的融合、创新性发展、与科技的结合、国际传播、社会价值，以及实践推广等多个维度。通过对这些主题的深入分析，本书旨在为读者提供全面而深入的文化研究视角，帮助他们更好地理解和继承中华文化的精髓，同时探索其在现代社会中的创新性应用。本书的价值不仅仅体现在对优秀传统文化理论的深度解析上，更在于其为文化传承与创新提供了可操作的路径和实践策略。通过结合现代教育技术、文化创意产业、科技创新等领域的实际案例，本书为教育工作者、文化研究者、政策制定者及企业管理者提供了丰富的参考资料和实用的指导建议。本书不仅对从事文化研究、教育工作、文化管理及相关领域的专业人士有参考价值，也适合对中华优秀传统文化感兴趣的广大读者阅读。

目　录

第一章　中华优秀传统文化的基本概念

第一节　中华优秀传统文化的定义与内涵

一、定义

（一）历史定义

1. 源远流长

中华优秀传统文化是中华民族智慧的结晶，是中国社会的根脉所在。经过几千年的历史积淀，这些文化不仅形成了中国独特的文化特征，也深深影响了东亚乃至世界的文化格局。面对现代化的浪潮和全球化的冲击，如何有效地传承和创新这一宝贵的文化遗产，成为我们必须认真面对的课题。

中华优秀传统文化在悠久的历史长河中孕育了丰富的思想精髓，如儒家思想的仁爱、道家思想的自然、佛家思想的慈悲等，这些思想体系不仅塑造了中国人的价值观，也影响了社会的伦理道德。优秀传统文化中的经典如《论语》《道德经》《红楼梦》等，都是中华文化的瑰宝，体现了高度的哲理和人文关怀。传承这些经典，不仅仅是对优秀传统文化的尊重，更是对民族精神的延续。

优秀传统文化的传承并非简单地复制和再现。随着时代的发展，社会的变迁，优秀传统文化也面临着许多挑战。如何在现代社会中保留其核心价值，如何使其在新的时代背景下焕发新的生命力，是文化传承面临的重大课题。传统节日的庆祝方式、传统工艺的保护与创新、传统艺术的传承与发展等，都是需要我们认真思考和实践的问题。

在创新的过程中，我们应当注重在尊重传统的同时进行适应性变革。创新不仅仅是形式上的更新，更是对优秀传统文化精神的再创造。现代科技的发展为优秀传统文化的传播提供了新的平台和方式，数字化技术的应用使优秀传统文化可以更广泛地被传播和保存。将优秀传统文化融入现代生活和艺术创作，也能使其更加贴近当代人的需求和审美。

2. 多样性与统一性

在探讨中华文化的多样性与统一性时，我们首先需要认识到这一文化体系的复杂性。中华文化的多样性体现在其历史的发展、地域的广阔、民族的多元及思想的深邃上。中国历史悠久，各个时期的文化表现出不同的风貌。春秋战国时期，百家争鸣，各种哲学思想竞相涌现，这些思想在一定程度上丰富了中华文化的内涵。

尽管如此中华文化在不同地域和历史阶段展现出的多样性并没有影响其内在的统一性。这种统一性表现为文化的核心价值观和理念的一致性，例如，儒家思想中的"仁爱"、道家思想中的"自然"等，这些思想不仅在不同的历史时期保持了连贯性，在地域上也得到了广泛的认同。中华文化的统一性不仅仅体现在文化理念上，更体现在语言文字、习俗礼仪等方面，这些共同的文化元素形成了中华文化的骨架。

不同历史时期的中华文化虽有所变化，但其根基始终保持一致。无论是封建社会的儒家文化，还是近现代的社会变革，这种文化的根本特质都没有发生根本性的改变。中华文化的统一性在经历了无数的社会变迁和历史风云之后，依然能够维系其基本的文化脉络。这种现象表明，中华文化不仅具有适应变化的能力，还能在变化中保持其核心价值。

从地域角度来看，中华文化的多样性体现在东南沿海与西北内陆的文化差异上。东南沿海地区受外来文化的影响较大，如福建的闽南文化和上海的海派文化，都有独特的地域特色。而西北地区，如新疆的维吾尔族文化和甘肃的回族文化，则展现出与东南沿海截然不同的文化面貌。这种地域上的文化多样性并没有削弱中华文化的统一性，反而通过互补的方式丰富了整体文化的表现。

历史的变迁也带来了文化的融合与创新。无论是汉唐时期的丝绸之路，还是明清时期的海上丝绸之路，中华文化在与外部文化交流的过程中，既吸收了外来的文化元素，又保持了自身的文化特色。这种融合与创新并没有导致中华文化的同质化，反而在融合的过程中，文化的核心价值观和文化精神得到了进一步的强化。

中华文化的内在统一性体现在对传统的继承与创新上。在面对全球化的冲击时，中华文化并没有丧失其传统的根基，而是通过对优秀传统文化的现代解读与创新，继续发挥其在当代社会中的作用。传统的节日习俗在现代社会中得到了新的表现形式，这种既继承传统又与时俱进的做法，体现了中华文化的包容性与适应性。

中华文化的统一性还表现在对历史记忆和文化认同的保持上。中华民族有着深厚的历史记忆和文化认同，这种认同感使得各个民族和地域在多样性的文化表现中，都能保持对中华文化整体的认同。无论是历史的传承，还是文化的认同，这种统一性都在不断的文化交流和融合中得到了稳固。

（二）学术定义

1. 文化学视角

从文化学的角度来看，中华优秀传统文化不仅仅是一个历史遗产，它更是中华民族精神和价值观念的集中体现。这种文化包罗万象，涵盖了哲学、伦理、文学、艺术、宗教等多个方面，展现了中华民族独特的文化魅力和深厚的文化积淀。中华文化的核心在于其哲学思想，这些思想深刻地影响了中华民族的生活方式和思维方式。儒家思想、道家思想和佛家思想共同构成了中国古代哲学的主流，它们不仅塑造了中国古代的政治和社会结构，也深远地影响了现代中国人的价值观和行为规范。

在伦理方面，中华优秀传统文化强调的是一种和谐的社会关系和道德规范。这些伦理观念体现在家庭伦理、社会伦理及政治伦理等多个层面，特别是儒家提倡的"仁爱""礼仪""中庸"等理念，对中国社会的稳定和发展发挥了重要作用。通过强调家庭的和谐与个人的自律，中华传统伦理在促进社会稳定和人际关系和谐方面具有显著效果。儒家伦理观也深刻影响了中国的教育体系和社会风尚，为中华民族的文化认同提供了坚实基础。

在文学方面，中华优秀传统文化展现出了独特的艺术风貌。古代诗词、小说、散文等文学形式不仅反映了当时的社会风貌和人们的情感世界，也传承了中华文化的思想精髓。唐诗宋词以其优美的语言和丰富的意象，表达了中国古代文人的情感和思想，而《红楼梦》等经典小说则通过细腻的描写和深刻的洞察，展现了中华文化的复杂性和多样性。文学作品不仅仅是文化的载体，更是思想和情感的表达方式，对于中华民族的精神生活具有深远的影响。

艺术是中华优秀传统文化中最为直观的表现形式之一。无论是传统的书法、绘画，还是音乐、戏剧，都承载了中华民族独特的审美观和文化价值。书法艺术不仅展示了汉字的美感，也体现了书法家的个性和情感。绘画艺术通过山水画、花鸟画等表现形式，展现了中国古代文人对自然的热爱和对人生的感悟。而京剧等传统戏剧则以其独特的表演方式和戏剧结构，体现了中华优秀传统文化中的人物性格和伦理观念。艺术不仅仅是文化的表达方式，更是文化交流的重要桥梁。

中华优秀传统文化的这些方面共同构成了一个丰富而复杂的文化体系。这种文化体系不仅反映了中华民族的历史和思想，也在现代社会中继续发挥着重要作用。在全球化的背景下，中华优秀传统文化不仅需要保护和传承，还需要与时俱进，融入现代社会的发展中。通过对中华优秀传统文化的深入研究和理解，我们不仅能更好地认识和把握中华民族的精神特质与文化价值，也能在全球化的过程中展示中华文化的独特魅力和深远影响。

2. 历史学视角

从历史学的视角来看，中华优秀传统文化不仅仅是中国古代文明的结晶，更是中国人生活方式、社会制度和价值观念的综合体现。从远古时期开始，中华民族的日常生活就受到自然环境和社会条件的深刻影响。农业社会的形成推动了定居生活的普及，使得农耕、手工业和商业逐渐成为主要的经济活动形式。古代中国人对自然的尊重和对天命的信仰在很大程度上塑造了他们的生活习惯与风俗习惯。传统的节气和节日不仅反映了人们对自然变化的感知，还体现了他们在日常生活中对自然规律的适应。

中华优秀传统文化的社会制度同样具有深远的历史意义。自古至今，中国社会一直保持着以家庭和家族为核心的社会结构。儒家思想强调的"孝悌"原则，深刻影响了家庭关系和社会秩序。历史上的封建制度与科举制度也是中华优秀传统文化的重要组成部分，它们不仅影响了政治结构，在很大程度上也塑造了社会流动性和人才选拔机制。通过这些制度的演变，我们可以看到中国社会如何在长期的历史过程中逐步建立起较为稳定的社会秩序和文化认同。

价值观念的形成与演变同样至关重要。中华优秀传统文化中的儒家、道家和佛家思想构成了中国古代的主要哲学体系。儒家思想强调社会伦理和人际关系的和谐，道家思想则关注自然和个体的内在和谐，佛家思想带来了对生死和轮回的深刻理解。这些思想不仅影响了中国人的世界观和人生观，也在文学、艺术和道德规范等方面留下了深刻的印记。随着历史的演变，这些价值观念不断融入中国人的生活中，形成了独特的文化传统和精神风貌。

中华优秀传统文化还在处理外部影响和内部变革中展现出其独特的适应性与融合性。无论是来自中亚的丝绸之路文化交流，还是近代西方列强的入侵和影响，中国文化都能在保留自身核心价值的同时，吸收外来文化的精华。这种文化上的包容性和适应性不仅展示了中华文化的强大生命力，也为其在全球化背景下的传承与发展提供了宝贵经验。

二、内涵

（一）哲学思想

1.儒家思想

儒家思想作为中华优秀传统文化的重要组成部分，以其独特的哲学观点和道德规范深刻影响了中国及东亚地区的历史和文化。儒家思想的核心概念包括"仁""义""礼""智""信"，这些理念不仅塑造了个人的道德标准，也指导了社会的行为规范。仁作为儒家思想的核心，强调的是一种以爱人为基础的道德情感。孔子认为，仁是所有美德的根本，是一个人最基本的道德素养。仁的实现要求人们对他人表现出真诚的关怀和同情，而这种关怀不仅限于亲密的关系，还应扩展到对社会中每个人的尊重与关爱。仁的实践体现了儒家提倡的人际和谐与社会稳定，反映了对人性善良本质的信任。

义是儒家思想中与仁密切相关的一个重要概念。义主要是指做事的正当性和公正性。孔子认为，人们的行为不仅要出于个人的感情，还必须符合社会的道德标准和公平原则。在实际生活中，义要求人们在面对个人利益与公共利益冲突时，能够坚定地选择公正合理的道路。义的实现不仅仅体现在个人行为的正当性上，更涉及社会制度的公正性。因此，义的核心在于对社会责任的担当和对正义的坚守。

礼在儒家思想中同样占据着重要的位置。礼的基本含义是规范社会行为的礼节和仪式，它不仅仅是表面的形式，更是内在道德的体现。孔子强调，礼的目的是维护社会秩序和人际关系的和谐，通过礼节展示尊重和关怀。礼的实施要求人们在社会交往中表现出应有的礼貌和尊重，这不仅有助于个人修养的提升，也有助于社会的稳定与和谐。礼的核心在于通过规范行为，促进人与人之间的相互理解和信任。

智在儒家思想中作为一个重要的德行概念，主要是指智慧和判断力。孔子认为，智不仅仅是知识的积累，更是能够正确判断和处理各种问题的能力。智的体现要求人们在面对复杂的社会问题时，能够透彻分析并做出明智的决策。智的培养不仅涉及学习和思考的过程，也需要在实践中不断积累经验。智的核心在于将理论知识与实践经验相结合，通过智慧的引导实现个人与社会的共同发展。

信在儒家思想中同样具有重要的意义。信主要是指诚信和可信赖性，它既是个人行为的基础，也是社会交往的根本。孔子强调，信是维系人际关系和社会秩序的关键。一个人如果失去了信，就无法赢得他人的尊重和信任，也无法建立良好的社会关系。信的核心在于保持一致性和可靠性，通过诚实守信的行为赢得他人的尊重和认可。信不仅是个人品德的体现，也是社会和谐的基础。

儒家思想中的"仁""义""礼""智""信"五大核心理念，体现了儒家对个人修养和社会秩序的高度重视。通过对这些理念的理解和实践，可以有效促进社会的和谐与进步。儒家思想不仅在中国古代历史中发挥了重要作用，也在现代社会中继续对人们的道德观和行为规范产生着深远影响。通过对儒家思想的深入研究，我们能够更好地理解和践行这些理念，从而实现个人与社会的共同发展。

2. 道家思想

道家思想源于中国古代的哲学体系，其核心观念是"道法自然"，即宇宙万物的运行和变化应当遵循自然的法则。这一思想不仅关注自然界的规律，也强调人类社会的行为应当与自然和谐共生。在道家思想中，"道"是宇宙的根本原则，既是宇宙的起源，也是万物生成和演化的基础。它超越了具体的物质世界，存在于万象之中，具有无限的包容性和流动性。

首先，道家认为宇宙的本质是"道"，它无形无象，却是万物的根源。这个观念体现在《道德经》中，老子提到"道可道，非常道，名可名，非常名"。这句话的意思是，真正的"道"是无法用语言描述的，它超越了一切现象和名相。道的存在是绝对的，但它并不以具象的形式存在，而是通过自然界的变化和生命的流转表现自身的力量。因此，理解"道"的核心在于感受自然的节奏和变化，而非仅仅依靠理性分析。

其次，道家的核心思想之一是"无为而治"，即通过顺应自然达到治理的效果。这一思想体现了道家对权力和管理的独特见解。老子在《道德经》中提到"无为而治"的理念，意指理想的治理状态是以最小的干预和控制达到最佳的管理效果。在道家的观点中，人类的活动应该尽量减少对自然的破坏和干扰，从而使社会和谐稳定。与之相对的是儒家强调的积极干预和管理，道家则主张顺应自然的趋势，达到一种自然而然的和谐。

再次，道家思想强调"自然"的重要性。自然不仅仅是一个物理概念，它更代表了宇宙的根本规律和生命的本质。在道家看来，自然不仅包括外在的环境，还包括人类的内在本质。人类应该学习从自然中获得智慧，通过内心的自我修炼实现对自然法则的理解和遵循。这样，人们不仅能与外部环境和谐共处，还能在内心达到一种平和的状态。自然在道家思想中被看作一种智慧的源泉，通过与自然的互动，人们可以获得真正的自我认识和生命的意义。

在社会和人际关系中，道家提倡一种简朴和谦逊的生活方式。道家认为，过度的欲望和贪婪会导致社会的不和谐，因此，个人应当追求简单的生活，减少对物质的依赖，从而实现内心的安宁。老子在《道德经》中提出"知足者富"，这句话强调了满足和知足的重要性。在道家看来，财富和权力并不是幸福的真正来源，反而内心的平和与满足才是幸福的基础。

最后，道家的哲学包含了对人生的独特看法。人生在道家思想中被看作一种自然的过程，应当顺其自然地发展。在这一过程中，个人应当保持一种开放和接受的态度，不应过分执着于个人的欲望和目标。老子认为，过度的追求和努力反而会使人陷入困境，只有顺应自然的节奏、随遇而安，才能获得真正的平和与幸福。这种思想鼓励人们在面对生活中的各种挑战时，保持一种淡然的心态，从而更好地适应环境和应对困难。

（二）文学艺术

1. 文学

中华传统文学以其悠久的历史和丰富的形式，成为世界文学的重要组成部分。诗歌、散文、小说和戏剧等多种形式，不仅展现了中华文化的多样性，也深刻地影响了整个东亚文化圈。经典作品如《诗经》和《红楼梦》无疑是中华文学的璀璨明珠，它们不仅在中国文学史上占据着重要地位，也对世界文学产生了深远的影响。

首先，诗歌在中华传统文学中占据着重要位置。《诗经》作为中国最古老的诗歌总集，不仅仅是文学史上的里程碑，更是了解古代社会风貌和思想文化的重要文献。《诗经》收录了自西周初期至春秋中期的 305 首诗歌，通过这些诗歌，我们可以看到当时社会的风俗习惯、政治伦理及人们的情感生活。《诗经》的诗歌形式多样，有风、雅、颂等，通过生动的语言描绘了古人的生活景象及其情感世界。这些诗歌不仅具有高度的文学价值，也在古代教育中发挥了重要作用，成为古代文人的必读经典。

其次，散文作为中华传统文学中的一个重要形式，体现了文人的思想深度和艺术追求。从《左传》中的散文到宋代的苏轼散文，无不展现了散文形式在表达个人情感和思想方面的独特魅力。《左传》以其纪实性的散文风格记录了春秋时期的历史事件，不仅为后人研究古代历史提供了宝贵的资料，也为散文形式的发展奠定了基础。而苏轼的散文则融合了个人情感和哲学思考，显示了宋代文人的风采。通过这些散文作品，我们可以看到古代文人如何通过文字表达他们对生活的理解和对世界的看法。

再次，小说在中华传统文学中有着重要的发展。明清时期的小说特别是《红楼梦》，作为古代小说的巅峰之作，不仅展示了小说艺术的高超技巧，还深刻揭示了社会的各种矛盾和人性的复杂。《红楼梦》以其丰富的人物塑造和细腻的情感描写，被誉为"中国古代小说的经典之作"。书中对贾、史、王、薛四大家族的描绘，不仅是对当时社会生活的真实再现，也反映了作者对人生和社会的深刻思考。它不仅在中国文学史上具有重要地位，也对后来的文学创作产生了深远的影响。

最后，戏剧作为中华传统文学的重要组成部分，通过戏曲这种艺术表演形式，将文学作品呈现给观众。元代的杂剧和明清时期的京剧，是中国传统戏剧的两个重要阶段。元代的杂剧以其生动的表演和丰富的情节，逐渐形成了独特的戏曲风格。而的京剧则更具综合性，融汇了音乐、舞蹈、唱腔等多种艺术形式。京剧不仅展现了中华优秀传统文化的魅力，还在全球范围内传播了中国戏剧艺术。戏剧的形式和内容不断发展变化，不仅丰富了中国的文学艺术，也为中华文化的传播做出了重要贡献。

在总结中华传统文学的发展历程时，我们看到，不同的文学形式各有其独特的艺术价值和历史意义。诗歌以其凝练的语言和深刻的情感表达，成为古代文人情感和思想的寄托；散文以其自由的形式和丰富的内容，展示了古代文人的智慧和个性；小说以其细腻的叙事和深刻的社会洞察，反映了人性的复杂和社会的变迁；戏剧以其综合的艺术表现和生动的演绎，将文学作品呈现给观众，展现了中华文化的独特魅力。这些文学形式不仅是中华优秀传统文化的瑰宝，也为世界文学宝库增添了宝贵的财富。

2. 书法

书法作为一种传统艺术形式，不仅展示了文字的美学，还深刻地反映了书法家的内在修养和文化素养。其历史悠久、形式多样，从早期的篆书、隶书到后来的楷书、行书、草书，每种书体都承载着丰富的历史背景和文化内涵。王羲之和颜真卿作为书法史上的代表人物，他们的作品不仅具有极高的艺术价值，也为后人提供了宝贵的书法学习资源和灵感。

书法的艺术魅力在于其独特的表现形式。书法不仅仅是文字的书写，更是一种将个人情感、思想及文化修养融入文字的艺术。王羲之的《兰亭序》作为书法史上的经典之作，正是这种艺术表达的杰出代表。王羲之通过流畅的笔触和优雅的字形，将自己对自然景色和人生的感悟融入其中，形成了独具风格的书法作品。这种将个人情感与书法艺术相结合的方式，使得书法作品不仅仅在视觉上美丽，更在精神上给予观者深刻的触动。

书法作为一种心灵修养的方式，体现了书法家对内在修养的追求。颜真卿的书法作品，如《多宝塔碑》，展现了他深厚的文化底蕴和卓越的书法技巧。颜真卿不仅在字形结构上追求严谨，在笔墨运用上也力求自然流畅。他的书法作品往往给人以稳重、厚重的感觉，体现了他对书法艺术的深刻理解和个人修养的高度。通过书法的创作，书法家可以将自己的情感和思想通过笔墨的方式表达出来，这种表达不仅仅是艺术的体现，更是个人内在修养的一种展现。

书法的学习和创作过程，实际上是一个不断修身养性的过程。学习书法不仅仅是掌握技法和风格，更是通过书写的过程去感悟和提升自己的心灵。书法中的每一个字、每一笔都需要书法家用心体会，这种细致入微的过程，能够帮助书法家在精神上得到升华。在书法创作的过程中，书法家通过对笔墨的控制、字形的把握，不断锤炼自己的审美能力和艺术感知力，从而实现个人的修养和成长。

此外，书法的艺术形式还具有教育和传承的功能。书法不仅仅是个人艺术的表达，更是文化传统的传承。在中华优秀传统文化中，书法被视为一种重要的文化艺术形式，具有悠久的历史和深厚的文化积淀。通过学习和研究书法，书法家能够继承和发扬优秀传统文化，使书法艺术得以延续和发展。这种传承不仅仅是技法上的延续，更是文化精神和价值观念的传递，使书法艺术能够在不同的时代和社会背景下继续发挥其独特的影响力。

第二节 中华优秀传统文化的历史发展脉络

一、先秦至魏晋南北朝时期

（一）先秦时期

1. 文化起源

中华文明的起源是一段悠久而复杂的历史，其文化基因根植于黄河流域和长江流域的古代文明。黄河流域的仰韶文化和长江流域的良渚文化代表了中华文明的两大早期文明阶段。仰韶文化，存在于公元前 5000 年至公元前 3000 年间，是中国史前时期的重要文化之一。它以新石器时代的遗址、陶器、石器和骨器为主要遗物，这些遗物展示了早期社会的生活方式、生产力水平和宗教信仰。仰韶文化的遗址主要分布在黄河中游的陕西、河南、山西等地，这些区域的考古发现为我们揭示了当时社会的基本面貌。

与此长江流域的良渚文化则在时间上略晚于黄河流域的仰韶文化，存在于公元前 3300 年至公元前 2300 年。良渚文化的主要遗址位于现代的浙江省，这一文化阶段的特征是其玉器制作技术和复杂的社会结构。良渚文化遗址中发现了大量精美的玉器和大型的宗教祭祀场所，这些发现表明，良渚文化不仅在物质文化上取得了显著成就，在精神文化和社会组织方面也展示了其高度发展的一面。

从考古学的角度来看，仰韶文化和良渚文化之间存在一定的联系与影响。仰韶文化的陶器技术和石器技术为良渚文化的出现奠定了基础，而良渚文化则在其基础上进一步发展，表现出更高的技术水平和社会复杂性。这种文化上的连续性和发展反映了中华文明在早期阶段的演变过程，也为后来的历史时期提供了重要的文化遗产。

黄河流域和长江流域的文化交汇地带，往往成为不同文化之间交流和融合的中心。这种交流不仅体现在物质文化的传播上，还包括技术、思想和宗教观念的交流。仰韶文化和良渚文化之间的文化互动，为中华文明的形成和发展提供了丰富的素材与动力。

2. 周礼与儒家思想

周代确立的礼乐制度，是中国古代社会文化体系的重要组成部分，这一制度不仅体现了当时的政治制度、社会结构，也深刻影响了后来的儒家思想。周礼的核心在于通过礼仪和音乐的规范维护社会秩序，体现了古代中国对社会和谐和个人修养的重视。这一制度的确立，不仅奠定了周代社会的基本秩序，也为儒家思想的形成和发展提供了重要的基础与背景。

具体而言，周代的礼乐制度包括礼制、乐制，以及它们在政治、宗教和日常生活中的应用。礼制涉及各种社会活动中的仪式规范，从朝廷的祭祀、迎宾到婚丧嫁娶等，都有严格的礼仪要求。乐制则包括音乐的创作、演奏和使用，强调音乐在表达情感、教化人心中的作用。周礼将礼乐结合起来，通过规范化的礼仪和音乐实践，旨在实现社会的和谐与稳定。这一制度不仅关注社会秩序的维护，还注重个体的道德修养和精神成长。

在这一背景下，孔子创立了儒家思想，进一步发展了礼乐制度的核心理念。孔子提出了"仁、义、礼、智、信"五德的概念，强调这些德行在个人修养和社会关系中的重要性。仁，作为儒家思想的核心，是对他人的关爱和同情，强调了个人在社会中的道德责任；义指行为的正当性，强调做事要有原则和正义感；礼则是社会行为的规范，强调遵守礼仪、维护社会秩序；智是智慧和辨别力，强调理性思考和明智决策；信是诚信和信任，强调人与人之间的诚实和可信。这五德不仅是个人修养的标准，也是社会和谐的基础。

孔子在阐述儒家思想时，特别强调了礼的重要性。他认为，礼不仅仅是外在的仪式规范，更是内心道德修养的体现。通过遵守礼仪，人们能够培养自身的品德，修身、齐家、治国、平天下。礼的实践有助于规范个人行为，促进家庭和睦，维持社会秩序，从而实现社会的稳定与和谐。孔子在《论语》中反复提到，礼是道德修养的基础，是实现仁德的重要途径。

儒家思想中的"仁"与"礼"密切相关，仁不仅要求对他人充满关爱，还要求通过礼仪的实践体现这种关爱。孔子认为，仁者必定重视礼，因为礼是实现仁德的方式。通过礼仪的规范，个人能够在行为上表现出对他人的尊重和关怀，从而促进社会的和谐与稳定。儒家思想在继承周礼的基础上，进一步深化了礼的内涵，将其与个人道德修养和社会责任紧密结合。

儒家思想对"义"的强调，也是对礼乐制度的一种延续。义作为儒家思想的重要组成部分，强调行为的正当性和原则性。孔子认为，个人的行为应当符合道义，不仅要符合社会规范，还要符合内心的道德标准。义的实践不仅要求个人在社会活动中遵循礼仪，还要求个人在面对各种道德困境时，能够坚持正义和原则。儒家思想将义作为个人修养和社会行为的重要标准，体现了对周代礼乐制度的继承和发展。

在儒家思想中，"智"与"信"也起到了重要的作用。智是个人在处理各种问题时所需的能力，强调理性思考和明智决策；信则强调诚信和信任，认为这是维持社会关系和谐的重要因素。孔子认为，智慧和诚信不仅是个人修养的重要方面，也是实现社会和谐的关键。通过智慧，个人能够更好地理解和践行礼仪规范；通过诚信，个人能够赢得他人的信任和尊重，从而促进社会的和谐。

（二）秦汉时期

1. 统一文字与法律

秦始皇的统一措施，特别是"书同文，车同轨"的政策，不仅是中国历史上重要的政治改革，也为后世奠定了文化和法律统一的基础。这一措施的实施，标志着中央集权制度的建立，极大地推动了国家的统一和社会的稳定。在这一过程中，文字的统一和法律制度的整合发挥了至关重要的作用。

在统一文字方面，秦始皇实施了"书同文"的政策，规范了文字书写的形式。秦朝时期，文字的统一主要通过推行"小篆"来实现。之前的六国文字各异，这不仅造成了书写和理解上的困难，也影响了国家治理和行政效率。秦始皇的文字统一政策，旨在消除各地书写的差异，使官方文书、法律条款及行政命令可以在全国范围内得到一致的解读和执行。这种文字的标准化，不仅提升了政务处理的效率，也为文化交流和经济活动提供了统一的语言基础。

随后，"车同轨"的政策同样体现了统一的必要性。这项政策规定了全国道路和交通的标准，确保了车轨的一致性。统一的交通标准不仅便利了全国范围内的人员和物资流动，还为经济的发展创造了有利条件。交通的统一有效地消除了因地区差异而产生的运输障碍，促进了国家内部的经济一体化和市场的形成。这一措施同样反映了秦始皇对于国家统一的深远考虑。

法家思想的实施也是秦始皇治理的核心。秦朝在法律制度上的改革，体现了法家思想中的"法治"理念，强调了法律面前人人平等和严格的法律执行。这一法律制度的建立，突破了以前各国各自为政的状况，确保了国家政令和法律规定在全国范围内的一致性。法家思想的引入，使得秦朝的治理更加规范化和系统化，这不仅对当时的社会产生了深远影响，也对中国后来的法律体系发展产生了重要影响。

　　进一步地，中央集权制度的确立，是秦始皇统一措施中的关键部分。中央集权制度通过将权力集中于中央政府，加强了国家对地方的控制，减少了地方割据的可能性。这种制度安排，使全国的政治、经济和文化活动能够在中央的领导下有序进行。中央集权的建立，为秦朝的统一政策提供了坚实的基础，并确保了法律和行政措施的有效实施。

　　统一文字和法律的政策，为后来的中国历史发展奠定了基础。秦始皇的这些改革措施虽然在短期内面临了许多挑战，但它们为中国的历史发展方向提供了重要的指导。文字的统一使中国文化能够以更为系统的方式进行传承，而法律的统一则为国家的治理提供了坚实的法律保障。这些措施不仅标志着古代中国政治和文化的高度统一，也为中国历史上的中央集权制度提供了有力的支持。

　　在现代社会，秦始皇的这些改革措施仍然对中国的法律和文化有着深远的影响。现代中国的文字、法律体系及其统一性，都是建立在古代秦朝改革的基础上的。这种历史的延续性，体现了统一文字和法律在国家治理中的重要性。通过回顾秦始皇的统一措施，我们不仅能更好地理解中国历史的演变，也能从中汲取对现代社会治理的启示。

　　2. 儒学的官方化

　　儒学的官方化始于汉武帝时期，具体体现在"罢黜百家，独尊儒术"的政策上。这一政策标志着儒家思想从一个哲学流派逐渐转变为国家的官方意识形态，深刻影响了中国古代的政治、社会和文化。汉武帝的这一决定，不仅改变了中国历史的发展轨迹，也为儒家思想的传播和发展奠定了坚实的基础。

　　在汉武帝之前，中国的思想界呈现出百家争鸣的局面，各种思想流派相互竞争，影响了社会和政治的方方面面。随着汉武帝推行"罢黜百家，独尊儒术"的政策，儒家思想迅速成为国家的官方意识形态。这一政策不仅体现了汉武帝对儒家思想的高度认可，也反映了儒家思想在当时社会中的重要地位和广泛影响。通过这一政策，儒家思想不仅仅在理论上被认可，更在实际操作中成为国家治理的核心指导思想。

　　第一，在政治层面上，儒学的官方化极大地影响了中国古代的官僚体制和治理结构。汉武帝设立了太学，专门培养儒家经典的读书人，推动了儒家思想的系统化和规范化。这一制度安排使儒家学说逐渐渗透到政府的各层面，既影响了官员的选拔和培训，也使儒家伦理观念成为治国理政的基本原则。儒家强调的"仁爱""礼仪"等思想，也在实际的行政管理中得到贯彻，有助于维护社会的稳定与和谐。

第二，在社会层面上，儒学的官方化对中国社会的伦理道德产生了深远影响。儒家思想强调家庭伦理、社会伦理和个人修养，这些观念通过教育和政策得到了广泛的推广与实践。家庭关系中的"孝""悌"等观念被进一步强化，社会关系中的"礼"被视为行为的准则。这些伦理观念不仅规范了个人的行为，也塑造了整个社会的价值观和行为模式，增强了社会的凝聚力和向心力。

第三，在文化层面上，儒学的官方化促进了儒家经典的广泛传播和研究。儒家经典如《论语》《孟子》《大学》《中庸》等，不仅成为教育的核心教材，也在文学、历史、哲学等领域发挥了重要作用。儒家思想的传播不仅丰富了中国古代的文化遗产，也对后世的文化发展产生了深远的影响。通过对儒家经典的学习和研究，儒家思想不断得到继承和发展，成为中华优秀传统文化的重要组成部分。

第四，儒学的官方化带来了文化的稳定性和连续性。作为国家的官方意识形态，儒家思想在政策和文化上得到统一，使中国古代社会在长时间内保持了相对的稳定和一致。这种稳定性不仅体现在政治体制的连续性上，也体现在文化传统的传承上。儒家思想的官方化，使中国古代文化在经历数千年的历史变迁中，保持了其核心价值观和文化特征。

不过，儒学的官方化也带来了一些负面的影响。儒家思想的官方化在一定程度上限制了思想的多样性和创新性。儒家思想被视为唯一的官方意识形态，其他思想流派往往受到压制和排斥，这种思想的单一性可能导致文化和思想的停滞。儒家思想在实际操作中的某些极端表现，也可能导致社会的不平等和不公正。

（三）魏晋南北朝时期

1. 文艺繁荣

魏晋南北朝时期，尽管社会动荡不安，但文学艺术的繁荣在这一时期展现出令人瞩目的成就。这一时期的文学创作特别具有突破性和创新性。首先，《文心雕龙》作为文学批评的经典之作，由刘勰所著，全面系统地总结了中国古代文学创作的理论与实践。刘勰通过对文学创作的各个方面进行深入探讨，提出了许多具有前瞻性的见解，如"文采斐然，辞章华美"的标准及文学创作中应追求的"真情流露"。《文心雕龙》的出现不仅为后代文学批评提供了理论基础，也推动了文学创作的专业化和系统化。

其次，陶渊明的诗歌在这一时期更是绽放出了耀眼的光彩。陶渊明以其独特的个性和对自然的深刻感悟，创作了大量描绘田园生活的诗篇。他的诗歌充满了对自然的热爱和对理想生活的向往，如《桃花源记》通过描绘一个与世隔绝的理想乡，反映了他对社会动乱的不满及对和平安宁生活的追求。陶渊明的作品不仅丰富了中国古代诗歌的题材和风格，也对后来的文学创作产生了深远的影响。他以清新脱俗的风格和自然朴素的语言，赢得了广泛赞誉，并成为文人向往的典范。

与此同时，绘画艺术也表现出了极大的繁荣与创新。顾恺之的绘画作品便是这一时期艺术成就的代表之一。顾恺之不仅在绘画技法上有所突破，在艺术理论方面也有重要贡献。他的《洛神赋图》通过细腻的笔触和生动的构图，再现了古代传说中的神话场景，表现了其卓越的绘画技巧和深厚的文化底蕴。顾恺之提出的"以形写神"理论，对中国古代绘画的发展起到了指导作用，推动了绘画艺术的进步和成熟。

除了个别艺术家的卓越贡献外，魏晋南北朝时期的文艺繁荣还体现在整个文化氛围的营造上。这个时期的文人雅士普遍追求个人精神的自由和表达的独立，这种追求促进了文学艺术的多样化和创新。魏晋时期的"竹林七贤"代表了文人对理想生活的追求，他们通过诗歌、散文以及隐逸生活，展示了文学艺术的新风貌。这种追求自由和个性化的风气，推动了文学艺术的发展，也为后来的文化繁荣奠定了基础。

2. 玄学兴起

魏晋南北朝时期，玄学的兴起标志着中国哲学思想的一个重要转型。这一时期，玄学不仅继承了早期道家和儒家的思想，还发展出独特的理论体系和思维方式。王弼是玄学发展的关键人物之一，他通过对《道德经》的重新解释，强调了"道"的玄妙和自然。他认为，"道"是宇宙万物的根本原理，其性质既无形也无质，超越了具体的物质世界。王弼的解读使"道"从一种具体的宗教观念转变为一种哲学性的宇宙观，他的思想对玄学的发展产生了深远影响。

郭象作为另一位重要的玄学代表人物，对《庄子》的诠释同样具有重要意义。郭象主张"道"是自然的法则，人类应顺应自然的变化而不是强行干预。他强调，人生应以自然为准则，追求一种内心的宁静和自我实现。这种思想与王弼的观点相辅相成，共同构成了玄学的核心理论。郭象的阐释不仅扩展了"道"的含义，也加深了人们对自然和宇宙关系的理解，使玄学的思想体系更加丰富和完善。

在玄学兴起的过程中，这一思想流派逐渐对社会和文化产生了深远影响。玄学提倡的"道"不仅是宇宙的根本原则，也影响了当时的社会风尚和个人生活。

魏晋南北朝时期，士族阶层尤其受到玄学思想的熏陶，他们崇尚自然、追求内心的平和，这种风尚在文学、艺术和政治中得到了广泛体现。魏晋风度的形成就是玄学思想的一个重要表现，它反映了人们对个人自由和内心世界的追求。

玄学思想还对后来的哲学发展产生了重要影响。随着玄学的传播，它不仅仅在中国哲学史上占据了重要地位，更对东亚其他地区的思想体系产生了影响。玄学的"道"观念与中国古代儒家和道家的思想相互融合，形成了独特的思想流派。玄学思想不仅丰富了中国哲学的内涵，也为后来的思想家提供了新的理论视角和思维方式。

二、隋唐至明清时期

（一）隋唐时期

1.政治统一与文化繁荣

政治统一与文化繁荣是中国历史上的重要主题。隋朝在结束了南北朝的长期分裂局面后，为唐朝的崛起和进一步的社会经济文化发展奠定了基础。隋朝通过一系列的政治改革和社会建设，成功实现了国家的统一，为后来的唐朝创造了稳定的社会环境。唐朝继承了隋朝的基础，通过加强中央集权、实施各项改革，推动了社会经济和文化的高度繁荣。这一过程不仅改变了中国历史的发展轨迹，也对后世产生了深远的影响。

隋朝在结束南北朝分裂局面方面发挥了关键作用。南北朝时期，中国分裂为南朝和北朝，长期处于战乱和政治分裂之中。这一时期的政治分裂不仅影响了国家的统一，也阻碍了社会的经济发展。隋朝的建立，标志着中国重新进入一个统一的时代。隋文帝杨坚通过一系列有效的军事和政治手段，击败了南北朝时期的分裂势力，实现了国家的统一。这一政治上的稳定，为唐朝的进一步发展奠定了基础。

接下来，唐朝在隋朝的基础上进一步加强了中央集权。唐朝的建立标志着中国政治体制的一次重要变革。唐太宗李世民通过实施一系列的中央集权措施，加强了中央政府对地方的控制。这些措施包括改进科举制度、设立地方官员，以及加强中央与地方的联系。通过这些改革，唐朝有效地集中和利用了国家资源，增强了中央政府的权威。这种中央集权的政治体制，不仅提高了政府的行政效率，也为社会的经济文化发展创造了有利的条件。

唐朝在社会经济和文化方面取得了显著的发展。唐朝时期，中国社会经济繁荣，商业活动活跃，城市发展迅速。特别是唐朝的长安，作为当时世界上最繁华的城市之一，吸引了大量的商人和学者。在这一时期，丝绸之路的开通促进了东西方的文化交流和经济贸易。此外，唐朝还推动了农业、手工业和科技的发展，这些都为社会的繁荣奠定了坚实的基础。在文化方面，唐朝是中国历史上的黄金时代，文学、艺术、音乐等方面都取得了辉煌的成就。诗人李白、杜甫等在唐朝时期创作了大量的文学作品，至今仍被传颂。

唐朝在政治、经济和文化上的成功，不仅源于内部的改革，也与其开放包容的政策密切相关。唐朝统治者提倡开放的民族政策，欢迎各民族的文化和技术进入中原，这种包容性不仅促进了不同民族间的交流与合作，也使唐朝的文化更加丰富多彩。唐朝的外交政策促进了与其他国家的友好关系，进一步推动了国际的文化交流。这种开放的政策使唐朝在全球范围内具有广泛的影响力。

值得一提的是，唐朝的繁荣并不仅仅局限于经济和文化，更体现在社会制度的创新上。唐朝实施了许多新的社会制度，如均田制、租庸调制等，这些制度在一定程度上改善了社会的经济状况和人民的生活水平。均田制的实施，有效地解决了土地不均的问题；租庸调制则是唐朝对农业税制的一次重大改革。这些制度的实施，不仅提高了农业生产力，也增强了国家的财政收入，为国家的繁荣做出了贡献。

2. 科举制度

科举制度的确立在中国历史上具有深远的影响，它不仅是隋唐时期重要的人才选拔途径，也极大地推动了文化教育的发展。隋朝在开创科举制度的过程中，为中国古代的政治体制和社会结构带来了深刻的变革。科举制度的实施，改变了传统的选官方式，促进了社会的流动性，并为后来的政治和文化发展奠定了坚实的基础。

科举制度的创立是对传统选官制度的重大改革。在隋朝之前，中国的官员选拔多依赖于门第和荐举制度，这种方式往往导致了官僚体系的封闭和腐败。隋炀帝在公元605年首次设立了科举制度，通过考试选拔官员，使不同社会阶层的人都有机会进入官场。科举制度的确立，标志着中国古代选官制度的一次根本性变革。考试的标准化和公正性，使更多有才华的平民能够脱颖而出进入国家的治理体系，从而促进了社会的公平和流动。

进一步说，科举制度不仅改变了选官方式，还对文化教育产生了深远影响。

科举考试要求考生掌握儒家经典及其相关知识，这推动了儒学的普及和发展。教育成为社会进步的关键因素，许多地方开始兴办书院和学堂，推动了整个社会的教育事业。隋唐时期，各地书院和学堂如雨后春笋般涌现，为社会培养了大量人才。科举制度的实施，使得读书求取功名成为社会的主流价值观，从而提升了国民的文化素养和教育水平。

科举制度的普及对社会流动性的影响也不容忽视。科举考试打破了传统的门第观念，使普通百姓都能通过努力学习和考试获得进入官僚体系的机会。这一制度不仅给予了个人实现社会上升的机会，也促进了社会的公平和进步。隋唐时期，科举考试成为社会流动的重要途径，为广大百姓提供了改变自身命运的可能，也推动了社会的动态平衡和进步。

另外，科举制度的实施还促进了文学艺术的发展。由于科举考试的内容主要包括儒家经典的解读和诗文的创作，这使得文人墨客在文学创作上不断求精求美。尤其是唐代，诗词和文章在科举考试的激励下创造了辉煌的成就，许多文学巨匠如杜甫、白居易等，都在科举制度的背景下创作了大量脍炙人口的作品。科举制度通过对文学才华的考核，推动了中国古代文学的繁荣，成为中国文学史上的一个重要阶段。

（二）宋元时期

1. 理学兴起

理学的兴起标志着中国思想史上的一场深刻变革。在宋代，理学逐渐成为主流思想，尤其是在朱熹、程颐和程颢的推动下，理学不仅强调道德修养的重要性，还重视理性思辨的价值。这一思想体系对中国文化、教育和社会产生了深远的影响。

首先，理学的核心在于对道德修养的重视。朱熹作为理学的重要代表人物，他的思想为道德修养方面提供了系统的理论框架。朱熹通过对儒家经典的解读，强调了"理"的概念，认为"理"是万物的本源，是一种普遍存在的道德原则。朱熹主张，只有通过自我修养、遵循道德规范，才能实现个人的道德完善。这种强调内在修养的思想，使得理学成为一种注重个人品德提升的哲学体系，为当时社会提供了道德上的指导。

其次，理学在理性思辨方面表现出独特的特点。程颐和程颢在理学发展中扮演了重要角色，他们的思想注重理性分析和逻辑推理。程颐提出了"理一分殊"

的观点，认为万物的本质是统一的，但在不同的情况下可以表现出不同的形式。这一观点不仅影响了理学的理论体系，也促使人们在思维上更加注重逻辑和理性。程颢则进一步发展了这一思想，提出了"天理"的概念，认为人类的理性思辨应当与自然的理法相一致，从而达到道德的完善。这样的理论创新，使得理学不仅是一种道德哲学，也成为一种理性思维的体系。

再次，理学的兴起对中国的教育体系产生了深远的影响。理学强调道德修养和理性思辨，这种思想逐渐渗透到教育过程中，使得教育不仅仅关注知识的传授，更加注重学生的道德培养和思维能力的提升。宋代的书院教育就是理学影响下的产物，它们不仅教授儒家经典，还注重培养学生的道德品质和理性思维能力。书院教育的普及，使理学的思想得以广泛传播，并对后来的学术研究和社会风尚产生了深远的影响。

最后，理学的兴起在一定程度上改变了社会的风尚。理学提倡的道德修养和理性思辨，促进了社会风气的转变。理学的核心思想强调个人的责任感和道德义务，这使得人们在社会行为中更加注重道德规范和理性判断。理学还提倡克己奉公、诚实守信，这些观念对社会的道德风尚产生了积极的影响。通过理学的传播和普及，社会中的道德水平得到了提升，人们的价值观念也发生了变化。

2. 商业与城市文化

在宋代经济繁荣的背景下，城市商业活动蓬勃发展，极大地推动了市民文化的兴盛。这一时期，宋代的城市不仅成为经济中心，也成为文化和艺术的热土。城市商业的繁荣促进了市场的繁杂与丰富，使各种商品和服务得以流通，这种经济上的繁荣带来了广泛的文化交流和创新。商业活动的增加，吸引了大量的商人和工匠聚集在城市，这些人群的多样化带来了新的生活方式和文化观念。

在这样的经济背景下，宋代城市文化得到了快速发展。首先，市民文化的兴盛表现为书画、戏曲等艺术形式的繁荣。书法和绘画在宋代达到了高峰，许多著名书画家如苏轼、黄庭坚、李公麟等在这一时期创作了大量的作品。他们的艺术成就不仅反映了个人风采，也展现了宋代社会的风貌。书法作品中的隽永笔墨和绘画作品中的细腻工艺，体现了宋代对艺术的高度重视和对文化的追求。

其次，宋代的戏曲艺术得到了长足的发展。宋代的戏曲不仅丰富了市民的文化生活，还成为当时社会的重要娱乐形式。戏曲的兴盛，离不开城市中各种娱乐活动的推动，也得益于市场经济的繁荣。演出活动的频繁，不仅促进了戏曲的创新和普及，还推动了剧本、音乐和舞蹈等艺术形式的融合。许多戏曲剧目成为当时社会风尚的代表，并且影响了后来的戏曲发展。

除了书画和戏曲外，宋代的文人雅士也积极参与文化活动。文人的聚会和交流成为城市文化生活的重要组成部分。他们不仅通过诗词、散文等文学形式表达个人情感，还通过各种文艺活动和文化交流，推动了整个社会的文化发展。这种文人文化的盛行，使得宋代的城市不仅仅是商业中心，更是文化创意的孵化器。

再次，宋代经济的繁荣对城市基础设施的建设产生了积极影响。城市内市场、茶楼、书店等商业设施的兴起，提供了丰富的文化交流场所。这些场所不仅是商品交易的中心，也成为文化活动的重要场域。茶楼和书店的兴盛，促进了市民对文化产品的需求，进而推动了书画、戏曲等艺术形式的发展和普及。

最后，在社会层面，宋代的市民文化表现为对生活品质的追求。随着城市经济的繁荣，市民的生活水平逐渐提高，他们对文化和艺术的需求也不断增加。这种需求推动了艺术作品的多样化和创新。市民对书画的欣赏和对戏曲的喜爱，反映了他们对美好生活的向往和对艺术的热爱。

（三）明清时期

1. 儒学复兴

儒学复兴是中华优秀传统文化在近代历史中的重要现象，其中，明代的心学和清代的考据学分别在不同领域推动了儒学的发展与创新。儒学复兴不仅仅是对传统儒家思想的继承，更是对其核心理念的深化和拓展。这一复兴过程体现了儒家思想在应对社会变迁和知识进步中的适应与创新。

明代心学的兴起是儒学复兴的一个关键节点。明代心学以王阳明为代表，标志着儒家思想在实践性和内心修养方面的重大突破。王阳明提出了"心即理"的观点，认为人的内心本身具备了道德真理，强调通过内心的自我反省和修养实现道德的升华。心学的核心在于内心的修养和知行合一，主张道德实践应当从内心出发，通过对自我内在的认识和改善，实现个人的道德提升和社会的和谐。王阳明的心学理论不仅继承了儒家对道德修养的重视，还在实践中提出了新的理论和方法，推动了儒学的发展。

特别是，王阳明提出的"知行合一"理论，是心学中的重要组成部分。这一理论强调知识与行动的统一，认为真正的知识应当在实践中得到体现，而行动则应当基于正确的知识。王阳明认为，只有将道德知识与实际行动结合起来，才能真正实现道德的提升和社会的改善。这一观点不仅对儒学的发展产生了深远的影响，也为后来的思想家和社会改革者提供了重要的理论依据与实践指南。

与心学在明代的内在修养和道德实践不同，清代考据学的兴起则代表了儒学在研究方法和实证研究方面的突破。考据学以清代的乾嘉学派为代表，特别是在阮元、戴震等的推动下，强调对经典文本的考证和实证研究。这一学派注重对古代文献的考订和研究，通过对经典文本的细致考证，揭示了传统儒家经典中的真实含义和历史背景。考据学的兴起，不仅推动了儒学的学术研究，也促进了古代经典文献的整理和传播。

考据学的核心在于对经典文本的考证和实证研究，强调通过细致的文本分析和历史考证了解经典的真实含义。乾嘉学派的学者通过对儒家经典的深入研究，发现了许多传统解释中的错误和不足，对经典文本进行了系统的修订和补充。这一研究方法不仅提高了儒学研究的科学性，也为儒家经典的传承和发展提供了更加坚实的基础。

另外，考据学的兴起还促使儒学在学术研究方法上的创新。与以往注重理论探讨和道德实践的儒学传统不同，考据学注重实证研究和文本考订，通过科学的方法对经典文献进行深入的研究。这一创新不仅丰富了儒学的研究内容，也提高了儒学的学术水平，为后来的儒学研究奠定了坚实基础。

2. 小说与戏曲

明清时期是中国古典小说与戏曲的鼎盛时期，这一时期的文学成就至今仍然对中华文化产生着深远的影响。这个时期的小说和戏曲不仅在艺术表现上达到了高度成熟，也在内容上展现了丰富的社会生活和深刻的思想内涵。四大名著《红楼梦》《西游记》《三国演义》《水浒传》，以及戏曲名作《牡丹亭》《长生殿》等，都是这一时期文学成就的典型代表。

四大名著中的《红楼梦》被誉为"中国古典小说的巅峰之作"。其作者曹雪芹通过细腻的笔触描绘了贾宝玉和林黛玉等人物的命运，展现了封建社会的繁华与衰败。《红楼梦》不仅仅是对当时社会风貌的生动描写，更是对人性的深刻剖析。小说通过丰富的情节和复杂的人物关系，揭示了人类情感的多样性和社会阶层的矛盾。这部作品的艺术成就和社会意义，使其成为中国古典文学中不可忽视的经典。

《西游记》以其丰富的想象力和精彩的冒险故事吸引了无数读者。这部小说由吴承恩创作，讲述了唐僧师徒四人西天取经的传奇经历。小说通过对取经过程中的各种妖怪和奇遇的描写，展现了中国古代社会对宗教信仰和道德观念的理解。

《西游记》不仅仅是一部奇幻小说，更蕴含了深刻的哲理和对人生的思考。其生动的故事情节和丰富的想象力，使其成为中国文学宝库中的一颗明珠。

《三国演义》由罗贯中创作，也是一部对中国古代社会产生深远影响的小说。小说以三国时期的历史事件为背景，通过对刘备、曹操、孙权等历史人物的刻画，展现了那个时期的英雄豪杰和权谋智计。《三国演义》不仅是对三国历史的文学再现，也反映了中国古代社会的政治斗争和人际关系。其精彩的情节和深刻的人物描写，使其成为中国历史小说的经典之作。

《水浒传》由施耐庵创作，讲述了梁山泊一百零八位好汉反抗腐败官府的故事。小说通过对梁山好汉的义气和悲壮命运的描写，反映了封建社会下人民的反抗精神和社会的不公。这部作品展现了中国古代社会的阶级矛盾和民间英雄的形象，其对社会现象的深刻反映，使其成为中国古代文学中的重要篇章。

在戏曲方面，明清时期的《牡丹亭》和《长生殿》是代表性的作品。《牡丹亭》由汤显祖创作，是明代最具代表性的戏曲之一。该剧通过对杜丽娘和柳梦梅爱情故事的描写，展现了中国古代戏曲艺术的浪漫主义风格和对人性真挚情感的追求。其细腻的情感描写和丰富的戏剧情节，使其成为中国古典戏曲的瑰宝。

《长生殿》是清代剧作家洪昇创作的一部经典戏曲作品。这部剧讲述了唐明皇和杨贵妃的悲剧爱情故事，通过对皇宫生活和宫廷政治的描写，展现了中国古代爱情戏曲的艺术特色。《长生殿》不仅在情感表现上极具感染力，其对中国古代宫廷生活的细致描写，也为后人了解古代社会提供了重要的文学资料。

明清时期的小说和戏曲，不仅在艺术上取得了卓越成就，在文化上也产生了深远影响。这些文学作品不仅丰富了中国古代文学的宝库，也为后来的文学创作和戏曲表演提供了丰富的素材与灵感。通过对这些经典作品的研究，我们不仅能更好地理解中国古代社会的风貌，还能深刻领悟到中华文化的深厚底蕴和独特魅力。

这些古典作品在现代社会依然具有重要的文化价值和艺术魅力。它们不仅为我们提供了了解古代社会和文化的窗口，也为现代文学和戏剧创作提供了丰富的资源与启示。通过对《红楼梦》《西游记》《三国演义》《水浒传》，以及《牡丹亭》《长生殿》等经典作品的传承和研究，我们能够更好地保护和发扬中华文化的精髓，使这些宝贵的文化遗产继续在现代社会中发挥重要的作用。

第三节 中华优秀传统文化的核心价值观

一、伦理道德

（一）仁爱

1. 人际关系中的仁爱

人际关系中的仁爱是儒家思想中的核心理念之一，强调人与人之间应当建立友好、互助的关系，这是社会和谐的根本基础。孔子在《论语》中提到"仁者爱人"，这一思想不仅塑造了中国古代的伦理观念，也在很大程度上影响了人际交往的方式和社会风尚。仁爱的核心在于关爱他人、理解他人，力求通过友好和互助的方式维护社会的和谐与稳定。

孔子的仁爱思想提倡人与人之间应建立一种基于关怀和尊重的关系。这种关系并不是建立在利益交换或功利目的之上的，而是基于对他人的真诚关怀和尊重。孔子认为，仁爱是个人修养的体现，它要求人们在日常生活中以诚待人，关心他人的需求和感受，从而建立起深厚的人际关系。这种关怀不仅限于亲人和朋友，也应扩展到陌生人和社会中的每个人，这种广泛的仁爱精神有助于构建一个和谐的社会环境。

在实际的社会交往中，仁爱思想体现为友爱互助的具体行为。无论是家庭、朋友还是工作关系中，仁爱都要求人们主动帮助他人、关心他人。在古代中国社会中，仁爱思想不仅影响了人际关系，还成为社会行为规范的一部分。在家庭中，长辈应对晚辈给予关爱和指导，晚辈则应对长辈尊敬和孝顺。这种互相的关爱和尊重，既使得家庭关系更加和谐，也为社会稳定奠定了基础。

进一步而言，仁爱在社会交往中还要求人们在面对冲突和矛盾时，保持宽容和理解。儒家思想中提到"己所不欲，勿施于人"，这一原则要求人们在处理人际关系时，站在他人的角度考虑问题。仁爱的体现不仅仅是在顺境中的互助，更在于困难时的支持和帮助。无论是解决争端还是化解矛盾，仁爱的精神都鼓励人们通过对话和理解达成共识，从而维护和谐的人际关系。

仁爱的思想体现了对社会责任的担当。在儒家看来，仁爱不仅仅是个人修养的问题，更是社会责任的一部分。一个仁爱的人应当关心社会的整体福祉，积极参与社会公益活动，帮助那些需要帮助的人。通过这种社会责任感的体现，仁爱思想不仅影响个人行为，也促进了社会的整体进步和发展。古代的儒家士人往往参与地方治理和社会服务，这种参与不仅是个人的道德责任，也为社会的稳定和繁荣做出了贡献。

仁爱思想在教育中占有重要地位。儒家教育强调通过道德教育培养学生的仁爱之心，使他们在成长过程中学会关爱他人、尊重他人。孔子提出"有教无类"，意味着教育应该面向所有人，不论其社会地位如何，都应给予平等的机会。这样的教育理念不仅促进了个人的道德成长，也为社会提供了更多有道德、有责任感的人才，从而增强了社会的整体凝聚力与和谐度。

此外，仁爱思想的推广和实践还需面对一些现代社会中的挑战。在现代社会，虽然仁爱思想依然受到推崇，但快速的生活节奏和竞争压力常常使得人们在日常交往中忽视了对他人的关爱。在这种情况下，如何在现代社会中有效地践行仁爱思想，成为一个值得深思的问题。通过对儒家仁爱思想的深入理解和实践，我们可以在快节奏的生活中保持对他人的关怀，从而在现代社会中继续维护和谐的人际关系。

2. 家庭中的仁爱

家庭中的仁爱在中华优秀传统文化中占据着极其重要的地位，其中，孝顺父母和兄友弟恭是仁爱的具体体现。孝顺父母是仁爱的最基本表现之一。孔子在《论语》中提到"孝悌也者，其为仁之本与"明确指出孝顺和谐是仁爱的基础。孝道不仅仅是对父母生养之恩的回报，更是对家庭责任的担当和对传统美德的遵守。在中国古代社会，孝顺父母被视为一种至高无上的道德规范，不仅要求子女在生活上尽力照顾父母，还强调在情感上给予父母充分的关爱和尊重。孝顺的行为不仅仅包括供养父母的物质需求，更涵盖对他们精神上的慰藉和支持，这种精神层面的关怀体现了孝道的深刻内涵。

兄友弟恭同样是仁爱的重要体现，它涉及家庭成员之间的和谐关系。在家庭中，兄弟姐妹之间的友爱与和睦，反映了仁爱在家庭生活中的具体应用。兄长应当关爱弟弟，弟弟应当尊重哥哥，这种相互之间的关爱与尊重，能够有效促进家庭内部的和谐氛围。传统的家训常常强调兄友弟恭的美德，认为这种行为不仅能维护家庭的团结与稳定，还能为子女树立良好的道德榜样。兄弟姐妹之间的和睦相处，不仅是整个家庭幸福的基础，也是家庭成员个人品德培养的重要组成部分。

进一步说，孝顺父母与兄友弟恭在家庭中并不是孤立存在的，而是相辅相成的。在实际生活中，孝顺的子女往往能够对家庭成员之间的关系进行妥善的调解和维护，通过自身的行为影响和带动其他家庭成员营造良好的家庭氛围。一个孝顺的子女不仅能关爱父母，还能在兄弟姐妹之间发挥桥梁作用，促进他们之间的友好关系。孝顺和兄友弟恭这两种仁爱表现形式，共同构建了一个充满爱与关怀的家庭环境，使得每个家庭成员都能在和谐的氛围中成长和发展。

家庭中的仁爱还体现为对家族传统和家风的传承。在传统的中华文化中，家族观念和家风的延续被视为至关重要的责任。孝顺父母和兄友弟恭不仅仅是对个体家庭关系的体现，更是对整个家族传统的继承和发扬。每个家庭成员都肩负着传承家庭美德的责任，通过孝顺和友爱的行为延续家族的荣耀与传统。这样的家风传承不仅仅影响到家庭的当前状态，更对后代的价值观念和道德水平产生深远的影响。

（二）诚信

1. 个人诚信

个人诚信是社会交往中的基石，它不仅影响个人的声誉和人际关系，也对整个社会的信用体系起到重要作用。言行一致是诚信的核心要求之一。个人在言语和行动上必须保持一致，做到诚实守信。孟子曾指出，"诚者，天之道也，思诚者，人之道也"，这一观点深刻强调了诚信作为人类行为基本准则的重要性。言行一致不仅表现为日常生活中的真实和透明，还体现了对他人的尊重和信任。通过遵循这一原则，个人能够建立起可靠的形象，赢得他人的尊敬和信任。

守信承诺是诚信的另一核心要求。个人应当在做出承诺后，尽全力去履行这些承诺，无论是在私人生活中还是在职业生涯中。守信不仅仅是一种个人信用的体现，更是社会信用体系的基础。在商业活动和社会交往中，守信能够有效促进合作和交流，减少不必要的摩擦和纠纷。当一个人能够履行自己的承诺时，他／她不仅树立了自己的良好信誉，也推动了社会诚信环境的建设。

进一步说，个人诚信的实践涉及日常生活中的各个方面。从家庭关系到职场合作，个人的诚信行为都会对他人产生直接的影响。首先，在家庭生活中，诚信体现在对家庭成员的真实沟通和相互尊重上，这种行为有助于维持家庭和谐和稳定；其次，在职场中，诚信表现为遵守职业道德和履行工作职责，它直接影响到个人的职业发展和企业的整体运作。个人诚信不仅有助于个人的长期成功，也促进了社会的健康发展。

此外，个人诚信在维护社会秩序和促进社会公平方面扮演着重要角色。一个诚实守信的社会更容易建立起稳定的社会秩序和公平的环境。在这种社会中，人们更愿意信任彼此，合作的意愿也更强，从而推动了社会资源的有效配置和经济的发展。诚信的缺失则可能导致社会的不信任和混乱，影响社会的整体福祉。因此，个人诚信的维护不仅仅是对个人声誉的保护，更是对社会和谐的贡献。

2. 家庭诚信

家庭诚信是家庭关系中至关重要的一个方面，涉及家庭教育和夫妻关系两个关键领域。诚信在家庭教育中扮演着不可或缺的角色，而夫妻之间的互信则是家庭稳定的基础。通过对家庭教育和夫妻互信的深入探讨，我们可以更好地理解诚信在家庭中的核心地位以及它对家庭和谐的促进作用。

首先，家庭教育中的诚信是培养子女良好品格的基石。诚信不仅仅是个人道德的问题，更是家庭教育中不可忽视的内容。父母在家庭教育过程中，应该以身作则，展示诚实守信的行为。子女往往会模仿父母的行为，因此，父母的诚信对于子女形成正确的价值观至关重要。通过言传身教，父母可以帮助子女树立诚实守信的意识，使他们在成长过程中能够自觉地遵循诚信的原则。这种教育方式不仅能提升子女的道德素养，也有助于他们在未来的社会交往中建立良好的人际关系。

其次，父母的诚信行为对家庭风气的塑造具有重要影响。家庭风气是家庭成员之间互动的氛围，它直接影响到家庭成员的行为模式和价值观。诚信的家庭风气能够促进家庭成员之间的相互尊重和理解，减少冲突和误解。父母在家庭中以诚实为原则，不仅能树立良好的榜样，也能在潜移默化中影响子女。这样的家庭环境能够培养子女的责任感和信任感，使他们在成年后能够在社会中建立稳固的关系网络。这种良好的家庭风气，有助于家庭成员之间营造一种积极向上的氛围，为家庭的长期稳定奠定基础。

同时，夫妻之间的互信是家庭稳定的核心要素。夫妻之间的互信不仅涉及个人的信任问题，还关系到家庭的整体和谐。互相信任和理解能够有效地减少家庭中的矛盾与冲突，促进夫妻之间的合作和支持。在家庭生活中，夫妻双方需要相互支持，共同面对生活中的挑战和困难。

首先，信任是夫妻关系中的重要基础，它能够增强家庭成员之间的凝聚力，使夫妻在共同的目标下更加团结一致。通过建立和维护互信的关系，夫妻能够在日常生活中更加默契地合作，提高家庭生活的质量。

其次，夫妻之间的互信能够促进家庭成员之间的沟通和理解。良好的沟通是解决家庭问题和冲突的有效途径，而互信则是沟通顺畅的前提。在互相信任的基础上，夫妻能够更加开放地交流彼此的想法和感受，减少误解和争吵。这种沟通方式不仅能增进夫妻之间的感情，也有助于家庭成员之间建立良好的关系。通过有效沟通和理解，夫妻能够更好地应对生活中的各种挑战，共同维护家庭的和谐。

二、文化精神

（一）自强不息

1. 个人自强

个人自强是每个人成功的基石，它包含了奋斗精神和积极进取两大核心要素。在面对生活和工作的种种挑战时，自强不息体现了个人的毅力与决心。这种精神不仅能帮助个人克服困难，超越自我，也能在不断努力中实现自身的成长和进步。古代名言"天行健，君子以自强不息"正是这种精神的生动写照，它激励着一代又一代人勇敢追求进步、不断奋斗。

奋斗精神是自强不息的核心所在。面对困境和挑战时，能够坚持奋斗，不轻言放弃，是个人自强的重要表现。历史上无数的成功故事都证明了，只有那些在逆境中不屈不挠、奋发向上的人，才能最终取得胜利。古往今来，很多成功人士都在面对巨大的困难和挑战时，展现了顽强的斗志和坚持不懈的奋斗精神。正是这种精神，让他们从困境中脱颖而出，实现了自己的人生目标。个人在经历失败和挫折时，如果能够保持奋斗的态度，就会在不断努力中积累经验，最终突破困境，达到成功的彼岸。

积极进取的态度同样是自强不息的关键因素。个人在日常生活和工作中，保持积极进取的态度，不断提升自己的能力和素质，是实现自我发展的重要途径。现代社会竞争激烈，只有不断学习和进步，才能保持在职场中的竞争力。无论是通过参加培训课程，还是通过自学新知识和技能，积极进取的态度都能帮助个人不断提高自己的能力。在职场上，那些具备自我提升意识和进取心的人，往往能够获得更多的发展机会和职业晋升。这种不断追求进步的态度，不仅能促进个人的职业发展，还能在生活中带来更多的满足感和成就感。

同时，个人自强还体现在对目标的执着追求上。设定明确的目标，并为之不懈努力，是实现自我价值的重要途径。个人在设定目标时，需要结合自身的实际情况，制订切实可行的计划，并付诸行动。在追求目标的过程中，难免会遇到各种困难和阻碍，但只要坚定信念、持之以恒，就能逐步实现自己的愿望。成功的道路上，充满了挑战和考验，但只有那些始终对目标保持执着追求的人，才能在最终实现自己的理想。在追求目标的过程中，个人的成长和进步也会不断显现，从而为未来的成功奠定坚实的基础。

2.家庭自强

家庭自强的核心在于家风建设，它不仅仅是家庭文化的体现，更是家庭成员相互支持与共同进步的基础。一个自强的家庭首先应当拥有良好的家风，这种家风体现在家庭成员之间的相互关爱、支持和鼓励上。良好的家风为家庭成员提供了一个积极向上的环境，使每个成员都能在这个环境中不断成长和进步。

第一，家风的建设是家庭自强的根本。良好的家风不仅包括家庭成员之间的和谐关系，还包括对家庭伦理和价值观的坚持。一个自强的家庭，应该强调诚信、尊重和责任感。这些基本的价值观构成了家庭内部的共同语言，使每个家庭成员在日常生活中都能以这些价值观为指导，处理家庭关系和解决冲突。在一个注重诚信的家庭中，成员之间会真诚相待，彼此信任，这种信任感将促进家庭的团结和稳定。

第二，家庭自强的一个重要方面是对子女的教育和培养。家庭的教育不仅仅局限于知识的传授，更重要的是培养子女的自立自强精神和正确的人生观。一个重视教育的家庭，会积极为子女创造良好的学习和成长环境。父母应当以身作则，通过自身的行为和态度影响子女，鼓励他们在面对困难时保持积极乐观的态度，并激发他们的自主性和创新能力。教育不仅包括书本知识的学习，还包括生活技能的培养和社会责任感的建立。

第三，家庭教育应注重培养子女的正确价值观。正确的人生观和价值观是子女成长的核心要素，能够帮助他们在未来的人生道路上做出明智的选择。家庭中的教育应当帮助子女增强目标感和使命感，使他们能够在追求成功的过程中保持正确的价值取向。父母在日常生活中应当注重对子女品德的培养，如诚实守信、尊重他人、责任心等，这些都是形成健康价值观的重要方面。

第四，家庭的自强体现在成员之间的相互支持和鼓励上。家庭成员的支持不仅仅是物质上的，更重要的是精神上的支持。当一个家庭成员遇到困难时，其他成员应当提供支持和鼓励，共同面对挑战。这种支持和鼓励能够增强家庭的凝聚力，使每个成员都能在家庭的支持下成长为一个更加自信和坚强的人。通过共同努力，家庭成员能够在相互支持中不断进步，实现共同的目标。

第五，家庭自强体现在对子女自立自强精神的鼓励上。一个自强的家庭，会鼓励子女独立思考和自我管理，培养他们的自主性和解决问题的能力。家庭应当提供机会让子女在实践中锻炼自己，学会独立处理问题，并在过程中获得成就感。通过这种方式，子女能够在家庭的支持下，逐步成长为具有独立性和自信心的人。

（二）和谐共生

1. 人与人和谐

和谐共生的一个重要方面在于人与人之间的尊重和包容，这是社会和谐的重要基础。尊重他人的差异，尤其是文化和价值观的差异，能够有效减少冲突，促进相互理解。在一个多元化的社会中，不同的背景和观点交织在一起，如何处理这些差异成为和谐共生的关键。尊重他人的观点和生活方式，包容不同的文化习俗，不仅能减少社会摩擦，还能增强人际关系的稳定性。通过尊重和包容，人们能够在相互理解的基础上建立信任，从而为社会的和谐提供保障。

和谐共生的另一重要方面是人与人之间的合作共赢。合作是实现共同目标的有效方式，而共赢则确保了所有参与者都能从中受益。在现代社会中，合作已成为实现个人和集体目标的必要途径。通过合作，各方能够将资源和力量有效整合，共同克服挑战，达成共识。在这种合作关系中，各方不仅仅追求自身的利益，更注重整体的效益，确保每个人都能在共同发展中找到自己的位置。共赢的理念不仅有助于提升合作的积极性，还能推动社会的全面进步。

尊重与包容不仅是人与人之间和谐的基础，也是实现长期合作共赢的前提。在合作过程中，如果缺乏对差异的尊重和对不同观点的包容，合作关系就会受到影响。尊重他人意见，主动寻求共识，可以减少冲突，提升合作效率。当各方在合作中相互尊重，理解彼此的需求和期望时，合作的效果会更加显著，从而实现真正的共赢。

和谐共生的实现不仅依赖于个人的努力，也需要社会制度和文化氛围的支持。社会中的规则和文化导向对尊重包容与合作共赢起到了重要的规范作用。通过制定和落实相关政策，鼓励尊重差异和合作精神，社会能够创造出一个良好的合作环境。文化教育和舆论引导也可以帮助公众提高对和谐共生的认识，使得尊重与包容成为社会的普遍价值观。

进一步来看，和谐共生的实践还要求我们在面对具体问题时采取实际行动。

无论是在工作场所、社区还是家庭中，尊重和包容的具体表现形式都可能有所不同。比如，在工作场所，团队成员需要尊重彼此的工作方式和专业意见，避免意见分歧而造成不必要的冲突。在社区中，尊重不同文化背景的居民，包容各种社会风俗，可以促进社区的和谐氛围。在家庭中，尊重每个家庭成员的意见，包容不同的生活习惯，是家庭和谐的基础。

通过尊重和包容，我们能够建立一种积极的社会互动模式。在这种模式下，人际关系不仅仅是个体利益的简单交换，更是通过相互理解和支持实现的合作。尊重他人的选择，包容不同的观点，不仅能提升个人的社会适应能力，也能促进社会整体的和谐。

2. 人与自然和谐共生

人与自然和谐共生是现代社会可持续发展的核心理念。生态保护作为实现这一目标的关键，要求我们保护生态环境、合理利用自然资源，实现经济与环境的双赢。在全球范围内，环境保护已成为一个重要议题，各国纷纷采取行动应对环境挑战，以确保子孙后代能够在健康的生态环境中生活。

生态保护的核心在于保护自然生态系统的完整性和稳定性。这其中包括保护生物多样性、维护生态平衡及防止生态破坏等方面。自然生态系统的健康直接关系到人类社会的可持续发展，因此，保护生态环境不仅仅是道德责任，更是经济发展的必要条件。近年来，全球范围内的环境问题，如气候变化、森林砍伐、海洋污染等，已经引起了广泛关注。这些问题的根源在于人类活动对自然资源的过度开发和不当利用。因此，生态保护不仅仅需要政策的支持，更需要社会各界的广泛参与和共同努力。

同时，珍惜自然资源是实现人与自然和谐共生的重要前提。自然资源的过度开采和浪费，已导致许多环境问题的加剧，如水资源短缺、土地退化等。因此，必须通过有效的资源管理和节约措施，确保资源的可持续利用。现代社会应当积极推广资源节约和循环利用的理念，鼓励绿色生产和消费，减少资源的浪费和环境的负担。这不仅有助于保护自然环境，也能促进经济的可持续发展。

绿色发展作为实现人与自然和谐共生的重要途径，强调经济发展与环境保护的协调。首先，绿色发展倡导通过推广绿色技术和产业，以减少环境污染和生态破坏。绿色技术的应用，不仅可以提高资源利用效率，减少废物排放，还可以推动能源结构的优化。发展可再生能源、推广电动汽车和绿色建筑等，都是绿色发展的具体体现。这些措施有助于减少对传统化石能源的依赖，降低温室气体排放，从而缓解气候变化带来的压力。

其次，绿色产业的发展对于推动经济与环境的协调发展起到了积极作用。绿色产业包括清洁能源、环保材料、节能设备等领域，通过技术创新和产业升级，实现了经济增长与环境保护的双赢。风能、太阳能等可再生能源的推广，不仅能满足日益增长的能源需求，还能减少对环境的负面影响。这些绿色产业的兴起，不仅推动了经济的转型升级，还为社会创造了大量的就业机会，促进了经济的健康发展。

最后，绿色发展需要政策的支持和社会的广泛参与。政府应当制定和实施相应的环保政策与法规，为绿色发展提供保障。社会各界，包括企业、公众和学术界等，都应当积极参与绿色发展实践。企业应当承担社会责任，实施绿色生产和经营，推动环保技术的研发和应用。公众则应当提高环保意识，参与环境保护行动，从个人生活的细节做起，减少对环境的影响。

第四节　中华优秀传统文化在当代社会的意义

一、文化传承与创新

（一）维系民族认同

1. 文化自信

文化自信的增强是国家在全球化背景下维护文化主权的重要手段。中华优秀传统文化不仅是一个国家历史和文化的积淀，也是国家文化认同的核心。通过弘扬中华优秀传统文化，能够增强国民的文化自信，提升国家的文化软实力，进而有效地在全球化的语境中捍卫自身的文化主权。

弘扬中华优秀传统文化是增强文化自信的关键途径之一。中华优秀传统文化蕴含了丰富的历史经验和智慧，其价值不仅仅体现在古代的文化遗产上，更在于对现代社会的影响。通过对中华优秀传统文化的挖掘和传承，可以使国民更加深入地了解自身文化的精髓，从而增强对自身文化的认同感和自豪感。这种认同感是文化自信的基础，而文化自信又是国家文化主权的保障。

在全球化的进程中，文化交流和融合不可避免。全球化不仅带来了不同文化的碰撞，也带来了文化价值观的挑战。在这种背景下，弘扬中华优秀传统文化有助于保持国家文化的独特性和完整性。通过积极推广中华优秀传统文化的核心理念和价值观，国家可以有效地向世界展示自身文化的独特魅力，从而维护文化主权。这种维护不仅是文化上的坚守，也是在国际舞台上形成文化话语权的途径。

增强文化自信有助于提升国家的文化软实力。文化软实力是国家影响力的重要组成部分，它首先体现在文化产品的国际影响力和文化交流的深度上。通过弘扬中华优秀传统文化，国家可以创造出具有国际影响力的文化产品，增加国家文化在全球范围内的认同度。这种认同度不仅能帮助国家在全球化的文化市场中占据一席之地，还能促进国家与其他国家在文化领域的合作及交流。

其次，文化自信的增强体现在对外文化传播策略的制定上。在全球化的背景下，国家需要制定科学有效的文化传播策略，以确保自身文化在国际上的影响力。弘扬中华优秀传统文化不仅仅是文化宣传的内容，更是传播策略的核心。通过有效的文化传播，可以让更多的国际受众了解和认同国家的优秀传统文化，从而提升国家在国际上的文化地位和话语权。

在这一过程中，首先，国家需要注重中华优秀传统文化的创新和发展。中华优秀传统文化的传承不仅要保持其基本特征，还要结合现代社会的发展进行创新。只有在中华优秀传统文化的基础上进行创新，才能使其更好地适应现代社会的需求和挑战。通过创新，中华优秀传统文化能够在保持自身特色的同时，融入现代社会的生活和价值观，从而增强文化自信，提升国家文化软实力。

其次，国家应鼓励和支持中华优秀传统文化的研究与教育。通过加大对中华优秀传统文化的研究力度，可以不断发掘和整理中华优秀传统文化的精髓，推动中华优秀传统文化的创新和发展。教育则是培养文化自信的重要途径，通过将中华优秀传统文化融入教育体系，能够从小培养国民的文化认同感和自豪感。这种教育不仅限于学校教育，还包括社会教育和家庭教育，通过多方面的教育，使中华优秀传统文化在国民心中扎根，从而增强文化自信。

在全球化的背景下，文化自信的增强不仅是国家文化主权的需求，也是国家发展的重要因素。弘扬中华优秀传统文化，提升国民的文化自信，有助于在国际舞台上形成独特的文化影响力和话语权。通过中华优秀传统文化的传承与创新，国家能够在全球化的进程中保持自身文化的独特性和完整性，维护国家文化主权。

这种文化自信的增强，不仅能促进国家的文化发展，也能为国际文化交流和合作提供坚实的基础。

2. 文化认同

文化认同的形成深受中华优秀传统文化的影响，尤其是儒家思想、道家哲学和佛家文化，这三大文化系统在塑造中华民族的文化认同方面发挥了至关重要的作用。这些思想和文化不仅是中华优秀传统文化的核心内容，也在长期的历史发展中深刻地影响了中华民族的价值观、行为规范和社会结构。通过对儒家思想、道家哲学和佛家文化的研究，我们可以更好地理解中华民族的文化认同及其形成过程。

儒家思想作为中华文化的主流思想之一，对中华民族的文化认同起到了基础性作用。儒家思想由孔子创立，强调"仁爱""礼仪""中庸"等核心理念，提倡个人修养和社会和谐。儒家思想的核心价值观，如"仁爱"与"孝顺"，不仅塑造了中国古代的伦理道德，也深刻影响了个人和社会的行为规范。这些理念通过儒家经典和教育系统传承下来，使得儒家思想成为中华民族文化认同的基石。在儒家思想的影响下，中华民族形成了重视家庭关系和社会责任的文化特征，这些特征至今依然深深根植于中国人的日常生活和社会习俗中。

道家哲学则为中华民族的文化认同提供了独特的思想视角。道家思想由老子创立，强调"道法自然"和"无为而治"，提倡顺应自然、追求内心的宁静。道家哲学中的"道"作为一种宇宙力量和自然法则，倡导人们与自然和谐相处，这一理念深刻影响了中国古代的自然观和人生观。道家思想在中国古代的艺术、医学、风水等领域中得到广泛应用，形成了独特的道家文化。这些文化元素不仅丰富了中华民族的文化内涵，也促进了中华民族对自然和人生的独特理解，从而在文化认同中占据了重要地位。

佛家文化的传入和发展，为中华民族的文化认同注入了新的思想资源。佛家最早在公元前1世纪左右传入中国，其核心思想包括因果法则、轮回观念及解脱追求等。这些思想在与中华优秀传统文化相融合的过程中，形成了独特的中国佛家文化。佛家文化不仅影响了中国人的宗教信仰，还深刻影响了中国的艺术、文学和哲学。

儒家思想、道家哲学和佛家文化的结合，形成了中华民族特有的文化认同体系。这三者之间既有融合，也有对立，共同构建了一个复杂而和谐的文化框架。儒家思想强调社会伦理和个人修养，道家哲学关注自然与内心的和谐，佛家文化则注重解脱与超越。这种多元文化的融合，赋予了中华民族独特的文化特征，使得中华文化既包容又多样。通过这种文化认同体系，中华民族在历史的长河中形成了稳固的文化认同，也为现代社会提供了丰富的文化资源和精神支撑。

现代社会中的中华文化认同，既受到中华优秀传统文化的深刻影响，也在全球化的背景下不断发展和变化。儒家思想、道家哲学和佛家文化作为中华民族文化认同的重要组成部分，在现代社会中依然发挥着重要作用。通过对中华优秀传统文化的传承与创新，中华民族在全球化进程中保持了文化的独特性和连续性。现代社会中的文化认同不仅需要保持对中华优秀传统文化的尊重，也需要适应新的社会环境和文化交流，从而实现文化的传承与发展。

在全球化的背景下，中华民族的文化认同面临着来自外部文化的冲击和内部文化的变迁。如何在保持中华优秀传统文化精髓的基础上，融合新的文化元素，成为现代中华民族文化认同的重要课题。儒家思想、道家哲学和佛家文化作为中华优秀传统文化的核心，需要在现代社会中继续发挥作用，同时，也需要与全球文化进行对话和交流，从而促进中华民族文化认同的多元发展和全球认同的提升。

（二）推动文化创新

推动文化创新的过程离不开传统与现代的结合，这种结合不仅丰富了文化表现形式，也为文化的持续发展注入了新的活力。中华优秀传统文化与现代科技、艺术的结合是推动文化创新的重要途径。在当代社会，书法艺术的传统魅力与现代设计理念的融合便是这一趋势的典型代表。现代设计师通过将书法元素融入品牌标志、广告宣传、产品包装等领域，使传统书法不局限于艺术品的层面，而是成为商业设计中的一部分。这种融合不仅提升了书法艺术的现代感，也使其在现代社会中焕发出新的生命力。通过这样的跨界创新，中华优秀传统文化得以在新的语境中得到传播和发扬，同时，也使现代设计语言更加丰富和多样。

文化产业的发展同样是推动文化创新的重要方面。随着经济的发展和社会的进步，中华优秀传统文化资源逐渐成为文化产业的重要内容，通过影视、游戏、文创产品等形式展现出新的活力。中华优秀传统文化中的经典故事、历史人物及地方风俗被引入影视剧，既保留了文化的精髓，又结合了现代影视技术，形成了受众广泛的文化产品。许多历史题材的电视剧和电影不仅讲述古代的故事，还通过现代的叙事手法和特效技术，使得这些故事与现代观众产生共鸣。文化产业的发展不仅使中华优秀传统文化得以广泛传播，也为创作者提供了丰富的素材和灵感来源，从而推动了文化的多样性和创新性。

另外，文创产品的兴起也是中华优秀传统文化与现代创新结合的一个显著例子。文创产品通过将中华优秀传统文化元素融入日常生活中，如传统工艺品的现代化设计、古典文学的衍生商品等，使得中华优秀传统文化不仅存在于博物馆和书本中，还融入了人们的日常生活中。这样的创新不仅使中华优秀传统文化得到了新的表达，还促进了文化消费市场的发展。传统陶瓷工艺通过与现代家居设计的结合，推出了兼具实用性和艺术性的产品，这种文创产品不仅受到消费者的青睐，也为传统工艺的传承和发展提供了新的途径。

推动文化创新需要重视对中华优秀传统文化的保护与传承。在文化创新的过程中，如何在保持中华优秀传统文化核心价值的同时进行创新，是一个重要的问题。保护中华优秀传统文化的根基不仅仅是对文化遗产的保留，更是文化创新的基础。中华优秀传统文化的保护与现代创新应当并重，通过建立健全的文化遗产保护机制、推动传统技艺的传承教育等手段，确保在文化创新的过程中不会丧失中华优秀传统文化的本质。这种平衡不仅能促进文化的可持续发展，也能为后代传承提供坚实的基础。

二、社会价值与道德规范

（一）社会稳定的基础

1.家国情怀

家国情怀在中华优秀传统文化中占据着重要地位，它不仅反映了个人对家庭和国家的深厚情感，也在很大程度上塑造了社会成员的责任感和归属感。家国情怀体现了一个人对家庭和国家的深切热爱与忠诚。在中华优秀传统文化中，家庭被视为社会的基本单位，而国家则代表了更广泛的社会和集体。家国情怀促使人们在关心家庭幸福的同时，也关注国家的繁荣和发展。个人对家庭的责任感和对国家的忠诚，既增强了自身的使命感，也推动了社会的整体进步。

忠孝观念在中华优秀传统文化中同样具有重要意义。忠诚和孝顺是中华优秀传统文化中对个人品德的核心要求。忠诚是指对国家和社会的忠贞不渝，而孝顺则强调对家庭尤其是父母的尊重和关爱。这两者共同构成了个人行为的道德准则，有助于增强社会成员的责任感和归属感。忠孝观念不仅是家庭伦理的基础，也是在国家和社会层面上维护秩序与和谐的重要力量。通过践行忠孝观念，个人既能在家庭和社会中建立起稳定的人际关系，也能为社会的和谐发展做出贡献。

进一步地，家国情怀和忠孝观念在中华优秀传统文化中还体现了对社会和谐的促进作用。在传统社会中，家国情怀不仅仅是一种情感表达，更是一种社会责任的体现。个人在关心家庭和国家的过程中，往往会主动承担起社会责任，参与社会公益活动，从而促进社会的稳定和发展。忠孝观念则在家庭中营造了尊重与关爱的氛围，这种氛围有助于培养成员的责任感和社会归属感。在社会层面，这种责任感和归属感的增强，有助于形成良好的社会风气，促进社会和谐。

同时，家国情怀和忠孝观念的培养还对社会成员的个人发展具有积极影响。拥有强烈家国情怀和忠孝观念的个人，往往在生活和工作中表现出更高的责任心与道德水平。这种道德素养不仅使他们在个人生活中获得幸福感，也使他们在职业生涯中更具竞争力。个人对家庭和国家的忠诚感，也使他们在面对挑战和困难时，更加坚定和勇敢，积极为家庭和国家的发展贡献自己的力量。

2. 社会秩序

社会秩序的维持离不开中华优秀传统文化中的礼仪制度和伦理规范，这些作为社会行为的准则，对社会的稳定与和谐发挥了重要作用。在中华优秀传统文化中，礼仪制度和伦理规范不仅塑造了个体的行为模式，也影响了社会的整体运作。通过对这些传统规范的理解与应用，我们可以更好地认识它们在维护社会秩序方面的重要性。

中华优秀传统文化中的礼仪制度是社会秩序的重要组成部分。礼仪制度，包括日常生活中的礼节、社交场合的行为规范，以及对社会角色的尊重，都在中华优秀传统文化中扮演着重要角色。这些礼仪规范在古代中国社会中，不仅仅是一种形式上的规定，更是维持社会和谐的重要手段。礼仪制度规定了个人在社会交往中的行为准则，有助于规范人们的行为，减少冲突和误解。儒家文化中的"礼"强调对长辈的尊重、对他人的礼貌，这种规范不仅促进了社会成员之间的和谐相处，也增强了社会的整体稳定性。礼仪制度通过规定行为的标准，使得社会成员能够以相对一致的方式进行交往，从而维护了社会的基本秩序。

伦理规范在维护社会秩序方面同样发挥了关键作用。伦理规范涉及个人与家庭、个人与社会，以及社会成员之间的道德关系。在中华优秀传统文化中，伦理规范如孝道、忠诚、诚信等，是社会成员行为的基本准则。伦理规范不仅规定了个人的行为标准，也强调了个人对家庭和社会的责任。这些规范通过明确个人的角色和责任，有助于防止社会的不稳定因素。儒家强调的"孝"不仅是对家庭的责任，也被认为是对社会的责任，表现为尊重长辈、照顾家庭成员等行为，这种伦理规范有助于构建稳定的家庭结构，从而促进社会的稳定。

同时，中华优秀传统文化中的礼仪制度和伦理规范对于社会的秩序维护还体现在教育与社会化过程中。中华优秀传统文化通过教育系统将礼仪和伦理规范传授给下一代，从而使这些规范得以传承和延续。在古代中国，书院、家塾等教育机构不仅教授学术知识，也注重礼仪和伦理的教育。这样的教育不仅提高了个体的道德素养，也增强了社会成员对社会规范的认同感。通过教育的传承，中华优秀传统文化中的礼仪制度和伦理规范能够在社会中得以维持，进而促进社会的和谐与稳定。

现代社会的发展对中华优秀传统文化中的礼仪制度和伦理规范提出了新的挑战。随着社会的变迁和文化的多样性，传统的礼仪和伦理规范面临着适应性的问题。一方面，现代社会对个人自由和权利的强调可能与传统的礼仪与伦理产生冲突，传统的规范也需要在现代社会中找到新的适用方式。另一方面，社会需要在尊重传统的基础上，对礼仪制度和伦理规范进行适当的调整与创新，以适应时代的发展。这种调整不仅能保留中华优秀传统文化中的精髓，也能使这些规范在现代社会中继续发挥作用，从而维护社会的秩序和稳定。

（二）道德教育的资源

道德教育的资源丰富多样，其中，中华优秀传统文化中的伦理道德观念和人生智慧是两个重要的方面。伦理道德观念如仁、义、礼、智、信，已经深深根植于中华文化之中，它们为当代社会的道德教育提供了宝贵的资源。儒家、道家、佛家等传统思想蕴含的人生智慧，也为个人的行为和心态调整提供了重要的指导。

中华优秀传统文化中的伦理道德观念为道德教育提供了深厚的基础。中华优秀传统文化中的"仁、义、礼、智、信"不仅构成了古代社会的道德规范，也为现代社会的道德教育提供了丰富的资源。仁，即关爱他人、宽容善待，是道德教育的核心要素之一。中华优秀传统文化强调，仁爱不仅体现在家庭中，还应延伸至社会各个层面，它鼓励人们以真诚和善意对待他人。义，强调正义和公平，它要求个人在面对不公时勇于维护正义，这一观念在当代社会中尤为重要。礼，是人与人之间交往的规范，它教导人们在社会交往中尊重他人、注重礼节，从而促进社会的和谐与稳定。智，则是智慧的体现，它帮助人们在复杂的社会环境中做出明智的决策。信，代表诚信，它是社会信任的基础，诚信的社会才能良性运作。

中华优秀传统文化中的这些伦理道德观念，不仅在历史上对社会产生了深远的影响，也为当代社会的道德教育提供了重要的借鉴和指导。

进一步来说，儒家思想的伦理观念在道德教育中发挥了重要作用。儒家思想强调个人的道德修养和社会责任，提出了"修身、齐家、治国、平天下"的思想体系。这一思想体系不仅关注个人的道德修养，还强调家庭和社会的责任，对当代道德教育具有重要指导意义。在儒家思想中，"孝"是家庭伦理的核心，它强调子女对父母的尊重和照顾，成为家庭教育的重要内容。儒家思想中的"中庸"原则，主张在处理事务时保持平衡与和谐，也为现代社会的道德实践提供了重要的指导。儒家思想中的这些观念，能够帮助人们在处理各种道德问题时保持理性和公正，从而促进个人和社会的和谐发展。

同时，道家思想中的自然和谐理念也为道德教育提供了重要的智慧。道家思想提倡顺应自然、追求内心的平和，它强调"无为而治"的理念，即通过尊重自然规律和保持内心的宁静实现社会的和谐。这一理念在现代社会中具有重要的指导意义，尤其是在面对生活中的压力和挑战时，道家的智慧可以帮助个人调整心态、保持平和。道家思想中的"道"即宇宙的根本原则，教导人们尊重自然、顺应变化，这不仅是个人修养的重要方面，也是社会和谐的重要基础。道家思想提供的这种自然和谐的理念，对于促进现代社会的道德教育发挥着重要的启示作用。

佛家的智慧也为道德教育提供了丰富的资源。佛家思想强调因果法则和慈悲心，它教导人们通过修行和自我反省，达到内心的平和与智慧。佛家中的"四无量心"——慈、悲、喜、舍，强调了对他人情感的关怀和对自身的自我超越。通过培养慈悲心，个人能够更好地理解他人、宽容他人，从而建立和谐的人际关系。佛家的因果法则教导人们在行为中保持善良，理解因果关系，从而引导个人在日常生活中自觉践行道德规范。这些智慧不仅对个人的道德修养具有重要意义，也为社会的道德教育提供了有力的支持。

第二章 中华优秀传统文化的传承路径

第一节 中华优秀传统文化的家庭传承机制

一、家庭教育中的文化传承

（一）父母的言传身教

1. 榜样作用

榜样作用在家庭教育中发挥着至关重要的作用，特别是父母通过自身的行为向子女展示传统美德，如孝顺和尊敬长辈。父母的言传身教不仅仅是教育的一部分，更是子女价值观形成的关键因素。父母的行为是子女最直接的模仿对象，通过日常生活中的细微行为，父母能够潜移默化地影响子女的思想和行为模式。

首先，父母的行为直接展示了传统美德的重要性。传统美德如孝顺和尊敬长辈是中华文化的核心内容。父母通过实际行动体现这些美德，比如，在家庭聚会中主动关心长辈的健康，或是在日常生活中以礼相待，这些行为为子女树立了鲜明的榜样。子女看到父母对长辈的尊重和关爱，自然会形成对这些美德的认同和践行。父母在节假日时主动安排家庭聚餐，并在餐桌上关心长辈的需求，这种行为不仅体现了孝顺的传统美德，也向子女展示了如何在实际生活中实践这些美德。

其次，父母的榜样作用通过日常生活中的点滴行为潜移默化地影响子女。子女在成长过程中，除了接受学校教育和社会影响外，家庭环境中的榜样作用尤为重要。父母在处理日常事务时的表现，对子女的影响深远。当父母在遇到问题时表现出耐心和解决问题的能力，子女就会在潜意识中学会如何面对困难和挑战。这种榜样作用通过细微的行为和态度，逐渐塑造了子女的价值观和行为模式，使他们在未来的人际交往和生活中自觉地遵循这些传统美德。

父母通过榜样作用帮助子女树立正确的道德观念。传统美德的传承不仅是文化的延续，也是个人品德的培养。父母的行为可以通过实际的示范作用，使子女理解并接受这些美德的内涵。父母在处理家庭矛盾时展现出的宽容和理解，能够教会子女如何以同理心对待他人。这种通过实际行为展示的道德观念，比单纯的口头教育更具说服力和影响力。子女在观察和模仿父母的行为时，逐步内化这些道德观念，形成自我认同的价值观。

进一步而言，榜样作用还体现在家庭成员间的相互影响。家庭是一个小型的社会，父母的行为会影响到家庭中每一个成员。当父母表现出对长辈的尊重和关爱时，其他家庭成员也会受到鼓舞，营造一种积极的家庭氛围。这种氛围不仅对子女的成长有益，还能促进整个家庭的和谐与团结。子女在这样积极的环境中成长，自然会更加容易接受并践行传统美德，从而在日常生活中表现出对这些价值观的认同和尊重。

榜样作用的影响是长期而深远的。父母通过日常行为展示传统美德，虽然这些影响可能在短期内不易显现，但随着时间的推移，子女的品德和价值观会逐渐形成并固定。长期的榜样作用能够在子女的成长过程中产生深远的影响，使他们在面对社会和生活中的各种挑战时，能够以传统美德为指导，做出明智的决策和行为。通过持之以恒的榜样作用，父母能够为子女的人生奠定坚实的道德基础，帮助他们在未来的生活中成为有品德、有责任感的人。

2. 生活细节

在日常生活中，父母通过小事向子女传递中华优秀传统文化的内涵，这一过程无疑是家庭教育中至关重要的一部分。中华优秀传统文化的内涵往往蕴含于节日习俗、家庭礼仪等细节之中，通过这些细节，父母不仅教育子女了解文化背景，还帮助他们形成文化认同。节日习俗如春节、中秋节等，是中华优秀传统文化的重要载体。父母在这些节日中组织家庭聚会、进行节日活动，通过亲身体验让子女感受到节日的氛围和文化意义。这种潜移默化的影响，比单纯的口头教育更具说服力，也更容易让子女在成长过程中自然地融入优秀传统文化。

家庭礼仪同样是传递中华优秀传统文化的重要途径。父母在日常生活中对家庭成员的行为规范、待人接物的方式，以及对长辈的尊重等，都体现了中华优秀传统文化的基本原则。在家庭餐桌上的礼仪，比如，用餐时的礼貌、与长辈交谈时的尊敬，都潜移默化地教会子女如何在社会中处理人际关系。通过这些具体的礼仪，子女不仅学习到传统的行为规范，也培养了良好的社交习惯。这种从小事做起的教育方式，使得中华优秀传统文化成为他们生活的一部分，而不仅仅是书本上的知识。

生活中的许多细节都能成为中华优秀传统文化的传递渠道。首先，父母通过教子女制作传统食品，如饺子、月饼等，不仅让子女体验到制作过程的乐趣，也让他们了解到这些食品背后的文化意义。在这样的实践中，子女不仅学会了传统技艺，还感受到了家庭和文化的深厚联系。这种通过实践获得的文化认同，比单纯的讲解更容易让子女铭记和理解中华优秀传统文化。

其次，父母还可以通过讲述传统故事、传说和历史事件提升子女对中华优秀传统文化的兴趣。每个传统故事都包含了丰富的文化信息，通过生动的叙述和有趣的讲解，子女能够更容易地理解和接受这些文化知识。在讲故事的过程中，父母不仅传递了文化，也创造了与子女共同分享文化的美好时光。这种互动方式不仅加深了亲子关系，也使中华优秀传统文化教育变得更加生动和有效。

最后，家庭中的节庆活动是中华优秀传统文化传递的重要环节。父母通过组织和参与各种节庆活动，如端午节包粽子、春节贴春联等，让子女体验到节日的文化氛围。这些活动不仅让子女感受到节日的快乐，也帮助他们理解节日背后的文化意义。通过亲身参与，子女能够更深刻地体会到中华优秀传统文化的魅力，从而在生活中自然而然地接受和传承这些文化。

（二）家庭中的文化氛围

家庭中的文化氛围在很大程度上影响着家庭成员的成长和品格形成。家风传承是家庭文化的重要组成部分，通过明确的家风，家庭成员能够在日常生活中践行诚信、勤俭、礼仪等传统美德，从而建立良好的家庭氛围和社会风尚。家庭作为社会的基本单位，其文化氛围对个体的价值观、行为习惯及社会适应能力有着深远的影响。

家风传承的核心在于明确的家风和家庭文化价值观。家风通常包括家庭的道德标准、行为规范和生活习惯等，是家庭成员共同认可并自觉遵守的文化准则。一个明确的家风能够为家庭成员提供行为指导和价值导向，使他们在生活中形成统一的价值观和行为习惯。诚信作为家风中的重要组成部分，强调诚实守信的价值，通过家庭成员的共同努力，能够在家庭内部创造出一个可信赖的环境，这对家庭成员的品格形成和社会交往都有积极影响。

家庭成员的共同努力是家风传承的重要保证。家风的传承不仅仅是家庭长辈的责任，更需要家庭成员的共同参与和实践。家庭中的每个成员都应当自觉践行家风中的美德，通过日常的言行和生活习惯体现这些价值观。在日常生活中，父母应当以身作则，树立良好的榜样，子女则应当从中学习和接受这些价值观。这种家庭内部的互动和支持，能够有效地促进家风的传承和发展。

在家风传承过程中，诚信、勤俭、礼仪等传统美德具有重要的意义。诚信作为家风中的重要价值，要求家庭成员在言行中保持诚实守信，不仅是对他人的承诺，也是对自己品格的尊重。勤俭则强调节俭持家、珍惜资源的生活态度，这种美德能够帮助家庭成员养成节约的习惯，并对家庭经济状况产生积极影响。礼仪作为家庭文化的重要方面，涵盖了待人接物的礼节和规范，能够帮助家庭成员在社会交往中表现出良好的修养和礼貌。这些传统美德不仅是家庭文化的核心内容，也是个人品德的基础。

进一步地，家风传承还涉及家庭教育和文化建设。家庭教育是家风传承的主要途径，通过系统的教育和培养，能够帮助家庭成员深入理解和接受家风中的美德。在家庭教育中，父母应当注重对子女的品德教育，讲解传统美德的内涵和意义，并通过实际行动示范这些美德。家庭还应当积极进行文化建设，通过家庭活动、节庆庆祝等方式，强化家风的影响力，使家风成为家庭文化的重要组成部分。

家风传承的成功与家庭成员的互动和沟通密切相关。在家庭生活中，良好的沟通能够促进家庭成员之间的理解和支持，有助于家风的传承和实践。家庭成员应当通过有效的沟通，分享彼此的思想和感受，共同探讨和解决家庭中的问题。这种互动和沟通能够增强家庭的凝聚力，使家风在家庭成员的共同努力下得到有效传承。

二、家庭关系中的文化传承

（一）代际关系

1.尊老爱幼

尊老爱幼是中华优秀传统文化中的核心美德，它不仅反映了社会对家庭成员之间关系的重视，也在家庭生活中发挥着重要的作用。尊敬长辈和爱护幼小是维系家庭和谐的基础，也是传承和弘扬中华美德的重要途径。通过营造尊老爱幼的家庭氛围，能够有效地促进家庭成员之间的和谐关系，传承传统美德。

　　尊敬长辈是中华文化中的传统美德，它体现了对年长者的敬重和关怀。在中华优秀传统文化中，长辈被视为家庭的中坚力量，他们的经验和智慧是家庭与社会的重要财富。尊敬长辈不仅仅是一种礼仪，更是一种对家庭历史和文化的尊重。家庭成员在日常生活中，通过倾听长辈的教诲，照顾他们的生活需求，可以有效地体现对长辈的尊敬。这种尊敬不仅仅是对个体的关怀，更是对家庭整体和谐的促进。

　　爱护幼小则是对下一代的关怀和照顾。幼小的子女是家庭的未来，他们的健康成长和心理发展对于家庭与社会的未来至关重要。在家庭中，爱护幼小表现为关注他们的生活和学习，给予他们必要的指导和支持。通过在家庭中营造关爱和支持的氛围，可以帮助子女树立积极向上的价值观和人生观，从而为他们的未来发展奠定良好的基础。爱护幼小不仅仅是家庭责任，更是社会发展的需要。

　　家庭成员之间的尊老爱幼，有助于营造和谐的家庭氛围。在一个充满尊重和关爱的家庭环境中，家庭成员之间的关系会更加融洽，家庭生活更加和谐。尊老爱幼的实践能够有效地减少家庭内部的矛盾和冲突，增强家庭成员之间的相互理解和支持。这种和谐的家庭氛围不仅有利于个体的身心健康，也为家庭的稳定和社会的和谐提供了坚实的基础。

　　传承尊老爱幼的传统美德，能够强化家庭和社会的道德基础。传统美德是社会文化的核心，通过在家庭中传承尊老爱幼的价值观，可以将这些美德传递给下一代。教育子女尊重长辈、关爱幼小，能够帮助他们树立正确的价值观和道德观。这种教育不仅限于家庭，还需要在社会中得到广泛的认可和实践。只有通过全社会的共同努力，才能将尊老爱幼的美德融入社会的各个层面。

　　尊老爱幼的传统美德还体现在对老年人的关怀和对儿童成长的支持上。现代社会虽然发展迅速，但对老年人的照顾和对儿童的关怀仍然是家庭与社会的重要责任。在家庭中，尊老爱幼的实践可以通过为老年人提供健康的生活条件和精神上的关怀来体现。对于儿童的教育和成长，则需要提供充分的资源和支持，以确保他们能够在一个健康的环境中成长。通过这种全方位的关怀，可以有效地提升家庭和社会的整体幸福感。

　　在当代社会，尊老爱幼的传统美德面临着新的挑战。随着社会的变化和家庭结构的调整，如何在现代家庭中保持尊老爱幼的美德，成为一个重要的问题。现代家庭可能会面临各种压力和挑战，这需要通过创新的方式实践尊老爱幼的传统，可以通过社区支持、社会服务等方式，补充家庭中对老年人和儿童的关怀。利用现代科技手段，如远程医疗和在线教育，也可以更好地满足老年人和儿童的需求。

2. 长辈的教诲

长辈的教诲在传递中华优秀传统文化的过程中扮演了至关重要的角色，特别是通过讲述家族历史和个人经历，向年轻一代传递着丰富的文化价值观和智慧。长辈的教诲不仅是家庭教育的重要组成部分，也是中华优秀传统文化传承的主要途径。通过这种口耳相传的方式，年轻一代能够更深刻地理解和接受中华优秀传统文化的核心价值与生活智慧，从而在现代社会中保持对中华优秀传统文化的认同和尊重。

家族历史的讲述是长辈教诲的重要方式之一。通过回顾家族的历史背景、重要事件和家族人物的故事，长辈能够帮助年轻一代了解家族的根源和发展历程。这种历史的传递不仅使年轻一代对家族的历史背景和文化传统有了直观的认识，还增强了他们的家族认同感和归属感。家族历史中包含的经验教训和价值观念，常常是宝贵的生活智慧，它们能够帮助年轻人更好地理解和应对生活中的挑战，从而在个人成长中发挥重要作用。

个人经历的分享同样是长辈教诲中的重要内容。长辈通过讲述自己的人生经历、工作经验和生活智慧，能够为年轻一代提供有益的指导和启示。这些经历不仅包括个人在生活和工作中的成功经验，也包括面对困境和挑战时的应对方法。通过这些生动的故事和真实的经历，年轻人能够更好地理解中华优秀传统文化蕴含的价值观念，如诚信、勤奋、勇敢和宽容等，从而在自己的生活中践行这些价值观。长辈的个人经历也常常成为年轻人学习的榜样，激励他们在追求自己的目标时要保持积极的态度和不懈的努力。

在长辈的教诲中，中华优秀传统文化的价值观往往通过具体的生活智慧和道德规范传递给年轻一代。儒家思想中的"孝顺""仁爱"，以及道家哲学中的"自然"和"无为"等理念，通过长辈的讲述和生活实践，成为年轻人日常行为的指导原则。长辈通过具体的生活实例和道德故事，向年轻人展示这些价值观在实际生活中的应用和重要性。这种具体的教诲不仅使中华优秀传统文化的理念更加生动和易于理解，也使这些价值观在年轻一代的生活中得以传承和发扬。

长辈的教诲还包括对传统节日和习俗的传承。通过对传统节日的庆祝和习俗的遵循，长辈能够向年轻一代传递中华优秀传统文化的意义和重要性。春节的浓浓年味、中秋节的团圆、清明节的祭祖等，不仅是家族团聚和文化认同的重要时刻，也是中华优秀传统文化教育的关键环节。长辈通过这些节日活动和习俗的传承，帮助年轻一代感受到中华优秀传统文化的独特魅力和文化价值，从而在日常生活中保持对中华优秀传统文化的尊重和认同。

在现代社会中，长辈的教诲面临着新的挑战。随着社会的快速变化和全球化的影响，中华优秀传统文化和价值观念可能会受到冲击与淡化。长辈在传递中华优秀传统文化时，需要考虑到现代社会的变化和年轻人的实际需求，采用更为灵活和适应的方式对年轻一代进行教诲。长辈可以通过现代媒介，如数字技术和社交平台，将中华优秀传统文化和个人经历更生动地呈现给年轻人。这种创新性的传递方式，既能保持中华优秀传统文化的核心内容，又能与现代社会的发展相适应，从而更有效地进行文化传承。

长辈的教诲不仅是个人成长的重要资源，也是社会稳定和文化传承的关键因素。通过长辈的讲述和教诲，年轻一代能够继承和发扬中华优秀传统文化的核心价值观，增强文化认同感和社会责任感。中华优秀传统文化的传承不仅是个人的责任，还需要整个社会的共同努力。通过加强家庭和社会中的文化教育与传承，我们能够更好地保持和发展中华优秀传统文化，在现代社会中继续弘扬中华优秀传统文化的精神和智慧。

（二）兄弟姐妹之间的文化传承

兄弟姐妹之间的文化传承不仅体现在相互帮助和合作上，还包括通过竞争和激励促进共同成长。在家庭环境中，兄弟姐妹之间的互助合作是文化传承的一个重要方面。互助合作的精神在兄弟姐妹关系中显得尤为重要。兄弟姐妹之间的相互帮助不仅可以体现出家庭成员之间的关爱与支持，也能传递和发扬优秀传统文化中团结与互助的美德。在中华优秀传统文化中，家族成员之间的合作不仅体现在家庭事务的分担上，还包括在学习和成长过程中的共同进步。兄弟姐妹通过互相帮助，共同面对生活中的困难与挑战，不仅能增强彼此的情感纽带，也能在实际行动中体现出中华优秀传统文化强调的和谐与合作。

同时，兄弟姐妹之间的合作也是文化传承的重要途径之一。在家庭生活中，兄弟姐妹通过共同参与家庭活动、庆祝传统节日及文化传承活动，可以有效地学习和传承家庭与民族的中华优秀传统文化。兄弟姐妹可以通过一起制作传统节日的食品、参与传统工艺的学习等方式，了解和体验优秀传统文化的独特魅力。这种合作不仅增强了家庭成员之间的凝聚力，也使中华优秀传统文化在日常生活中得到延续和发展。

兄弟姐妹之间的竞争与激励同样在文化传承中扮演着重要角色。适度的竞争可以激发兄弟姐妹之间的积极性和上进心，从而促进共同的成长和进步。在优秀传统文化中，竞争被视为一种推动力，可以促使个人不断提高自我，争取更好的发展。在兄弟姐妹关系中，通过公平的竞争和适当的激励，可以培养各自对中华优秀传统文化价值观的认同和热爱。兄弟姐妹在学习中华优秀传统文化知识或技能的过程中，通过健康的竞争，可以激励彼此更加努力地去探索和掌握这些知识与技能。这种竞争不仅提升了他们的个人能力，也加强了对中华优秀传统文化的理解和认同。

进一步说，兄弟姐妹之间的相互激励能够增强他们对家庭和文化的责任感。在竞争中，兄弟姐妹往往会互相学习和借鉴，从而在提高自身能力的同时，也促进了对中华优秀传统文化的深入理解和认同。适度的激励和鼓励，使每个兄弟姐妹都能在相互影响和支持中成长，这不仅有助于他们个人的发展，也有助于家庭文化的传承和发扬。在家庭中的各种庆祝活动或文化学习中，兄弟姐妹间通过相互激励和支持，共同参与和学习，可以更好地理解和继承家庭与民族的文化传统。

第二节 中华优秀传统文化的教育传承方式

一、家庭教育中的传承方式

（一）家庭教育中的传统艺术熏陶

1. 书法与国画的学习

书法与国画的学习是家长教育子女的一种重要方式，它不仅能传承中华优秀传统文化，还能有效培养子女的审美情趣和耐心。书法的学习为子女提供了培养审美情趣的机会。书法不仅仅是一种文字书写的艺术，更是一种展现个人修养和审美观念的方式。在练习书法的过程中，子女需要细心揣摩每个笔画的运笔方式，这不仅有助于提升他们的艺术感知能力，也能增强他们对美的理解和欣赏。通过书法的学习，子女能够体验到中华优秀传统文化的深度和丰富性，从而更好地培养其独特的审美情趣。

国画的学习是培养子女审美情趣的另一种重要方式。国画以其独特的艺术形式和表现技法，让子女接触到传统的绘画风格和艺术理念。在学习国画的过程中，子女不仅能欣赏到山水、花鸟等自然景观的美丽，还能感受到传统艺术中的细腻和生动。这种艺术体验有助于激发子女的创造力和想象力，并使他们在艺术创作中找到乐趣和成就感。国画的学习不仅让子女在视觉上获得享受，还在情感上触动他们对自然和生活的热爱。

进一步说，书法和国画的学习都要求子女具备耐心与细致的态度。在书法练习过程中，子女需要反复揣摩笔画的运笔技巧和字形结构，这种重复性的练习能够帮助他们培养细致入微的观察能力和耐心。同样地，国画的创作也需要子女耐心地描绘细节，逐步完成一幅作品。在这个过程中，子女学会了在漫长的时间里保持专注，逐步提升自己的技艺。耐心的培养不仅有助于子女在艺术学习中获得进步，也对他们在学业和生活中的其他方面有积极影响。

书法和国画的学习还能增强子女的文化自信。通过学习传统艺术形式，子女能够更深入地了解中华文化的博大精深，增强对中华优秀传统文化的认同感。这种文化认同感有助于子女树立文化自信，使他们在未来的生活和工作中更加坚定地传承与弘扬中华优秀传统文化。书法和国画作为中华优秀传统文化的瑰宝，其学习过程中的每个细节，都使子女对中华文化有更深刻的理解和体会，从而培养出更加自信的文化传承者。

2. 传统音乐与舞蹈的熏陶

传统音乐与舞蹈的熏陶对子女的全面发展具有深远的影响，在接触和学习古筝、二胡等传统乐器，以及民族舞蹈时，可以让他们在感受传统艺术魅力的过程中，获得文化的滋养和艺术的熏陶。这种艺术体验不仅拓宽了子女的文化视野，也培养了他们的审美情趣和艺术素养，对他们的成长和教育产生了积极的影响。

古筝、二胡等传统乐器的学习能够帮助子女建立对传统音乐的深刻理解。古筝作为中国传统乐器之一，以其独特的音色和丰富的表现力受到喜爱。通过学习古筝，子女不仅可以掌握一种乐器的演奏技巧，还能感受到传统音乐的美妙和深度。二胡则以其悠扬的音色和表达丰富情感的能力，深受音乐爱好者的喜爱。学习二胡可以帮助子女理解中国传统音乐的情感表达和技艺精髓。这些乐器的学习使子女能够直接接触到传统音乐的核心部分，从而加深对优秀传统文化的认同和理解。

民族舞蹈的学习能够增强子女的身体协调性和艺术表现力。民族舞蹈作为中华优秀传统文化的重要组成部分，包含了丰富的历史和文化内涵。通过舞蹈的学习，子女不仅可以掌握舞蹈的基本动作和技巧，还可以感受到民族文化的魅力。舞蹈的训练不仅有助于提高子女的身体协调性、柔韧性和节奏感，还有助于提升他们的艺术表现力和创造力。在参与舞蹈的过程中，子女能够体验到文化的传承和艺术的魅力，这种体验对他们的综合素质培养具有重要意义。

同时，传统音乐和舞蹈的学习对子女的心理发展也有积极影响。音乐和舞蹈能够激发子女的情感，使他们在艺术的表达中释放压力和情感。古筝的悠扬乐声、二胡的柔美旋律和民族舞蹈的生动表现，都能为子女的成长提供一种情感宣泄的方式。这种艺术体验不仅能帮助子女调节情绪，还能增强他们的自信心和表达能力。学习传统音乐和舞蹈能帮助子女培养耐心和毅力，因为艺术的学习过程往往需要长时间的练习和坚持，这对子女的心理素质发展是一种积极的锻炼方式。

学习传统音乐和舞蹈还有助于子女在团队合作中发展社交技能。传统音乐和舞蹈的学习往往需要在集体中进行，这样的集体活动能够帮助子女学习合作、沟通和协调。无论是在合奏古筝、二胡还是在进行民族舞蹈的排练中，子女都需要与他人合作，协调动作和节奏。这样的经历不仅有助于培养子女的团队合作精神，还能提高他们的社交能力和团队意识。在合作中，子女学会了尊重他人、分享责任，这些社交技能在他们未来的成长过程中具有重要的作用。

传统音乐和舞蹈的学习有助于子女建立对中华优秀传统文化的认同感。通过学习古筝、二胡等传统乐器，以及参与民族舞蹈，子女能够深入了解和体验中华优秀传统文化的精髓。这种文化的熏陶不仅使子女对传统艺术产生浓厚的兴趣，还能增强他们对自己文化背景的认同感。在全球化的背景下，中华优秀传统文化的认同感和传承显得尤为重要，学习传统音乐和舞蹈能够帮助子女在文化认同的基础上，自信地面对未来的挑战。

（二）家庭生活中的实际行动

家庭生活中的实际行动对子女的成长和道德教育具有深远的影响。在日常生活中，家长的榜样作用以及家族故事与家训的传递，是影响子女价值观和行为习惯的重要途径。通过这些实际行动，家庭不仅传递了中华传统美德，还塑造了子女的品格和生活方式。

家长在日常生活中的榜样作用对于子女的道德教育至关重要。家长的行为和言语直接影响着子女的价值观与行为习惯。中华传统美德如尊老爱幼、勤俭节约等，通过家长的日常实践，可以深刻地影响子女的成长。当家长在家庭生活中积极践行尊老爱幼的美德时，他们不仅在行动上给予老人关爱和尊重，也在潜移默化中教会子女尊重长辈的重要性。子女在看到父母对老人的关心和照顾时，自然而然地学习这种行为，并将其内化为自己的行为准则。同样地，家长在日常生活中实践勤俭节约的美德，通过节约资源和避免浪费，也能让子女理解珍惜资源的重要性。家长的这些实际行动，不仅为子女树立了榜样，还为子女的道德发展提供了真实的参照。

进一步来说，家庭故事与家训的传递在子女的成长过程中扮演着重要的角色。通过口耳相传的家族故事，子女能够了解家族的历史和传统，感受到深厚的家族文化。这些故事往往蕴含着家族的价值观和伦理道德，如忠诚、诚信、勤奋等，通过故事的讲述，家长能够向子女传递这些核心价值观。家族中关于先人的奋斗历程和家族荣耀的故事，不仅能激发子女的自豪感，也能鼓励他们继承和发扬家族的优良传统。家训作为家族的传统教育方式，通常包含了家族对道德行为的规范和期望。家训的传递，使得子女能够明确家族的道德标准，并在日常生活中践行这些标准，从而形成良好的行为习惯。

同时，家庭生活中的实际行动还包括了家长对子女的教育方式和沟通方式。家长在教育子女时，如果能够以身作则，展示良好的道德行为，子女将更容易接受和认同这些行为。在家庭沟通中，家长应当尊重子女的意见和感受，培养子女的自信和独立性。通过积极的沟通和互动，家长能够帮助子女更好地理解和吸收家庭与社会的价值观。良好的家庭教育不仅仅是理论上的教导，更是在日常生活中的实际行动和示范。家长的言传身教，能够让子女在潜移默化中形成正确的价值观和道德观。

家庭生活中的实际行动，包括家长的榜样作用和家族故事与家训的传递，是影响子女成长和道德教育的重要因素。家长通过日常行为和言语，向子女展示中华传统美德，如尊老爱幼、勤俭节约等，能够有效地塑造子女的品格和行为习惯。通过家族故事与家训的传递，子女能够了解家族的历史和价值观，进一步增强对家庭和文化的认同感。家庭生活中的这些实际行动，不仅在子女的道德教育中发挥了关键作用，也为子女的全面成长提供了坚实的基础。通过不断践行这些传统美德和价值观，家庭能够培养出具有良好品德和行为习惯的下一代，为社会的和谐和进步做出贡献。

二、学校教育中的传承方式

（一）课程设置中的文化教育

1.传统文化课程的开设

传统文化课程的开设在中小学阶段具有重要意义，能够为学生提供系统的中华优秀传统文化知识。随着社会的现代化进程，中华优秀传统文化的传承面临着挑战，因此，在教育体系中引入专门的传统文化课程，不仅仅有助于学生对中华优秀传统文化的认知，更能在他们心中植入深厚的文化根基。

开设传统文化课程可以帮助学生系统地了解古代文学、历史和哲学等重要领域。古代文学课程通过经典文学作品的学习，能够让学生感受到中华文化的丰富性和深邃性。通过阅读《论语》《诗经》《楚辞》等经典，学生不仅能学习到古代文人的思想和情感，还能理解这些文学作品反映的社会风貌和人文精神。古代历史课程则能够让学生了解中华民族的历史发展脉络，从古代的文明起源到近现代的变革，让学生形成对国家和民族历史的深刻认识。哲学课程则能够引导学生理解儒、道、墨等传统哲学思想的精髓，从而培养他们的理性思维和道德判断能力。

首先，传统文化课程的开设有助于学生形成正确的文化认同感和价值观。在全球化背景下，文化认同成为一个重要的教育课题。通过传统文化课程的学习，学生能够深入了解中华文化的独特性和内涵，从而增强对自身文化的认同感。这种文化认同感不仅能增强学生的自信心，还能帮助他们在多元文化的环境中保持文化自信。传统文化课程还能培养学生的价值观，如尊重他人、诚实守信、勤俭节约等传统美德，这些价值观对学生的品德形成和社会适应发挥着积极作用。

其次，传统文化课程的开设能够促进学生的综合素质发展。学习中华优秀传统文化不仅仅是知识的积累，更是能力的培养。通过对中华优秀传统文化经典的研读和讨论，学生能够提高阅读理解能力、分析思维能力和表达能力。在学习古代文学时，学生需要对作品进行深入分析，从中提炼出作者的思想和情感，这个过程能够提高他们的批判性思维和文学鉴赏能力。通过参与讨论和写作，学生的表达能力也会得到提升。这些综合素质的提升不仅对学业有帮助，也为学生未来的职业发展和社会生活打下了良好的基础。

再次，传统文化课程的开设能够丰富课堂教学的内容和形式，增强学生的学习兴趣。在传统文化课程中，教师可以采用多样化的教学方式，如故事讲解、角色扮演、实地考察等，使课程内容更加生动有趣。这种丰富的教学形式能够激发学生的学习兴趣和好奇心，使他们在轻松愉快的氛围中学习中华优秀传统文化。通过实践活动，学生能够将所学知识与实际生活相结合，从而更好地理解和掌握中华优秀传统文化的精髓。

最后，传统文化课程的开设能够促进家庭和社会对中华优秀传统文化教育的关注与支持。学校作为中华优秀传统文化教育的重要阵地，通过开设相关课程，可以引起家庭和社会对中华优秀传统文化教育的重视。家长可以通过参与学校的文化活动和课程，了解中华优秀传统文化的价值，并在家庭教育中加强对中华优秀传统文化的传承。社会各界也可以通过支持传统文化课程的开设，推动文化教育的发展。这种家庭和社会的支持，将有助于中华优秀传统文化教育的深入开展和推广。在中小学阶段开设专门的传统文化课程具有重要的教育意义。通过系统传授古代文学、历史、哲学等中华优秀传统文化知识，学生能够深入了解中华文化的精髓，形成正确的文化认同感和价值观。传统文化课程的开设不仅能促进学生的综合素质发展，还能丰富课堂教学的内容和形式，增强学生的学习兴趣。家庭和社会的关注与支持也为中华优秀传统文化教育的深入开展提供了保障。通过传统文化课程的开设，我们能够在现代教育中实现中华优秀传统文化的传承与创新，为学生的全面发展奠定坚实的基础。

2. 经典文学作品的阅读

鼓励学生阅读《论语》《道德经》《红楼梦》等经典文学作品，对于他们理解其中蕴含的智慧和哲理至关重要。这些经典作品不仅代表了中华文化的精华，还深刻影响了历史上的思想和社会风貌。阅读这些经典作品，可以帮助学生更好地把握古代智慧的核心，并将这些智慧运用于现代生活中。《论语》作为儒家思想的经典之作，集中体现了孔子的教育理念和伦理道德。通过阅读《论语》，学生可以深入理解孔子关于人际关系、社会责任和个人修养的观点，从而在日常生活中培养更高尚的品德和更成熟的思维。

《道德经》是道家思想的核心经典，作者老子的哲学思想深刻而富有启发性。这部作品强调"道"与"德"的关系，提倡"自然无为"的生活方式。鼓励学生阅读《道德经》，能够帮助他们理解顺应自然、俭朴生活的哲理。在现代社会快节奏的生活中，这种思想可以为学生提供一种心理上的平衡和内心的宁静，帮助他们更好地应对生活中的压力和挑战。通过阅读《道德经》，学生能够学会在复杂的环境中保持内心的安宁和生活的从容。

《红楼梦》作为中国古代小说的巅峰之作，展示了丰富的人物性格和深刻的社会洞察。这部作品不仅具有高度的文学价值，还提供了对清代社会、家庭和人性的深刻分析。学生通过阅读《红楼梦》，可以了解到许多关于人情世故、家庭伦理和社会变迁的真实写照。这种深入的人物描写和复杂的情节设置，能够帮助学生更好地理解人类情感和社会行为，并从中获得对人性和社会的深刻洞察。

经典文学作品的阅读不仅仅是获取知识，更是一种思想和文化的传承。通过阅读《论语》《道德经》《红楼梦》，学生能够更好地理解和继承中华文化的精髓。经典作品中的智慧和哲理，经过历史的沉淀和验证，具有较高的普遍性和深远的影响。这些作品不仅能启发学生的思维，也能帮助他们建立更为全面和深刻的世界观。鼓励学生通过阅读经典文学，能够使他们在现代社会中保持对优秀传统文化的认同和尊重，并在实际生活中实践这些智慧。

在教学过程中，引导学生阅读这些经典作品的同时，需要关注他们的阅读体验和理解能力。教师可以通过讨论、讲解和分析等方式，帮助学生深入理解经典中的思想和哲理。通过组织阅读小组、专题讲座等活动，激发学生对经典文学的兴趣和热情，从而提升他们的阅读水平和文化素养。教师还可以引导学生将经典中的智慧应用于实际问题的解决中，让他们在实践中感受到这些智慧的现实价值。

（二）校园文化建设中的传统文化融入

校园文化建设中的传统文化融入是培养学生文化素养和传承中华优秀传统文化的重要途径。通过在校园内开展丰富多彩的传统节日庆祝活动和建立传统艺术社团，可以让学生更好地了解和体验中华优秀传统文化，从而增强对中华优秀传统文化的认同感和自豪感。这种文化融入不仅有助于丰富校园文化生活，也能促进学生的全面发展。

传统节日的校园活动是一种将传统文化融入校园文化建设的有效方式。通过举办各种传统节日庆祝活动，如中秋节的赏月、端午节的赛龙舟、春节的贴春联等，学生能够在参与活动的过程中直观地感受到中华优秀传统文化的魅力。中秋节的赏月活动不仅让学生了解到中秋节的由来和习俗，还能通过制作月饼、讲解与月亮相关的诗词等形式，增强他们对传统节日的理解和兴趣；端午节的赛龙舟可以通过模拟龙舟比赛和包粽子等活动，让学生体验传统节日的风俗，了解节日背后的历史和文化意义。这些活动不仅有助于学生对中华优秀传统文化的认同，也能增强集体合作精神和动手能力。

另外，传统节日的校园活动还能促进师生之间的互动和沟通。教师在组织和参与这些活动的过程中，可以更好地了解学生的兴趣和需求，增强师生之间的情感联系。学生在活动中表现出的积极性和创造力，也能为校园文化建设注入新的活力。通过这种互动和沟通，校园文化不仅能得到丰富和发展，还能促进校园氛围的和谐与融洽。

传统艺术社团的建设是另一种将传统文化融入校园文化建设的有效方式。书法社、国画社、戏曲社等传统艺术社团，为学生提供了展示和交流传统艺术的平台。这些社团不仅能帮助学生掌握传统艺术技能，还能激发他们对中华优秀传统文化的兴趣和热爱。书法社通过组织书法比赛、讲座和展览等活动，让学生在书法艺术的学习和创作中，体会到中华优秀传统文化的精髓；国画社通过学习中国传统绘画技法和风格，培养学生的审美能力和艺术素养；戏曲社通过戏曲表演、角色扮演和剧本创作等活动，让学生了解和体验中国传统戏曲的独特魅力。这些社团活动不仅丰富了校园文化生活，还为学生提供了展示自我和发展兴趣的机会。

在传统艺术社团的建设中，教师的指导和支持是至关重要的。教师可以通过组织相关的培训和讲座，帮助学生提高传统艺术技能和知识水平。教师还应当鼓励学生积极参与社团活动，为其提供必要的资源和平台，帮助他们实现个人的发展和成长。通过教师的引导和支持，传统艺术社团能够更好地发挥作用，为学生的全面发展提供有力的支持。

传统文化的融入不仅仅体现在活动和社团的建设上，更应当融入学校的整体文化氛围中。首先，学校可以通过设置传统文化课程、举办文化讲座和研讨会等方式，进一步推广中华优秀传统文化的知识和理念。其次，学校可以通过校园环境的布置和装饰，营造浓厚的中华优秀传统文化氛围。例如，在校园内设置传统文化展示区、文化墙等，通过这些视觉元素提醒学生中华优秀传统文化的重要性和价值。这样的文化氛围能够潜移默化地影响学生，使他们在日常学习和生活中更加关注与尊重中华优秀传统文化。

第三节　中华优秀传统文化的社会传承途径

一、家庭传承

（一）家庭教育

家庭教育在亲子关系的文化传承中扮演着至关重要的角色。祖辈与父辈通过言传身教，将中华优秀传统文化的核心价值观和生活智慧传递给下一代。这种代际传承不仅仅是文化知识的传递，更是道德观念和生活习惯的延续。家庭中的文化教育体现了文化的深厚积淀和教育的持久影响力，为子孙后代的成长奠定了坚实的基础。

首先，祖辈与父辈的言传身教是家庭教育的核心。长辈通过日常生活中的言行，为后代树立了榜样。这种言传身教不仅包括生活习惯和道德规范，还涉及传统文化的具体实践。祖辈在家庭聚会时的礼仪行为、父辈在处理家庭事务时的处事方式，都在影响着后代的价值观和行为模式。这种影响通过日常生活的点滴，逐渐内化为后代的行为准则和思想观念。

家庭中的礼仪和习俗是文化传承的重要载体。家庭礼仪不仅仅是形式上的规范，更是文化内涵的体现。从日常的问候礼仪到节日的庆祝习俗，都是家庭文化的具体表现。通过遵循这些礼仪和习俗，家庭成员能够感受到文化的延续性和归属感，同时，也学会了如何在社会中恰当地表现自己。这种对礼仪和习俗的重视，不仅提升了家庭成员的文化素养，也为社会的和谐稳定贡献了力量。

家庭聚会中的文化活动是中华优秀传统文化实践的重要场所。每当节假日或重要的家庭庆典，家庭聚会往往成为传承文化的最佳时机。在这些聚会中，传统的文化活动，如讲故事、演奏传统乐器、展示民间工艺等，都能让家庭成员特别是年轻一代，更加直观地感受到文化的魅力。这些活动不仅丰富了家庭成员的文化生活，也促进了家庭成员之间的感情交流，为文化的传承提供了生动的实践机会。

其次，家庭读书习惯的培养是家庭教育中的一项重要内容。阅读不仅能丰富个人的知识面，还能促进家庭成员之间的思想交流。家庭读书习惯的形成，离不开对书籍选择的重视。中华优秀传统文化影响下的书籍选择，通常包含了丰富的历史背景和文化内涵，通过阅读这些书籍，家庭成员能够更深入地了解中华优秀传统文化和历史。家庭中对书籍的选择不仅反映了家庭的文化取向，也影响了家庭成员的文化素养。

家庭读书会的组织与参与，是家庭教育中一种有效的文化传承方式。通过定期组织家庭读书会，家庭成员可以共同阅读和讨论书籍中的内容，这种集体活动有助于增强家庭成员的合作意识和沟通能力。在读书会中，家庭成员可以分享对书籍的理解和感受，从而加深对中华优秀传统文化的认识和理解。这种讨论和交流，不仅丰富了家庭成员的阅读体验，也增进了家庭成员之间的情感纽带。

经典文化书籍的阅读与讨论，是中华优秀传统文化教育的重要环节。经典书籍如《论语》《道德经》等，蕴含了丰富的哲理和人生智慧，通过对这些书籍的阅读与讨论，家庭成员能够更好地理解中华优秀传统文化的精髓。经典书籍不仅有助于提升家庭成员的文化素养，还能引导他们在日常生活中实践经典中的道德观念。家庭中的经典文化书籍阅读与讨论，既是对中华优秀传统文化的尊重，也是对家庭教育的延续。

（二）家庭环境

家庭环境在传承和弘扬中华优秀传统文化中扮演了至关重要的角色。家庭氛围、传统文化氛围的营造，传统节日的保持，传统艺术的应用等，都是家庭环境对文化认同和传承的具体体现。通过这些方式，家庭不仅为成员提供了文化认同的基础，也为中华优秀传统文化的延续和发展创造了有利条件。

家庭氛围是影响中华优秀传统文化传承的重要因素之一。一个充满中华优秀传统文化氛围的家庭环境，能够自然地将中华优秀传统文化的价值观和行为规范传递给家庭成员。家庭中的言谈举止、礼仪规范、节日庆祝等，都是中华优秀传统文化的具体体现。良好的家庭氛围不仅促进了成员之间的亲密关系，也为中华优秀传统文化的传承提供了支持。家庭成员之间的互相关心和尊重，往往体现了儒家文化中的"仁爱"精神，而家庭中对礼仪的重视，则体现了儒家的"礼仪"观念。这些都在潜移默化中影响着家庭成员的价值观和行为方式。

第一，中华优秀传统文化氛围的营造是家庭环境中不可或缺的一部分。通过家庭装饰、节日庆祝和文化活动，家庭可以营造浓厚的中华优秀传统文化氛围。家中可以悬挂书法作品、展示传统绘画，或者摆放传统工艺品等，这些都能有效地营造出一种文化氛围。家庭成员在这样的环境中生活，能够更自然地接受和传承中华优秀传统文化的精髓。家庭成员也可以通过共同参与中华优秀传统文化活动，如学习传统乐器、书法等，增强对中华优秀传统文化的理解和认同。

传统节日的氛围保持是家庭文化传承的重要方面。传统节日如春节、中秋节、端午节等，都是中华优秀传统文化的重要载体。家庭中的传统节日庆祝活动，不仅是家庭成员团聚的时刻，也是文化传承的重要机会。在这些节日中，家庭成员通过制作传统食品、参与节日仪式、讲述节日故事等方式，体验和传承中华优秀传统文化的习俗与价值观。春节期间的制作年夜饭和放鞭炮、中秋节的赏月和吃月饼，这些传统习俗不仅丰富了节日的庆祝活动，也使中华优秀传统文化得以在家庭中延续和发扬。

第二，传统艺术在家庭中的应用是家庭环境中重要的文化体现。传统艺术包括书法、绘画、剪纸、陶瓷等，这些艺术形式不仅具有独特的美学价值，也承载了丰富的文化内涵。在家庭环境中，传统艺术的应用不仅能美化家居环境，还能增强家庭成员对中华优秀传统文化的认识和兴趣。家庭成员可以通过参与传统艺术活动，如学习书法、制作剪纸、欣赏传统音乐等，进一步了解和体验中华优秀传统文化的魅力。这种艺术的融入，使得中华优秀传统文化不仅存在于历史记载中，还成为家庭日常生活的一部分。

家庭装饰中的中华优秀传统文化元素为文化传承提供了有效的途径。中华优秀传统文化元素如中国结、青花瓷、剪纸等，可以在家庭装饰中得到广泛应用。通过将这些元素融入家居设计中，家庭不仅能展示中华优秀传统文化的美学，还能在日常生活中感受到中华优秀传统文化的氛围。这种装饰方式不仅提升了家庭环境的文化品位，也让中华优秀传统文化成为家庭生活的一部分，从而增强了文化认同感。

第三，传统手工艺品的摆放在家庭环境中具有重要意义。传统手工艺品如织锦、雕刻、陶艺等，不仅具有实用价值，还承载了丰富的文化信息。家庭成员通过欣赏和使用这些手工艺品，能够更好地理解和体验中华优秀传统文化的精髓。传统手工艺品的摆放也可以成为家庭文化交流的一部分，通过与亲友分享家庭成员的这些工艺品的背景和制作过程，进一步促进文化的传承和交流。

家庭祭祖仪式在中华优秀传统文化中的地位不可忽视。这一仪式不仅是家族成员表达对祖先敬仰和怀念的方式，也是中华优秀传统文化的具体体现。通过家庭祭祖仪式，家庭成员能够感受到家族历史的延续和中华优秀传统文化的传承。祭祖仪式中包含的礼仪和习俗，如清扫祖先的墓地、准备祭品、举行祭拜等，都是对中华优秀传统文化的尊重和实践。这些仪式不仅增强了家庭成员的家族认同感，也为中华优秀传统文化的持续传承提供了有力的支持。

二、社会传承

（一）学校教育

学校教育在中华优秀传统文化的传承和发展中扮演着关键角色，课程设置、课外活动等方面都涉及中华优秀传统文化的教育与推广。课程设置是中华优秀传统文化教育的基础。在学校中，开设传统文化课程是传承经典文化的重要途径。通过系统化的课程安排，学生可以学习到中华优秀传统文化的精髓，例如，儒家思想、经典文献、传统礼仪等。这些课程不仅包括对古典文学、历史、哲学的学习，还可能涵盖书法、国画等传统艺术形式的教学。传统文化课程的设置可以帮助学生建立对中华优秀传统文化的基本认知，提升他们的文化素养，使他们能够在日常生活中践行和传播中华优秀传统文化的核心价值观。

第一，在课程设置的过程中，经典文化教材的使用显得尤为重要。经典文化教材不仅能提供系统化的知识体系，还能确保教学内容的权威性和准确性。《论语》《道德经》《诗经》等经典文献作为教材，可以帮助学生深入理解中华优秀传统文化的核心思想和价值观。经典文化教材的使用，不仅能使学生直接接触和学习传统经典，还能激发他们对优秀传统文化的兴趣和热爱。通过经典文化教材的教学，学生可以更好地理解和感受中华优秀传统文化的深厚底蕴，并在此基础上发展自己的文化素养。

第二，中华优秀传统文化知识的考核是学校教育中不可或缺的一部分。通过考核，学校可以评估学生对中华优秀传统文化知识的掌握情况，同时，激励学生更加深入地学习和理解中华优秀传统文化。在传统文化课程的考核中，除了测试学生的知识掌握情况外，还可以设计一些实践性的考核项目，如书法作品展示、经典诗文的背诵等。这些考核不仅能检验学生对中华优秀传统文化的理解和应用能力，还能通过实际操作和展示，加深他们对中华优秀传统文化的认同感和参与感。

第三，课外活动是中华优秀传统文化教育的重要组成部分。学校可以通过组织相关的社团活动增强学生对中华优秀传统文化的兴趣和参与度。成立优秀传统文化社团，如书法社、国画社、茶道社等，为学生提供一个学习和实践中华优秀传统文化的平台。通过这些社团活动，学生可以在课余时间进一步探索和体验中华优秀传统文化的魅力，增强他们的动手能力和创造力。社团活动还可以为学生提供一个交流和分享的平台，促进他们之间的互动和合作，从而形成积极向上的中华优秀传统文化学习氛围。

第四，中华优秀传统文化节日的庆祝是学校教育中不可忽视的一部分。学校可以通过组织传统节日庆祝活动，让学生在节日氛围中体验中华优秀传统文化的魅力。这些庆祝活动不仅包括节日的传统习俗，如包粽子、赏月、祭祖等，还可以通过相关的讲座、展览、表演等形式，使学生更加深入地了解节日的文化背景和传统意义。通过参与节日庆祝活动，学生不仅能感受中华优秀传统文化的乐趣，还能增强对传统节日的认同感和归属感。

第五，传统文化主题的比赛和演出是学校教育中重要的活动形式。通过组织传统文化主题的比赛，如书法比赛、诗词朗诵比赛、传统戏曲表演等，可以激发学生的创造力和表现欲望，同时，促进他们对优秀传统文化的深入理解。这些比赛和演出不仅能展示学生的才艺和对中华优秀传统文化的掌握情况，还能为他们提供一个展示自我的平台。通过参与这些活动，学生不仅能提升自己的综合素质，还能在实践中体会到中华优秀传统文化的魅力和价值。

（二）社会环境

社会环境对中华优秀传统文化的传承和发展具有重要影响，其中包括社区文化的建设及文化政策的实施。社区文化作为中华优秀传统文化传承的重要阵地，其作用不可忽视。社区文化通过组织丰富多样的传统文化活动，能够有效地将中华优秀传统文化融入居民的日常生活中。社区经常举办传统节日的庆祝活动，不仅使居民能够亲身体验节日的氛围，还增强了社区成员对中华优秀传统文化的认同感和归属感。在这些活动中，居民不仅能学习到中华优秀传统文化的知识，还能在互动中感受到文化的魅力，从而推动中华优秀传统文化的传承。

社区传统文化活动的组织也是传承中华优秀传统文化的重要方式。社区组织定期举办的中华优秀传统文化讲座和培训，为居民提供了学习和了解中华优秀传统文化的机会。这些讲座和培训内容涉及中华优秀传统文化的各个方面，如书法、国画、民俗等，能够帮助居民更好地理解和掌握中华优秀传统文化的精髓。通过参与这些活动，居民能够提升自身的文化素养，同时，也为中华优秀传统文化的传承做出了贡献。社区还可以组织中华优秀传统文化比赛和展览，这些活动能够激发居民对中华优秀传统文化的兴趣和热情，使中华优秀传统文化在社区中得以广泛传播。

在文化政策层面，政府对中华优秀传统文化传承的支持同样至关重要。政府通过制定和实施相关文化政策，为中华优秀传统文化的保护和传承提供了有力的保障。这些政策通常包括对传统文化活动的资助、对传统文化项目的支持等。政府的支持不仅为中华优秀传统文化的推广提供了资金和资源，还能促进传统文化活动的规范化和专业化。通过这些政策的实施，中华优秀传统文化能够在更大范围内得到传播和弘扬，进一步推动社会对中华优秀传统文化的认同和重视。

传统文化保护的法律法规是文化传承的重要保障。政府通过制定和实施有关传统文化保护的法律法规，确保中华优秀传统文化遗产得到有效的保护。这些法律法规涵盖了对文化遗产的保护措施、对文化遗产破坏行为的处罚等方面。通过这些法律法规的实施，可以有效防止中华优秀传统文化遗产的流失和破坏，同时，也为文化遗产的传承提供了法律依据。传统文化保护的法律法规有助于形成全社会对传统文化保护的共识和行动，从而促进中华优秀传统文化的可持续发展。

文化遗产的保护和传承政策同样在传统文化保护中发挥了重要作用。这些政策通常包括对文化遗产的修缮和保护、对传统工艺的传承和培训等。政府和相关机构通过实施这些政策，能够确保传统文化遗产在现代社会中得到有效保护和传承。针对传统工艺的保护，政府可以通过设立传承人制度、开展传承培训等方式，确保传统工艺的技能和知识能够得到有效传承。文化遗产的保护和传承政策不仅有助于保护中华优秀传统文化的实物和技艺，也为中华优秀传统文化的传播和发展提供了坚实基础。

第四节　中华优秀传统文化传承中的挑战与对策

一、挑战

（一）现代化与全球化的冲击

1. 文化认同的淡化

文化认同的淡化是现代社会面临的一个重要问题，尤其是在全球化和多元文化交流的背景下。全球化促进了不同文化之间的频繁交流，这一过程虽然带来了文化的多样性和丰富性，但也对中华优秀传统文化的独特性造成了冲击。同时，外来文化和现代化生活方式的吸引力使得年轻一代对本土文化的兴趣逐渐减少。这种现象对社会的文化认同和文化传承产生了深远影响。

全球化导致了不同文化间的频繁交流，这对中华优秀传统文化的独特性产生了冲击。在全球化背景下，信息技术的发展使世界各地的文化得以迅速传播和交流。虽然这种文化交流带来了多元文化的融合与创新，但也为中华优秀传统文化的独特性带来了挑战。中华优秀传统文化在全球化的影响下，面临着被边缘化或被同质化的风险。许多传统习俗、语言和艺术形式在现代化与全球化的进程中逐渐被外来文化所替代，优秀传统文化的独特性和重要性受到削弱。这种文化的冲击使优秀传统文化在全球化的浪潮中逐渐失去其原有的地位和影响力。

现代化生活方式和外来文化的吸引力对年轻一代的本土文化兴趣产生了显著影响。现代化生活方式带来了更加便利和多样的生活选择，如快速的通信方式、便捷的交通工具和丰富的娱乐活动，这些新兴的生活方式在年轻人中产生了巨大的吸引力。同时，外来文化的影响力也在不断增强，如西方的流行音乐、影视作品和时尚潮流等，这些外来文化元素在年轻一代中被广泛的接纳和喜爱。与之相比，传统本土文化由于缺乏同样的吸引力和现代感，逐渐被年轻一代所忽视。年轻一代对本土文化兴趣的减少，使得中华优秀传统文化的传承面临挑战。

在这种背景下，文化认同的淡化成为一个不容忽视的问题。文化认同是个人和社会对特定文化的认同感与归属感，它是文化传承和社会稳定的重要基础。随着中华优秀传统文化在全球化和外来文化影响下逐渐淡化，文化认同感也在减弱。这种变化不仅影响了个人的文化认同，还对社会的文化稳定性产生了影响。当中华优秀传统文化逐渐被忽视或被取代时，社会成员对自身文化的认同感和归属感也会受到削弱，从而影响社会的凝聚力和稳定性。

面对文化认同的淡化，社会和文化机构需要采取积极的措施应对这一挑战。首先，教育系统应当加强对中华优秀传统文化的教育和传承，通过课程设置、文化活动等方式，提高年轻一代对中华优秀传统文化的认识和兴趣。通过在学校和社会中推广中华优秀传统文化，可以帮助年轻一代更好地了解和接触本土文化，从而增强他们的文化认同感。文化机构和社区组织可以通过举办中华优秀传统文化的展示活动、节庆庆典等方式，吸引更多人参与和体验。这些活动不仅能增强公众对中华优秀传统文化的关注，还能促进文化的交流和传承。

其次，文化的创新与融合可以成为应对文化认同淡化的一种策略。在全球化背景下，文化的创新与融合是不可避免的。通过将中华优秀传统文化与现代元素相结合，可以创造出具有时代感和吸引力的文化形式。这种创新不仅能使中华优秀传统文化更具活力和适应性，还能吸引年轻一代的关注和参与。将传统音乐、舞蹈与现代音乐、舞蹈元素相结合，可以创造出新颖的艺术形式，既保留了中华优秀传统文化的精髓，又符合现代社会的审美需求。

2. 现代媒体和娱乐产业的影响

现代媒体和娱乐产业的影响在当今社会中日益显著，尤其在娱乐至上的价值观和传播方式的改变方面，对中华优秀传统文化的影响不容忽视。现代媒体和娱乐产业的商业化趋势，导致中华优秀传统文化内容被边缘化，而新媒体的迅猛发展，则使得中华优秀传统文化的传播面临新的挑战和机遇。

首先，现代媒体和娱乐产业越来越注重商业利益，这一趋势导致娱乐至上价值观的盛行。在追求利润最大化的驱动下，媒体和娱乐产业往往将娱乐内容作为主要生产与传播的焦点，这种价值观在一定程度上忽视了中华优秀传统文化的传播和弘扬。由于娱乐节目和商业广告的高收视率与高营利性，许多媒体和娱乐公司倾向于制作并推广那些更具市场吸引力的内容，如流行音乐、明星八卦、真人秀等。这种娱乐至上的倾向使得优秀传统文化内容，诸如古典文学、传统艺术等，逐渐被边缘化。虽然一些中华优秀传统文化节目仍然存在，但它们往往难以获得与娱乐节目同等的关注和资源。这种现象不仅影响了中华优秀传统文化的传播效果，也使得公众对中华优秀传统文化的认知和兴趣逐渐减弱。

其次，传播方式的改变对中华优秀传统文化的传播产生了深远的影响。新媒体的迅猛发展带来了信息传播方式的革命，传统媒体和文化传播的方式面临着巨大的挑战。互联网的普及和社交媒体的兴起，使信息传播变得更加即时和多元。尽管新媒体为中华优秀传统文化的传播提供了新的平台和机会，但中华优秀传统文化在新媒体环境中的传播面临诸多困难。中华优秀传统文化内容往往需要经过长期的积累和深入的理解，而新媒体传播方式则强调快速和简洁，这种传播方式的矛盾使中华优秀传统文化难以适应新的传播环境。传统的文化节目和艺术表演通常需要较长的时间和专业的讲解，但在快速消费的信息时代，这些内容往往难以吸引年轻观众的注意力。新媒体环境中的信息碎片化和快餐化倾向，也使中华优秀传统文化的深度和内涵难以得到有效传播。

最后，新媒体对中华优秀传统文化传播的挑战体现在内容的选择和呈现方式上。新媒体平台如短视频、社交网络等，通常以娱乐和互动为主要特征，中华优秀传统文化内容在这些平台上往往难以获得足够的展示空间。即便中华优秀传统文化内容被上传至新媒体平台，其表现形式和传播方式也可能被迫迎合平台的特点，如缩短时间、简化内容等。这种调整可能会导致中华优秀传统文化的深度和精髓在传播过程中有所削弱，从而影响其原有的文化价值和教育功能。新媒体的这种影响，促使我们需要重新思考如何在新的传播环境中有效地传承和弘扬中华优秀传统文化。

尽管现代媒体和娱乐产业带来了中华优秀传统文化传播的挑战，但也提供了新的机遇。首先，新媒体的普及为中华优秀传统文化的传播开辟了新的渠道，通过网络平台，中华优秀传统文化得以在全球范围内传播和交流。许多中华优秀传统文化的数字化项目和线上展览，都可以通过新媒体技术让更多人了解和接触中华优秀传统文化。其次，新媒体的互动性和参与性为中华优秀传统文化的传播带来了创新的方式，如中华优秀传统文化的互动游戏、虚拟现实体验等。这些新形式不仅能激发年轻一代的兴趣，还能增强他们对中华优秀传统文化的认同感。

（二）文化教育体系的不足

文化教育体系中存在着一些显著的不足，主要体现在传统文化教育的缺失、教学内容的单一、教学方法的落后及师资力量的薄弱等方面。这些问题不仅影响了中华优秀传统文化的有效传承，也制约了学生全面素质的培养。因此，识别和解决这些不足，对于提升传统文化教育的质量和效果具有重要意义。

第一，传统文化教育的缺失是当前教育体系中一个突出的问题。尽管优秀传统文化在中华文化中占据着核心地位，但在许多学校的课程设置中，传统文化教育仍然处于边缘地位。许多学校的课程主要集中在基础学科，如语文、数学和科学，而对传统文化的涉及则十分有限。这种情况导致学生在接受系统教育的过程中，对中华优秀传统文化知识的了解较为肤浅，难以深入理解中华优秀传统文化的内涵和价值。缺乏全面的传统文化课程设置，使得中华优秀传统文化的传承面临着严峻的挑战，影响了学生文化素养的全面提升。

第二，教育内容的单一是传统文化教育中存在的一个重要问题。当前学校教育中对中华优秀传统文化的内容安排较为单一，主要集中在一些经典的文学作品和历史事件上。这种单一的内容设置限制了学生对中华优秀传统文化的全面了解和深入学习。虽然古代文学和历史是中华优秀传统文化的重要组成部分，但若仅仅依靠这些内容，学生可能难以全面了解传统哲学、艺术和民俗等方面的知识。教育内容的单一使传统文化教育难以全面体现中华优秀传统文化的丰富性和多样性，从而削弱了学生对中华优秀传统文化的兴趣和认同感。

第三，传统文化教学方法的落后严重影响了教育效果。当前，许多学校在传统文化教学中仍采用传统的讲授式教学方法，这种教学方法往往缺乏互动性和趣味性，难以激发学生的兴趣。传统的教学方法主要依赖教师的讲解和学生的记忆，而未能充分利用现代科技手段和教学资源。很多传统文化课程仍然以单纯的文字资料和课堂讲解为主，忽视了利用多媒体、实地考察和实践活动等方法来丰富教学内容与形式。这种落后的教学方法限制了学生对中华优秀传统文化的感知和体验，影响了教学效果和学生的参与度。

第四，师资力量的薄弱是传统文化教育面临的一大问题。许多学校在传统文化教学中缺乏专业教师，这直接影响了教育的质量和效果。专业的传统文化教师不仅具备丰富的文化知识，还能运用科学的教学方法和技巧传授知识。现实中很多教师虽然具备一定的中华优秀传统文化基础，但缺乏系统的培训和专业的知识，这导致他们在教学中难以为学生提供深入的讲解和有效的指导。师资力量的薄弱使得传统文化教育的实施效果不佳，无法充分发挥传统文化教学应有的作用。

解决这些不足需要从多个方面入手。学校应当增加传统文化课程的设置，将其纳入必修课程，并设计丰富多样的课程内容，涵盖中华优秀传统文化的各个方面。教育部门应鼓励和支持采用现代化的教学方法，如多媒体教学、互动讨论和实践活动等，以提高传统文化课程的趣味性和参与度。提升师资力量也是关键，可以通过系统培训和引进专业人才提高传统文化教学的质量。通过这些措施，可以有效弥补传统文化教育体系中的不足，促进中华优秀传统文化的有效传承和学生综合素质的提升。

二、对策

（一）加强文化教育和宣传

1.教育体系改革

教育体系改革的关键在于课程设置优化、教学方法创新以及师资培训三个方面。这些改革措施不仅能丰富教育内容，还能提高教学质量和学生的学习兴趣。课程设置优化是教育改革中的基础环节之一。

第一，增加传统文化相关课程，是提升学生文化素养和民族认同感的重要途径。传统文化课程的引入，可以让学生了解中华文明的历史和价值观，从而增强他们对中华优秀传统文化的认知和理解。这种优化不仅涉及课程内容的增加，还包括课程结构的调整和教学目标的明确。通过系统地设置传统文化课程，可以为学生提供更全面的教育体验，并帮助他们在全球化背景下保持文化自信。

第二，教学方法的创新是提升教育效果的关键因素。引入多媒体和互动式教学，是当前教育改革的重要方向。多媒体教学工具，如视频、音频和动画等，可以将抽象的知识具体化，使学生更容易理解和记忆。互动式教学方法则通过课堂讨论、角色扮演和实际操作等方式，提高学生的参与度和积极性。这种教学方法不仅能激发学生的学习兴趣，还能培养他们的批判性思维和解决问题的能力。通过这些创新的教学方法，学生能够在更为生动和有趣的环境中学习，从而更好地掌握知识和技能。

第三，在师资培训方面，加强对教师的中华优秀传统文化培训是提高教学质量的重要措施。教师作为教育的关键实施者，他们的专业素养和教学能力直接影响到教学效果。通过对教师进行中华优秀传统文化培训，可以使他们更好地理解和传授中华优秀传统文化知识，从而提高课堂教学质量。这种培训不仅包括对中华优秀传统文化知识的学习，还应涉及教学方法的更新和教学技巧的提升。通过系统的师资培训，教师能够掌握更多的教学策略，并将中华优秀传统文化以更生动和有效的方式传达给学生。

师资培训的内容还应包括如何将中华优秀传统文化与现代教学相结合。教师在教授中华优秀传统文化时，需要考虑到学生的年龄、兴趣和接受能力，通过合理的教学设计，使中华优秀传统文化知识更易于理解和吸收。这要求教师不仅要有扎实的中华优秀传统文化基础，还要具备灵活的教学方法和创新的思维。通过不断培训和学习，教师能够不断提升自身的教学水平，从而更好地满足学生的学习需求。

教育体系改革的实施需要各方面的支持和配合。教育管理部门应积极推动课程设置的优化和教学方法的创新，并为教师培训提供必要的资源和支持。学校应根据实际情况，调整课程设置，丰富教学内容，并引入先进的教学技术和方法。教师应不断提升自身的专业能力，积极参与培训，并将学到的知识和技能应用于实际教学中。只有通过各方的共同努力，教育体系改革才能取得显著的成效，并真正提高教学质量。

2. 媒体宣传与推广

在现代社会中，媒体宣传与推广在中华优秀传统文化传播中扮演着至关重要的角色。通过与媒体合作、新媒体利用以及文化品牌建设，可以有效扩大中华优秀传统文化的影响力，提升文化软实力，并吸引更多的受众，特别是年轻群体的关注和参与。这些方法不仅有助于中华优秀传统文化的传播和推广，还能为其注入新的活力和发展动力。

与媒体合作制作高质量的传统文化节目，是提升中华优秀传统文化影响力的重要途径。传统文化节目通过电视、广播等传统媒体平台进行传播，能够借助媒体的广泛覆盖力和强大的传播能力，将中华优秀传统文化的魅力展示给更大范围的观众。高质量的传统文化节目不仅需要精美的制作和丰富的内容，还应当在节目中融入现代元素和创新形式，以吸引观众的兴趣。制作关于传统节日习俗、传统工艺、历史文化人物等主题的节目，可以让观众更深入地了解中华优秀传统文化的内涵和价值。媒体合作还可以通过专题报道、纪录片和访谈等形式，进一步深化对中华优秀传统文化的认识和理解。通过媒体的专业制作和广泛传播，中华优秀传统文化的影响力能够得到有效提升，吸引更多观众的关注和参与。

在新媒体时代，社交媒体和短视频平台的利用成为中华优秀传统文化传播的重要手段。新媒体的快速传播和互动性，能够为中华优秀传统文化的推广提供新的机遇和平台。利用社交媒体平台，如微博、微信、抖音等，可以发布关于中华优秀传统文化的内容，包括短视频、图文资讯、文化活动预告等，以吸引年轻受众的关注和参与。短视频平台特别适合制作关于中华优秀传统文化生动有趣的短片，通过轻松幽默的形式，介绍中华优秀传统文化的知识和活动，可以有效地提升观众的参与感和兴趣。通过新媒体的传播，中华优秀传统文化能够突破地域和时间的限制，迅速传达给更广泛的受众群体，提高其社会影响力。

文化品牌建设是提升中华优秀传统文化软实力的关键环节。打造传统文化品牌不仅能提升中华优秀传统文化的知名度，还能增强其在国内外的影响力。文化品牌的建设需要注重品牌形象的塑造和品牌价值的挖掘，可以通过设计富有中华优秀传统文化特色的品牌 LOGO、制作有关中华优秀传统文化的宣传片、举办文化展览等方式，形成独特的品牌定位，提升品牌的视觉和情感影响力。品牌的建设还应注重文化内涵的传递和价值的体现，通过深入挖掘中华优秀传统文化的历史背景、艺术价值和社会意义，形成有深度和广度的品牌文化。通过文化品牌的建设，不仅能提升中华优秀传统文化的市场竞争力，还能在全球范围内传播和推广中华优秀传统文化。

此外，媒体宣传与推广还应注重与文化机构、学术机构和社会组织的合作。通过与这些机构的合作，可以进一步丰富中华优秀传统文化的传播渠道和方式。与博物馆、文化中心、大学等机构合作，举办传统文化讲座、展览和研讨会，可以将中华优秀传统文化的学术研究和实践经验转化为公众教育与传播的内容。社会组织的参与也能为中华优秀传统文化的推广提供支持和保障，例如，通过组织传统文化体验活动、志愿者服务等，促进中华优秀传统文化的普及和传承。

（二）鼓励社区和家庭参与

鼓励社区和家庭参与文化活动，是提升社区文化氛围和增强文化素养的重要途径。通过组织社区传统文化节和定期举办传统文化讲座与工作坊，可以有效地激发社区居民对优秀传统文化的兴趣与热情，促进优秀传统文化的传承和发展。这种参与不仅有助于社区的凝聚力，也为居民提供了丰富的文化体验和学习机会。

第一，组织社区传统文化节是提升社区文化氛围的有效方式。社区文化节通常包括各种传统文化展示、艺术表演和互动活动。这些活动不仅展示了社区的文化多样性，也为居民提供了参与和体验中华优秀传统文化的机会。在传统文化节上，居民可以欣赏到传统音乐、舞蹈、手工艺等多种文化形式，这些活动有助于提升社区的文化氛围，增强居民的文化认同感。通过这种方式，社区不仅可以展示其独特的文化特色，也可以在居民中营造出浓厚的文化氛围，促进邻里关系的和谐与融洽。

第二，定期举办传统文化讲座和文化工作坊，是提高社区居民文化素养的有效途径。传统文化讲座通常邀请文化专家或学者，对中华优秀传统文化进行深入的讲解和分析。这些讲座不仅能帮助居民了解中华优秀传统文化的背景和发展，还能激发他们对中华优秀传统文化的兴趣和热情。文化工作坊则提供了实践性的学习机会，通过实际操作，如书法、剪纸、茶道等活动，居民能够更直观地体验中华优秀传统文化的魅力。这种实践活动不仅丰富了居民的文化生活，还能提升他们的文化技能和素养。

第三，鼓励社区居民积极参与文化活动，有助于营造良好的文化氛围和社区精神。通过组织各类文化活动，居民不仅能在活动中获得知识和乐趣，还能在互动中建立深厚的友谊。这种友谊的建立，有助于提升社区的凝聚力和归属感，使居民在文化活动中找到共同的兴趣和目标。社区文化活动的参与，还能激励居民发挥创造力和组织能力，为社区的发展和文化的繁荣贡献力量。

第四，家庭参与社区文化活动是增强家庭和社区联系的重要方式。家庭成员在参与社区文化节和文化讲座时，可以共同体验中华优秀传统文化，增进家庭成员间的沟通和理解。家庭成员的积极参与，不仅能提升家庭的文化素养，还能为社区文化活动注入更多的活力和创造力。家庭在社区文化活动中的积极参与，能够促进家庭教育和社区文化教育的融合，为社区和家庭的发展提供了双重支持。

社区和家庭的共同参与，有助于中华优秀传统文化的有效传播和传承。通过组织社区文化节和文化讲座，中华优秀传统文化的知识和技能可以被更多的居民所掌握。这种知识和技能的传播，不仅能帮助中华优秀传统文化在社区中扎根，也能通过家庭的传播，让更多的人了解和珍惜中华优秀传统文化。社区和家庭的共同努力，为中华优秀传统文化的保护和发展提供了广泛的支持与保障。

社区文化活动的成功组织需要多方面的合作和支持。社区管理者、文化组织及居民等各方的积极参与和合作，是确保文化活动顺利进行的关键。社区管理者需要充分调动资源，为文化活动提供必要的支持和保障，文化组织可以提供专业的指导和服务，居民则需要积极参与和支持。通过各方的共同努力，可以确保社区文化活动的顺利开展，实现对中华优秀传统文化的有效传承和弘扬。

第三章　中华优秀传统文化与现代教育融合

第一节　中华优秀传统文化在基础教育中的应用

一、课程设计与教学内容

（一）课程设置

课程设置中引入传统文化课程的一个重要目的是系统地学习中华优秀传统文化。特别是设立"国学""经典诵读"等专门课程，不仅有助于学生深入了解中华优秀传统文化的核心精髓，也能在教育体系中强化优秀传统文化的传承。这些课程不仅丰富了学生的文化知识，也为他们提供了宝贵的道德和思想资源。

"国学"课程作为传统文化课程的重要组成部分，主要涵盖了儒家、道家、佛教等多个方面的经典文献。通过系统学习《论语》《孟子》《道德经》《金刚经》等经典文本，学生能够深入理解这些思想体系的基本概念和核心价值。"国学"课程不仅传授了中华优秀传统文化的理论知识，还通过经典案例和历史背景的讲解，使学生对中华优秀传统文化的形成和发展有更全面的认识。这种深入的学习，能够帮助学生在日常生活中践行中华优秀传统文化的价值观，同时，也为他们提供了理解和解决现代问题的文化视角。

"经典诵读"课程则侧重于通过朗读和背诵经典文本增强学生对中华优秀传统文化的感知与记忆。通过诵读《诗经》《楚辞》《大学》《中庸》等经典文献，学生不仅能熟悉经典内容，还能体会到这些文本中的文学美和思想深度。诵读经典的过程不仅有助于培养学生的语言表达能力和审美能力，也能激发他们对中华优秀传统文化的兴趣和热爱。这种方式不仅是一种学习手段，也是一种文化体验，使学生在实际操作中感受中华优秀传统文化的魅力。

设置传统文化课程的另一重要目的，是培养学生的文化认同感和道德修养。传统文化课程通过教授经典文本和文化理念，不仅传递了中华文化的核心价值观，如仁爱、礼仪、忠诚、诚信等，还通过实际案例和道德故事，帮助学生理解这些价值观在现实生活中的应用。通过这种方式，学生能够在日常生活中自觉地践行中华优秀传统文化的道德规范，从而提升自身的品德修养和社会责任感。

课程设置中应关注传统文化课程的互动性和实践性。传统文化的学习不仅是理论的积累，还需要通过实际的活动和体验进行深化理解。组织传统节日庆祝活动、经典诵读比赛、书法和国画体验等，都可以让学生在实践中感受中华优秀传统文化的魅力。这些实践活动不仅能增强学生对中华优秀传统文化的兴趣，还能提高他们的动手能力和创造力，从而促进中华优秀传统文化的真正传承和发展。

为了有效地开展传统文化课程，需要教师具备深厚的文化素养和教学能力。教师不仅要掌握中华优秀传统文化的基本知识，还要具备将中华优秀传统文化与现代教育结合的能力。教师的教学方法和内容设计应考虑到学生的年龄与认知水平，便于将传统文化知识以更易于理解和接受的方式传递给学生。同时，教师还应积极参与优秀传统文化的研究和实践，以不断提升自身的专业水平和教学效果。

在现代教育体系中，传统文化课程的设置还需要与时俱进，结合现代教育技术和资源。利用多媒体教学、网络课程和虚拟现实技术等现代化手段，可以使传统文化的教学更加生动和有趣。这些技术不仅能提供丰富的学习资源，还能创造出更为直观和互动的学习环境，从而提升学生的学习兴趣和效果。通过线上平台和社交媒体的推广，也能让更多的学生和家庭参与中华优秀传统文化的学习和传播。

（二）教学内容

教学内容中艺术作品赏析环节对提高学生的艺术修养和审美能力具有至关重要的作用。第一，古代诗词的赏析是艺术作品教育的重要组成部分。古代诗词以其优美的语言、丰富的意象和深刻的思想内涵，展现了中华文化的独特魅力。通过对古代诗词的赏析，学生不仅能感受诗词中的韵律美、语言美，还能体会诗人表达的情感和思想。唐诗《静夜思》以简洁的语言和清新的意境，表达了诗人对故乡的思念之情。学生在赏析这些诗词时，不仅能提升自己的文学素养，还能通过诗的艺术表现形式，培养对生活的细腻观察和深刻理解。

第二，书法艺术的赏析能够提高学生的艺术修养。书法作为中国传统艺术形式，不仅仅是一种书写技巧，更是个人情感与艺术风格的体现。通过学习和欣赏不同书法家的作品，学生能够了解不同书法作品风格的特点和历史背景。例如，王羲之的《兰亭序》以其流畅自然的笔法和优雅的字体，展现了书法艺术的极致美感。在书法作品的赏析中，学生可以体会到书法艺术的独特魅力，进而激发对书法艺术的兴趣与热爱。通过对书法作品的欣赏，学生能够学习到书法艺术的基本技巧，从而在实际书写中提升自己的艺术水平。

第三，古代绘画作品的赏析同样重要。古代绘画以其独特的表现手法和丰富的艺术内涵，展现了中华优秀传统文化的精髓。宋代的《千里江山图》通过细腻的山水描绘和精致的细节刻画，展现了中国山水画的独特魅力。学生在欣赏这些古代绘画作品时，可以通过对画面构图、色彩运用和艺术风格的分析，提升自己的艺术审美能力和艺术感知能力。绘画作品不仅能丰富学生的艺术知识，还能激发他们的创造力和想象力，使他们在欣赏艺术的过程中培养独立的审美判断和艺术鉴赏能力。

艺术作品赏析的过程不仅仅是对个别作品的欣赏，更是对艺术史和文化背景的深入了解。通过对古代诗词、书法和绘画等艺术作品的赏析，学生能够更加全面地理解中国传统艺术的历史和发展脉络。通过学习书法的历史演变，学生可以了解到书法在不同历史时期的艺术风格和技术变革；通过研究古代绘画的主题和风格，学生可以了解中国古代社会的生活场景和文化风貌。通过对艺术作品的全面赏析，学生不仅能提升自己的艺术修养，还能对中华优秀传统文化有更深刻的认识和理解。

同时，艺术作品赏析还能培养学生的创造性思维和艺术表现能力。通过对艺术作品的深入分析，学生能够学习到艺术创作中的技巧和方法，从而激发他们的创作灵感和艺术想象力。在对古代诗词的赏析过程中，学生可以尝试自己创作诗歌，运用所学技巧和表达方式，在书法学习中，学生可以通过模仿和创作，逐渐形成自己的书法风格。通过这样的学习和实践，学生能够在艺术创作中不断提升自己的技艺和表现力，从而更好地融入艺术的世界。

二、教学方法与实践活动

（一）互动式教学

互动式教学在传统文化教育中发挥着重要作用，其中，讨论与辩论是其关键环节之一。讨论与辩论为学生提供了一个深入理解中华优秀传统文化的机会。通过组织课堂讨论，教师可以引导学生探讨中华优秀传统文化中的热点问题，比如，儒家思想与现代价值观的关系。这样的讨论不仅能帮助学生更好地理解中华优秀传统文化的核心理念，还能促进他们对这些理念在当代社会中的适用性和影响进行深入思考。在讨论过程中，学生可以提出自己的见解和疑问，从而加深对中华优秀传统文化的认知和理解。

辩论活动有助于培养学生的思辨能力。在辩论中，学生需要通过论据和逻辑进行系统思考，以支持自己的观点或反驳对方的观点。这种思维训练不仅提高了学生的逻辑分析能力，也增强了他们在面对复杂问题时的分析和解决能力。比如，在探讨儒家思想与现代价值观的关系时，学生需要考虑儒家思想的传统背景与现代社会实际需求之间的矛盾和联系。通过辩论，学生能够从多个角度审视问题，形成更加全面和深刻的理解。

进一步来说，讨论与辩论能促进学生之间的互动和合作。在课堂讨论与辩论中，学生不仅要表达自己的观点，还要倾听和回应他人的意见，这种互动有助于提升学生的沟通能力和团队合作能力。在中华优秀传统文化的学习中，学生通过与同学的讨论和辩论，能够获得不同的视角和见解，从而丰富自己的认知。这种互动式的教学方式能激发学生的学习兴趣和积极性，使他们更主动地参与课堂活动。

同时，讨论与辩论还能帮助学生将传统文化知识与现代社会实际相结合。在课堂教学中，讨论中华优秀传统文化中的热点问题，如儒家思想与现代价值观的关系，可以让学生思考如何将中华优秀传统文化中的价值观念与现代社会的实际需求相结合。通过这种结合，学生不仅能理解中华优秀传统文化的历史意义，还能探索其在现代社会中的应用和发展。这种能力的培养有助于学生在未来的学习和工作中，更好地将中华优秀传统文化的精髓融入实践。

（二）实地考察与体验

实地考察与体验是加深学生对中华文化理解和认知的重要途径。通过组织学生参观博物馆、古建筑和历史遗址等地，学生可以亲身接触到中华文化的实物遗存和历史脉络，从而更深入地理解历史背景和文化内涵。这种亲身体验不仅丰富了学生的学习方式，也增强了他们的文化认同感和历史责任感。

首先，参观历史遗址能够帮助学生直观地了解中华文化的实物遗存。历史遗址是古代文化和文明的物质见证，涵盖了建筑、遗物、文献等丰富的内容。通过实地参观古建筑，如故宫、长城、颐和园等，学生可以感受到这些历史遗迹的雄伟和古老，直观地了解到它们在历史中的作用和意义。故宫作为中国古代皇宫的代表，展示了明清时期的建筑风格和宫廷文化，长城则是中国古代防御工程的杰出代表，体现了古人智慧和劳动的结晶。通过参观这些历史遗址，学生能够更具体地理解中华文化的深厚底蕴。

其次，博物馆的参观使学生体验到了丰富的历史文物和文化艺术品的视觉盛宴。博物馆作为文化和历史的载体，收藏和展示了大量的文物与艺术品，这些实物是了解历史和文化的重要资源。在博物馆中，学生可以看到古代陶器、书法、绘画、青铜器等，这些珍贵的文物不仅展示了古代技艺和审美，还反映了社会生活和文化风貌。通过参观中国国家博物馆，学生能够了解从古代到现代各历史阶段的重大事件和文化成就，从而更全面地掌握历史脉络和文化发展。

因此，参观历史遗址和博物馆能够促进学生对中华文化的深入理解与认同。在参观过程中，学生不仅能直观感受历史，还能通过讲解员的讲解和资料的学习，更深入地了解文化背景和历史故事。这种亲身体验使得学生能够将抽象的历史知识与具体的实物相结合，形成更为生动和立体的认知。通过了解兵马俑的发掘过程和历史背景，学生可以更深刻地认识到秦朝的历史成就和文化特色。这种深入了解有助于增强学生对中华文化的认同感和自豪感，从而激发他们对中华优秀传统文化的兴趣。

进一步地，实地考察还能激发学生的学习兴趣和探索精神。在面对真实的历史遗址和文物时，学生的好奇心和探索欲望会被激发，这种实际体验相比于书本上的学习更加生动和吸引人。通过实地考察，学生能够直接观察和感受历史遗迹的细节，这种体验能够调动他们的学习积极性和主动性。参与古建筑的考察和修复工作，学生不仅能学习到建筑学和考古学的知识，还能体验到亲自探索历史的乐趣。这种实践经历有助于培养学生的动手能力和团队合作精神，同时，也能激发他们对历史学科的兴趣。

此外，实地考察与体验还具有促进文化传承的重要作用。通过参观历史遗址和博物馆，学生不仅能学习到中华优秀传统文化和历史知识，还能感受到文化传承的重要性。这种体验使学生认识到文化遗产的珍贵和保护的必要性，增强他们的文化责任感和使命感。通过了解和参观非物质文化遗产的传承与保护工作，学生能够更深刻地认识到文化传承的复杂性和重要性，从而积极参与文化保护和传承的实践。这种文化传承意识的培养，有助于将中华文化的精髓传递给下一代，并为未来的文化发展奠定坚实基础。实地考察与体验是加深学生对中华文化理解和认知的有效途径。通过参观博物馆、古建筑和历史遗址，学生不仅能直观地了解历史遗物和文化背景，还能增强对中华文化的认同感和兴趣。实地考察不仅丰富了学生的学习方式，激发了他们的探索精神，还促进了文化的传承和保护。这种深度的文化体验不仅为学生的全面成长和文化素养的提升提供了重要支持，也为中华文化的传承与发展做出了积极贡献。

第二节　中华优秀传统文化在高等教育中的传承

一、高等教育中的课程设置与教学实践

（一）传统文化课程的开设

传统文化课程的开设在当代教育体系中扮演着重要的角色，尤其是在大学阶段，必修课程与选修课程的设置对于学生系统了解中华优秀传统文化具有关键意义。通过开设如大学语文、中国历史等必修课程，学生可以在系统化的学习中掌握中华优秀传统文化的基础知识，从而为他们的全面发展奠定坚实的文化基础。

必修课程的开设是确保学生系统了解中华优秀传统文化基础知识的重要途径。大学语文和中国历史等课程作为必修课程，涵盖了中华优秀传统文化的核心内容，帮助学生建立对中华优秀传统文化的基本认识。大学语文课程通过对经典文学作品的学习，使学生能够深入理解中华优秀传统文化的语言表达、思想内涵和美学特征。学生通过学习《论语》《庄子》等经典文本，可以领会儒家、道家思想的精髓，从而加深对中华优秀传统文化的理解。中国历史课程则通过系统讲授中国历史的主要事件、人物和发展脉络，帮助学生掌握中华优秀传统文化的历史背景和演变过程。这些必修课程的设置，旨在让每个学生都能获得基本的文化素养和历史知识，从而在未来的学习和工作中更好地运用和传承中华优秀传统文化。

选修课程的开设为学生提供了进一步深入了解中华优秀传统文化的机会。与必修课程不同，选修课程允许学生根据个人兴趣和发展方向选择相应的文化课程，如古代汉语、中国哲学史、传统艺术鉴赏等。这些课程不仅丰富了学生的文化知识，还激发了他们对中华优秀传统文化的兴趣和热情。选修古代汉语课程的学生可以深入了解古代文献的语言特点和翻译技巧，从而更好地阅读和理解古代文献，

选修中国哲学史的学生则可以系统学习中国古代哲学思想的发展历程，对比儒、道、佛三家的思想，进而形成对中国哲学的全面认识。通过选修课程，学生能够根据自己的兴趣和需求，深入研究中华优秀传统文化的某一方面，从而提高对中华优秀传统文化的理解和认同。

进一步说，传统文化课程的开设不仅有助于学生知识的积累，还对学生的文化认同和价值观形成起到了积极的促进作用。传统文化课程通过对中华文化经典和历史的学习，能够帮助学生树立文化自信，增强对民族文化的认同感。在全球化背景下，学生在面对多元文化的冲击时，能够通过对中华优秀传统文化的学习，保持文化的独特性和认同感。学习大学语文课程中的经典诗词和文学作品，能够让学生感受到中华文化的独特魅力，并增强对中华优秀传统文化的自豪感。中国历史课程的学习使学生了解中华文明的悠久历史和丰富内涵，有助于他们在国际交流中自信地讲述中国故事，展现中国文化的独特魅力。

同时，传统文化课程的开设还有助于培养学生的综合素质和实践能力。传统文化课程不仅关注知识的传授，还强调能力的培养。传统艺术鉴赏课程通过对中国传统艺术形式的学习和鉴赏，能够提高学生的审美能力和艺术素养；中华礼仪课程则通过对传统礼仪的学习，帮助学生掌握社交礼仪和职业素养。这些课程的设置不仅丰富了学生的文化知识，还提升了他们的综合素质，使他们在未来的社会生活中更具竞争力。

（二）教学方法的创新

教学方法的创新在传统文化教育中发挥着关键作用，尤其是数字化教学的引入，为传统文化教学带来了全新的机遇。通过利用现代信息技术，将传统文化教学与数字化平台相结合，可以提供丰富的在线资源和互动学习工具，从而极大地提升教学效果和学生的学习体验。

数字化教学为传统文化教育提供了丰富的在线资源。中华优秀传统文化涉及的内容广泛且深奥，包括古代文学、历史、哲学等多个领域。通过数字化平台，教师可以方便地访问和利用大量的电子教材、数据库、视频讲座与虚拟博物馆等资源。在线图书馆和数字化文献库能够为学生提供古代文献的原版资料与相关注释，使他们能够更深入地研究和理解经典文献。通过这些数字资源，学生不仅能更便捷地获取信息，还能在学习过程中进行自我探索和研究，提高了学习的自主性和深度。

数字化教学提供了互动学习工具，增强了学生的参与感和学习兴趣。传统的教学方法往往以教师讲解为主，学生的参与度较低。相比之下，数字化教学平台提供了多种互动工具，如在线讨论区、互动游戏、虚拟实验室等，这些工具能够使学生在学习过程中积极参与。通过在线讨论区，学生可以与同学和教师进行实时交流，讨论中华优秀传统文化相关的问题，从而加深对知识的理解。互动游戏和虚拟实验室可以将中华优秀传统文化的学习变得更加生动有趣，通过模拟古代的社会生活或文化活动，学生能够在体验中学习到更多的中华优秀传统文化知识。

首先，数字化教学能够实现个性化学习，满足不同学生的需求。每个学生的学习能力和兴趣爱好各不相同，传统的教学方法难以兼顾所有学生的需求。而数字化教学平台能够通过数据分析和智能推荐，为学生提供个性化的学习资源和路径。学习管理系统可以根据学生的学习进度和表现，推荐相应的学习材料和练习题，从而帮助学生在自己擅长和感兴趣的领域深入学习。个性化学习的实现，不仅能提高学生的学习效率，还能激发他们的学习兴趣和自主学习能力。

其次，数字化教学能够突破时间和空间的限制，使传统文化教育更加灵活和便捷。传统的课堂教学通常受到时间和地点的限制，而数字化教学平台可以提供随时随地的学习机会。通过在线课程和远程教学，学生可以在任何时间和地点访问课程内容，进行学习和复习。这种灵活性使学生能够根据自己的学习进度安排学习时间，同时，也为那些无法参与传统课堂教学的学生提供学习的机会。

最后，数字化教学促进了教师教学方法的创新。第一，教师可以利用现代信息技术设计更加丰富和多样的教学活动。通过制作互动式课件和视频讲座，教师可以将复杂的传统文化知识以生动的方式呈现给学生。第二，教师可以利用在线平台进行课堂外的辅导和答疑，帮助学生解决学习中的问题。数字化教学工具的应用，使教师能够更好地发挥教学创意，提高教学质量和效果。

二、高等教育中的科研与文化活动

（一）传统文化科研项目

首先，设立研究中心是推动传统文化科研项目的重要举措。在高校设立中华优秀传统文化研究中心，可以为学者提供一个专业的研究平台，支持他们深入探讨中华优秀传统文化的各个方面。这些研究中心不仅是学术研究的基地，也为学生提供了参与科研的机会。通过设立研究中心，高校能够会聚相关领域的专家学者，形成有针对性的研究团队，推动中华优秀传统文化的系统研究。研究中心的建立，还可以为学者提供必要的研究资源和支持，包括图书资料、数据库和实验设备等，助力他们开展高水平学术研究。这种平台也为学生提供了接触和学习中华优秀传统文化的机会，激发他们的学术兴趣，并培养他们的研究能力。

其次，科研资助与合作是推动传统文化科研项目的一个关键环节。通过设立专项科研基金，能够有效地鼓励师生开发传统文化相关课题。这些基金可以用于资助研究项目、出版学术成果、组织学术交流等，降低科研人员的经济负担，提高他们的研究积极性。科研资助的实施，不仅能为学者提供必要的经费支持，也能促进科研成果的转化和应用。科研基金的设立还能吸引更多的研究人员参与传统文化的研究，推动学科的发展和创新。

最后，国际化合作是推动传统文化科研项目的重要途径。通过与国内外研究机构的合作，可以引入国际先进的研究方法和视角，提升研究的深度和广度。国际化合作不仅能加强国内研究机构和国际学术界的交流与合作，还能促进中华优秀传统文化的全球传播和认知。通过国际会议、学术交流和联合研究等形式，研究人员可以分享研究成果、交流学术观点，并在全球范围内推广中华优秀传统文化。这样的合作，不仅有助于提高研究水平，还能增强国际社会对中华优秀传统文化的关注和理解。

在具体实施过程中，研究中心的设立和科研资助的实施需要得到政府教育部门的支持。政府应制定相关政策，支持传统文化科研项目的发展，并为研究中心和科研基金提供必要的财政支持。教育部门则可以通过协调和管理，确保研究中心的建设和运作顺利进行。学术界也应积极推动中华优秀传统文化的研究和宣传，鼓励更多的研究人员参与这一领域，共同推动中华优秀传统文化的研究和传承。

研究中心和科研资助的有效运作，还需要良好的管理和组织。研究中心应建立完善的管理机制，明确研究方向和目标，并对研究进展进行定期评估。科研资助则需要制定科学合理的评审标准，确保资助项目的质量和效果。通过规范化的管理和组织，可以提高科研项目的效率和质量，从而推动中华优秀传统文化研究的深入发展。

（二）文化传承与实践活动

文化传承与实践活动是将中华优秀传统文化融入学生生活的重要途径，通过支持学生成立文化社团和参与文化遗产保护项目，可以有效促进中华优秀传统文化的传承与发展。这些活动不仅能增强学生对中华优秀传统文化的认同感和兴趣，还能培养他们的实践能力和责任感，为中华优秀传统文化的保护和发展注入新的活力。

　　支持学生成立传统文化社团，如汉服社、书法社等，是文化传承与实践活动的重要手段。文化社团为学生提供了一个展示和交流中华优秀传统文化的平台，使他们能够在实践中深入了解和体验优秀传统文化的内涵。汉服社通过组织汉服穿着活动、传统礼仪培训等，能够让学生亲身体验中华传统服饰的魅力，并了解汉服背后的历史和文化。书法社通过书法练习、书法比赛和展览等活动，帮助学生掌握书法技巧，并感受书法艺术的独特魅力。这些社团活动不仅丰富了学生的校园生活，也为中华优秀传统文化的传承提供了实践的场所和机会。

　　丰富多彩的文化活动是文化社团的重要组成部分。通过组织各种传统文化活动，如节日庆祝、传统工艺制作、文化讲座等，可以激发学生对中华优秀传统文化的兴趣和热情。在春节期间，汉服社可以组织"汉服迎春"活动，鼓励学生穿上汉服，参与传统的年节庆祝，感受传统节日的氛围。书法社可以举办"书法进校园"活动，通过书法展示和讲座，向全校师生介绍书法艺术的魅力。通过这些活动，学生不仅能体验中华优秀传统文化的乐趣，还能增强对中华优秀传统文化的认同和热爱。

　　在文化遗产保护方面，组织学生参与文化遗产保护项目，是增强文化保护意识和实践能力的重要途径。文化遗产保护项目包括参观历史遗迹、博物馆、文化遗产保护现场等。通过这些活动，学生可以直接接触到真实的文化遗产，了解其历史背景和保护现状。组织学生参观当地的历史遗迹和博物馆，可以让他们了解文化遗产的珍贵性和保护的重要性。在参观过程中，教师可以通过讲解和讨论，帮助学生理解文化遗产的价值和意义，增强他们的文化自豪感和保护意识。

　　参与文化遗产保护项目还可以培养学生的实践能力和动手能力。通过参与文化遗产修复和保护活动，学生可以学习到一些基本的保护技巧和方法。学生可以参与古建筑的修缮、文物的清洁和保养等实际工作，了解保护工作的复杂性和专业性。这些实践活动不仅能提高学生的动手能力，还能增强他们的责任感和使命感，使他们在保护文化遗产的过程中，形成对中华优秀传统文化的深入理解和尊重。

　　在文化传承与实践活动中，教师的指导和支持是至关重要的。教师可以通过组织和策划传统文化活动、提供专业知识及技能培训等方式，帮助学生更好地参与文化传承与实践。教师还应当鼓励学生积极参与文化社团和遗产保护项目，为他们提供必要的资源和支持。通过教师的引导和支持，学生能够在实践活动中获得更多的机会和体验，推动文化传承与实践活动的顺利进行。

第三节　中华优秀传统文化与现代教育技术的结合

一、传统文化的数字化传播

（一）文化内容的数字化

文化内容的数字化是推动中华优秀传统文化传播和研究的重要手段。古籍电子化和数字图书馆的建设不仅能保存并传承中华优秀传统文化，还能极大地提高查阅和传播的效率。通过这些数字化手段，可以使中华优秀传统文化更好地适应现代社会的发展需求，为广大用户提供便利的文化资源和服务。

古籍电子化是文化内容数字化的重要一步。将中华优秀传统文化中的古籍经典进行电子化处理，能够有效地保护这些珍贵的文化遗产。古籍电子化不仅仅是对古籍原文的数字化复制，更是对古籍内容的现代化保存。通过电子化处理，可以将古籍中的文字、图像、注释等信息转化为数字格式，这不仅保留了古籍的原貌，还通过数字化技术提升了其查阅和研究的便利性。通过搜索功能，用户可以快速查找古籍中的特定内容，大大提高了研究的效率。这种电子化处理不仅为学术研究提供了便利，也使普通读者能够更轻松地接触和理解中华优秀传统文化。

数字图书馆的建设是古籍电子化的延续和扩展。数字图书馆提供古籍经典的在线阅读和下载服务，使得用户可以通过互联网随时随地访问丰富的文化资源。这种在线服务不仅打破了地域限制，还能让更多的人接触到中华优秀传统文化的精髓。数字图书馆不仅包括古籍，还涵盖了其他文化资源，如历史文献、艺术作品等，通过多样化的资源配置，可以满足不同用户的需求。用户可以通过简单的操作，访问到大量的古籍和文化资料，实现对中华优秀传统文化的广泛传播。

数字图书馆的建设还促进了中华优秀传统文化的学术研究和教育应用。通过数字图书馆，学者和研究人员可以更方便地获取并分析古籍内容，为相关领域的研究提供了丰富的素材和支持。数字图书馆可以与教育机构合作，提供在线学习和研究的平台，帮助学生及教育工作者深入了解和研究优秀传统文化。这种数字化的资源共享，能够有效推动中华优秀传统文化的学术发展和教育普及，提高中华优秀传统文化的影响力和知名度。

同时，古籍电子化和数字图书馆的建设也面临一些挑战。古籍的电子化处理需要解决诸如文字识别、排版格式和版本校对等技术问题。古籍中的文字和格式可能因为历史久远而存在一定的难度，如何准确地将这些内容数字化并保持其原貌，是一个技术上的挑战。数字图书馆的运营和维护需要投入大量的资源，包括技术支持、数据存储和网络安全等方面。这些挑战需要通过技术创新和管理优化进行解决，以确保数字化资源的长期有效性和安全性。

另外，用户的数字化素养也是数字图书馆建设成功的关键因素。尽管数字图书馆提供了便利的在线服务，但用户需要具备一定的数字化技能才能充分利用这些资源。为此，需要对用户进行相应的数字技能培训，帮助他们熟悉数字化资源的使用方法，提高他们对中华优秀传统文化的理解和应用能力。通过这种培训，可以使用户更好地适应数字化时代的要求，充分发挥数字图书馆的优势。

（二）传统艺术的数字化展示

传统艺术的数字化展示是一种创新方式，它通过现代技术将古老艺术形式带入观众视野。传统艺术的数字化展示不仅能保护和传承文化遗产，还能以全新的方式将其呈现给全球观众。随着科技的进步，数字博物馆和数字化展览成为展示传统艺术的两种重要手段。数字博物馆通过虚拟现实技术创建一个沉浸式的艺术环境，使用户能够在线参观，深入体验传统艺术作品，如书法、绘画、陶瓷等。通过虚拟现实技术，用户可以在一个模拟的三维空间中自由移动，观察艺术品的细节，了解其背景和创作过程。这种方式不仅克服了物理空间的限制，还使传统艺术品能够以更加生动和直观的方式进行呈现。

数字博物馆的构建还能解决传统博物馆在空间和展品保护方面的难题。在传统博物馆中，展品受到空间限制，且由于光照、温湿度等环境因素的影响，长时间展出可能对艺术品造成损害。而数字博物馆则不受这些物理限制，可以展示更多的艺术作品，并且能够模拟各种环境条件，确保艺术品的长期保存和展示。数字博物馆还能提供多语言的解说，满足全球观众的需求，使不同语言背景的观众都能理解和欣赏艺术品的精髓。

数字化展览通过多媒体技术将传统艺术的历史、文化和技术细节以更加生动的方式呈现给观众。这种展览方式通常结合视频、音频、动画等多种媒介，提供了更加丰富的视觉和听觉体验。观众可以通过互动装置，深入了解艺术品的创作背景、技法和文化意义。数字化展览不仅能提供艺术品的高清图像，还能通过三维模型展示艺术品的各个角度，使观众能够更全面地欣赏作品。数字化展览还可以通过互动体验，增强观众的参与感，使他们能够以更加主动的方式探索和学习艺术。

数字化展示的优势还在于其广泛的传播性。传统的艺术展览通常受到地域和时间的限制，而数字化展览能够突破这些限制，将艺术品展示到全球各地。观众无须亲自到场，就能通过互联网访问展览内容，大大扩大了艺术品的观众群体。数字化展览的传播方式灵活多样，可以通过社交媒体、网站、应用程序等多种渠道进行推广，吸引更多的观众参与。数字化展览的互动功能还可以促进观众的参与，使他们能够与展览内容进行互动，增加对艺术品的兴趣和理解。

尽管数字化展示传统艺术具有诸多优势，但也面临一些挑战。数字化技术的应用需要大量的投入，包括技术开发、数据存储和维护等方面的费用。数字化展示无法完全替代实物展览的观赏体验。尽管虚拟现实技术可以模拟艺术品的细节，但某些艺术品的材质和质感仍然难以通过数字化手段完全呈现。数字化展示也需要解决版权问题，确保艺术品的数字化内容不被非法使用和传播。因此，在推动数字化展示的同时，还需要充分考虑这些挑战，制定相应的解决方案。

二、传统文化的网络推广

（一）文化博客与社交媒体

文化博客与社交媒体在当代文化传播中扮演了重要角色，通过这两种平台可以有效地推广和传承中华优秀传统文化。创建专注于中华优秀传统文化的博客是文化传播的重要手段。博客文章不仅可以深入探讨中华优秀传统文化的各个方面，还可以通过详细的评论和分析吸引读者的关注。一个精心设计的文化博客可以包含关于传统节日、古代文献、历史人物和传统艺术等多方面的内容。例如撰写关于《论语》的解析文章，或者分享有关传统节日习俗的故事，不仅能为读者提供丰富的知识，还能引发他们对中华优秀传统文化的兴趣和讨论。通过定期更新的博客文章，可以形成一个稳定的读者群体，并在网络上形成对中华优秀传统文化的关注和讨论热潮。

社交媒体平台的利用为中华优秀传统文化的推广提供了新的机会。社交媒体平台如微信、微博、抖音等，以其广泛的用户基础和迅速传播信息的能力，成为文化传播的重要渠道。在这些平台上，发布与中华优秀传统文化相关的内容，如短视频、图片和文章，可以有效吸引大量观众。在抖音上制作关于传统书法艺术的短视频，通过生动的演示和讲解，可以让观众直观地了解书法的魅力；在微博上发布关于传统节日的文化内涵解读文章，可以让更多的人了解节日的历史和习俗。社交媒体的互动功能还可以激发用户的参与和讨论，使中华优秀传统文化的传播更加广泛和深入。

社交媒体平台的优势在于其互动性和即时性，这为文化传播提供了更多的可能性。通过社交媒体，中华优秀传统文化的传播不仅限于单向的信息传递，还可以实现双向的互动。微信公众号可以开设专栏，允许读者留言讨论，并根据读者的反馈调整内容策略。这种互动性不仅能提高用户的参与感，还能收集到更多关于读者兴趣和需求的信息，从而更好地调整和优化文化内容的呈现方式。社交媒体上的分享和转发功能也可以使优秀传统文化内容迅速传播，扩大其受众范围。

进一步说，文化博客与社交媒体的结合能够实现中华优秀传统文化内容的多元化展示。博客作为一个平台，适合发布深度文章和专业评论，而社交媒体则可以通过短视频、图片等形式进行更为轻松和直观的展示。一篇关于传统茶道的博客文章可以详细介绍茶道的历史、礼仪和文化背景，而在社交媒体上，则可以通过制作茶道相关的短视频或图片，展示茶道的实际操作过程和美学特征。这种多样化的展示方式，不仅能满足不同受众的需求，还能在不同的媒介中对中华优秀传统文化形成全面覆盖。

利用博客和社交媒体进行中华优秀传统文化的推广，需要关注内容的质量和传播策略。高质量的内容能够更好地吸引和留住读者，而有效的传播策略则能够扩大文化内容的影响力。在制作博客文章和社交媒体内容时，需要确保信息的准确性和丰富性，同时，运用适当的关键词和标签提高内容的搜索引擎优化（SEO）效果。通过结合数据分析和用户反馈，调整内容和推广策略，以达到最佳的传播效果。只有通过不断优化内容质量和传播策略，才能真正实现中华优秀传统文化的广泛传播和深入人心。

（二）传统文化的应用开发

传统文化的应用开发为传播中华优秀传统文化提供了新的途径与机会，其中，移动应用和文化社区是两种重要的应用形式。开发以中华优秀传统文化为主题的移动应用程序是一种便捷且高效的方式，能够让用户随时随地接触和学习中华优秀传统文化。这些应用程序可以包括文化知识问答、传统艺术学习工具等功能。文化知识问答应用可以提供关于优秀传统文化的丰富信息，如历史背景、经典文献、重要人物等，用户可以通过互动问答的形式，加深对中华优秀传统文化的理解。这种形式的应用程序不仅使学习变得更加有趣，还能帮助用户随时获取相关知识，提升他们的文化素养。

传统艺术学习工具作为移动应用的一部分，可以为用户提供系统的传统艺术学习平台。书法、国画、传统音乐等艺术形式可以通过应用程序进行详细的教学和演示。用户可以通过这些工具学习艺术技法，观看名家的示范视频，甚至进行在线练习和反馈。这样，传统艺术的学习不仅变得更加方便，还能使更多人有机会接触和掌握这些艺术形式。移动应用程序的优势在于其随时随地的可达性，用户可以利用碎片时间进行学习，使传统艺术教育变得更加灵活和普及。

进一步说，建立传统文化爱好者的在线社区也是传统文化应用开发的重要方向。文化社区提供了一个交流和分享的平台，能够促进文化爱好者之间的互动和合作。在这样的社区中，用户可以分享自己的学习心得、展示创作成果、参与文化讨论和活动。这种互动不仅能激发用户的学习兴趣，还能促进他们对中华优秀传统文化的深入理解。社区中的成员可以通过讨论儒家思想的现代应用，分享自己对传统节日的庆祝经验，或者共同参与传统艺术的创作活动。这种互动能够增强传统文化爱好者的归属感，也为优秀传统文化的传播提供更多的渠道和机会。

文化社区的建立还能推动中华优秀传统文化的创新和发展。通过在线社区的互动和分享，传统文化爱好者可以交流彼此的创意和经验，推动中华优秀传统文化在现代社会中的创新应用。传统艺术的数字化创新、传统节日的现代庆祝方式等，都可以通过社区成员的共同探索和实践得到发展。这种创新不仅使中华优秀传统文化在当代社会中保持活力，还能吸引更多的年轻人参与其中，促进中华优秀传统文化的传承和发展。

三、教育技术工具的文化应用

（一）智慧课堂

智慧课堂的建设为传统文化课程的教学提供了新的可能性，通过应用数字化教学工具和整合多媒体教学资源，智慧课堂能够显著提高教学效果和学生的学习兴趣。数字化教学工具和多媒体资源的引入，不仅优化了教学方法，还丰富了传统文化课程的内容，为学生提供了更加生动和互动的学习体验。

首先，数字化教学工具在智慧课堂中发挥了关键作用。电子白板、互动投影等工具的应用，能够有效地辅助传统文化课程的教学，使教学过程更加直观和高效。电子白板不仅可以用于展示中华优秀传统文化的相关内容，还可以通过触摸操作实现交互式教学。教师可以在电子白板上展示古代文献、历史遗迹图片、传统艺术作品等，学生可以通过互动操作参与教学，提升学习的积极性和参与感。教师在讲解古代建筑时，可以通过电子白板展示建筑的立体图像，让学生直观了解其结构和特点。互动投影技术则能够将中华优秀传统文化的元素与现代技术相结合，通过动态投影展示历史场景、文化活动等，使学生在虚拟的环境中感受历史的氛围。通过这些数字化工具的应用，传统文化课程的教学变得更加生动和具有吸引力。

其次，多媒体教学资源的整合是提升智慧课堂教学效果的重要手段。视频、动画和图像等多媒体资源能够丰富传统文化课程的内容，使教学更加全面和多样化。通过播放历史纪录片、文化演出视频，学生可以更加直观地了解中华优秀传统文化的背景和发展。观看关于中国古代节庆的纪录片，可以让学生了解传统节日的习俗和历史背景，加深对中华优秀传统文化的理解。动画和图像的应用则能够将复杂的文化概念和历史事件以简洁明了的方式呈现，使学生更容易掌握学习内容。通过动画展示古代的农业生产过程，可以帮助学生理解传统农业的特点和发展历程。多媒体教学资源的整合不仅丰富了课程内容，也提高了教学的趣味性和互动性。

进一步地，智慧课堂中的数字化教学工具和多媒体教学资源有助于提高学生的学习兴趣与主动性。传统文化课程往往涉及丰富的历史背景和文化内涵，这些内容有时可能对学生来说较为抽象和难以理解。通过应用数字化工具和多媒体资源，教师能够将这些抽象的概念转化为具体的视觉和听觉体验，从而激发学生的学习兴趣。通过互动投影技术，学生可以在虚拟的环境中探索古代城市的街道和建筑，亲身体验历史场景，这种沉浸式的学习方式能够有效提升他们的学习动力和参与感。多媒体教学资源的多样化，也能为学生提供不同的学习方式和感知渠道，使他们在不同的学习模式中找到最适合自己的学习方式。

智慧课堂中的数字化教学工具和多媒体教学资源还能支持个性化与差异化教

学。每个学生的学习风格和节奏不同，传统的教学方法有时难以满足所有学生的需求。通过应用数字化工具和多媒体资源，教师可以根据学生的实际情况调整教学内容和方式。教师可以使用电子白板上的分层教学功能，为不同水平的学生提供不同难度的学习材料，通过多媒体资源的个性化设置，学生可以根据自己的兴趣选择观看不同的文化视频和动画，进行自主学习和探索。这种个性化的教学方式能够更好地满足学生的不同需求，提升他们的学习效果。

在智慧课堂的建设过程中，需要注意数字化工具和多媒体资源的合理应用。过度依赖技术工具可能会导致教学内容浅薄和技术使用偏离教育目的。教师需要在应用数字化工具和多媒体教学资源时，充分考虑课程的教学目标和学生的实际需求，确保技术的使用能够真正服务于教学内容的呈现和学生的学习效果。教师还应注重培养学生的信息素养，使他们能够有效地利用数字化工具进行自主学习和知识探索，从而实现技术与教育的良性结合。

（二）智能教育平台

智能教育平台在现代教育中正发挥着越来越重要的作用，特别是在个性化学习和智能推荐系统方面，这些技术的应用为传统文化教育提供了新的机遇和挑战。通过利用人工智能技术，教育平台可以根据学生的学习进度和兴趣推荐相关的传统文化内容，从而实现精准教学，智能推荐系统的建立能够提供与中华优秀传统文化相关的学习资源和活动，进一步激发学生的学习动机。

个性化学习是智能教育平台的重要特点之一。利用人工智能技术，教育平台可以为每个学生提供量身定制的学习体验。通过分析学生的学习进度、兴趣爱好以及学习能力，平台能够自动生成个性化的学习计划和推荐内容。如果一个学生对古代诗词感兴趣，系统可以根据其学习进度推荐相关的诗词作品及其解析，甚至提供与之相关的在线讨论和互动活动。这样的个性化学习不仅能提高学生的学习效率，还能增强他们对中华优秀传统文化的兴趣和理解。通过精准教学，学生能够在适合自己的节奏中深入学习，从而获得更好的学习成果。

进一步说，智能推荐系统的建立对于传统文化教育的推广和普及具有重要意义。智能推荐系统通过大数据分析和算法模型，能够为学生提供与中华优秀传统文化相关的学习资源和活动。这种系统可以根据学生的学习记录和兴趣标签，自动推荐相关的文章、视频、课程和文化活动。系统可以根据学生对古代文学的兴趣，推荐经典文学作品的数字化版本、相关的讲座视频以及参与的在线讨论小组。

这种智能推荐系统不仅帮助学生发现和获取有价值的学习资源，还能激发他们对中华优秀传统文化的探索和热情。通过提供丰富的学习资源，智能推荐系统能够促进学生在传统文化领域的广泛学习和深入研究。

智能教育平台还能通过互动和反馈机制，进一步提升学生的学习动机。现代智能教育平台通常具备实时互动功能，学生可以在平台上与教师和其他学习者进行交流，提出问题并获得反馈。通过这种互动，学生能在学习过程中获得即时的指导和支持，也能参与对中华优秀传统文化的讨论和分享。这种互动不仅增强了学生的学习体验，还能提高他们的学习动力和参与度。平台上的反馈机制可以帮助学生及时了解自己的学习进展和存在的问题，从而进行针对性的调整和改进。这种反馈机制的设置，使学生在学习中华优秀传统文化的过程中能够持续保持兴趣，并不断进步。

智能教育平台的个性化学习和智能推荐系统不仅提高了传统文化教育的效率，也为教育的公平性和普及性提供了新的可能。传统文化教育在过去往往受到地域、资源等条件的限制，导致教育机会的不均等。智能教育平台通过在线学习的方式，打破这些限制，让更多的学生有机会接触和学习中华优秀传统文化。偏远地区的学生可以通过智能教育平台访问到优质的传统文化课程和资源，从而享受到与城市学生相同的学习机会。这种平台的普及，有助于消除教育资源的不平等，提高传统文化教育的普及率和公平性。

四、教育内容的文化融合

（一）课程设置

课程设置的创新对提升传统文化教育的效果至关重要，其中，跨学科课程和项目式学习是两种有效的策略。通过将中华优秀传统文化融入跨学科课程，如历史、文学和艺术等，能够提供综合性的文化教育，促进学生的全面发展。设计项目式学习活动，如制作传统工艺品和开展文化调研等，能够让学生通过实际项目探究中华优秀传统文化，提升他们的实践能力。

将中华优秀传统文化融入跨学科课程有助于提供更为综合的文化教育。这种方式打破了传统课程的界限，将中华优秀传统文化的知识和元素融入历史、文学、艺术等多个学科。在历史课程中，教师可以讲解古代中国的历史背景，并将其与中华优秀传统文化的经典如《论语》、古代书法艺术等结合，帮助学生理解历史背景下的文化发展。在文学课程中，学生可以通过分析古代诗词和小说探讨中华优秀传统文化的价值观与社会风貌。在艺术课程中，学生可以学习传统的绘画技巧和工艺，体验中华优秀传统文化的艺术表现。这种跨学科的课程设置不仅帮助学生从多角度理解中华优秀传统文化，还能促进他们的综合素质发展，使他们在知识学习的过程中形成更为全面的文化认知。

项目式学习活动为学生提供了实际操作的机会，能够让他们通过亲身参与探究中华优秀传统文化。项目式学习的设计可以围绕制作传统工艺品、开展文化调研等活动展开。学生可以参与制作传统工艺品如中国结、剪纸或陶瓷，这不仅能让他们了解传统工艺的制作过程，还能培养他们的动手能力和创造力。在文化调研项目中，学生可以选择一个传统文化主题进行深入研究，如地方民俗、传统节日等，通过实地考察、访谈和资料收集，对中华优秀传统文化有深入理解。这样的项目式学习活动使学生能够在实践中学习，增强他们对中华优秀传统文化的兴趣和认识，同时，提升他们的实践能力和研究能力。

进一步而言，跨学科课程和项目式学习活动的结合能够为学生提供更加丰富和多样化的学习体验。通过跨学科课程，学生能够将中华优秀传统文化的知识融会贯通，形成综合的理解。而通过项目式学习，学生则能够将这些知识应用到实际操作中，从而更好地掌握和运用中华优秀传统文化的技能与方法。结合这两种方法，学生不仅能在理论上了解中华优秀传统文化，还能在实践中进行探索和应用，从而实现知识的内化和能力的提升。这种综合性的文化教育模式能够更好地适应学生的学习需求和发展目标，促进他们的全面成长。

跨学科课程和项目式学习活动的设置还能激发学生的创造力与自主学习能力。跨学科课程通过将中华优秀传统文化与其他学科知识结合，鼓励学生从不同的角度思考问题，培养他们的创新能力。项目式学习则通过实际操作和探索，激发学生的自主学习兴趣和动手能力。在制作传统工艺品的过程中，学生可以尝试不同的设计和制作方法，发挥他们的创造力；在文化调研项目中，学生需要自主制订研究计划和解决问题，培养他们的独立思考和解决问题的能力。这些活动能够增强学生的主动性和创新意识，使他们在学习过程中更加积极主动。

课程设置的创新需要教师的积极参与和支持。首先，教师在设计跨学科课程和项目式学习活动时，需要充分了解中华优秀传统文化的知识，并结合学生的实际情况和兴趣进行课程设计。其次，教师需要提供有效的指导和支持，帮助学生在学习过程中克服困难，激发他们的学习兴趣。教师的积极参与和支持对于课程的实施和效果具有关键作用，能够确保学生在跨学科课程和项目式学习活动中获得良好的学习体验和成果。

（二）学生评价

　　文化素养评价的建立是学生评价体系中的关键环节，它有助于评估学生对中华优秀传统文化的理解和应用能力。这一评价体系的核心在于全面考查学生在传统文化领域的知识掌握程度、实际应用能力以及文化认同感。文化素养评价需要设定明确的评价标准，包括学生对中华优秀传统文化知识的掌握、文化价值观的理解以及实际应用能力。通过制定这些标准，可以系统地评估学生的文化素养，识别他们在传统文化学习中的优点和不足。评价体系的建立不仅有助于提高学生的文化素养，还能为教育工作者提供科学的依据，帮助他们优化教学内容和方法。

　　在实施文化素养评价时，应该采取多种评价方式以确保评价的全面性和准确性。传统的笔试可以检验学生对中华优秀传统文化知识的掌握，但仅靠笔试可能无法全面反映学生的实际应用能力。因此，除了笔试外，还应该引入实践操作、项目报告、口头陈述等多种形式的评价方式。通过这些方式，学生可以展示他们在实际应用中对中华优秀传统文化的理解和创新。这样不仅可以全面考查学生的文化素养，还可以鼓励他们将所学知识应用于实际问题中，从而提升他们的综合能力。

　　项目成果展示活动是展示学生学习成果和分享对中华优秀传统文化理解的重要平台。通过组织项目成果展示活动，学生可以将他们在学习中的探索和创新展示给他人。这种展示活动不仅可以提升学生的自信心，还可以促进他们对中华优秀传统文化的深入理解。展示活动通常包括海报展示、演讲报告、作品展览等形式，让学生以多样化的方式展示他们的研究成果和创意。通过这种互动交流，学生可以获得来自教师和同学的反馈，从而不断完善自己的学习成果和理解。

　　同时，项目成果展示活动还可以为学生提供一个分享经验的平台。在展示活动中，学生不仅可以展示自己的成果，还可以了解其他同学的研究和创新。这种交流和分享的过程，有助于学生互相学习和借鉴，拓宽他们的视野，并激发他们的创造力。学生通过展示和分享，能够更加清晰地认识到自己的长处和不足，从而在未来的学习和研究中不断进步。

　　在组织项目成果展示活动时，学校和教师应提供必要的支持与指导。教师可以通过组织专题讲座、研讨会等方式，帮助学生准备展示内容，并提供专业的建议和指导。学校应提供展示活动所需资源和设施，包括展示场地、技术设备等，以确保活动顺利进行。通过这些支持，学生可以在展示过程中充分发挥他们的才能，并获得宝贵的反馈和建议。

第四章　中华优秀传统文化的创新性发展

第一节　中华优秀传统文化的创新理论基础

一、传统文化的理论与方法论基础

（一）传统文化的历史积淀

传统文化的历史积淀是中华文化独特性的根源。中华优秀传统文化经历了数千年的发展，形成了一个独特而丰富的文化体系，涵盖了思想、伦理、艺术等多个方面。这一文化体系不仅塑造了中国的历史和社会，也深刻影响了世界文化的发展。历史背景的深厚积淀为中华优秀传统文化的形成和发展奠定了坚实的基础，使其成为全球文化的重要组成部分。

中华优秀传统文化的历史背景深远且复杂。从远古的原始社会到现代化的当代中国，中华文化经历了多个历史阶段的积累和演变。在古代中国，早期的神话传说、宗教仪式和礼仪规范为文化的形成提供了初步的框架。随着社会的发展，诸如夏、商、周三代的礼乐制度，春秋战国时期的百家争鸣，汉、唐、宋、元、明、清各代的文化繁荣，都对中华优秀传统文化的形成产生了深远的影响。这些历史阶段不仅为中华优秀传统文化注入了不同的思想和实践，还通过多样的文化表现形式丰富了中华优秀传统文化的内涵。周代的礼乐制度不仅塑造了中国古代的社会秩序，还对后代的文化礼仪产生了深远影响。

在这种历史积淀中，经典文本的作用不可忽视。比如，儒家经典《论语》和《孟子》就为中华优秀传统文化提供了重要的理论基础。《论语》记录了孔子的言行，通过对孔子思想的总结，揭示了儒家关于道德、礼仪、教育等方面的核心理念，《孟子》则进一步发展了孔子的思想，探讨了人性本善、社会治理和道德伦理等问题，为儒家学说提供了丰富的理论支持。这些经典文本不仅在中国古代社会中起到了指导作用，还通过教育和传播影响了历代读者的思想与行为。

又如，道家经典《道德经》也是中华优秀传统文化中极为重要的文献。作为道家思想的核心经典，《道德经》由老子所著，阐述了道家的基本理念，如"无为而治""道法自然"等。这些思想不仅在哲学上对中国文化产生了深远影响，还在实践中影响了中国古代的政治、经济和社会生活。《道德经》强调自然和谐、简约无为的思想，对中国古代的社会治理和个人修养产生了深远的影响，并在全球范围内得到了广泛的认可和传播。

再如，其他传统文献《庄子》《易经》《尚书》《诗经》等，也是传统文化的重要组成部分。这些文献涵盖了哲学、历史、文学等多个领域，展示了中华优秀传统文化的广泛性和多样性。《庄子》通过其独特的哲学思想和生动的寓言故事，对个人自由和自然和谐进行了深刻的探讨；《易经》则作为古代中国的经典占卜书，包含了丰富的哲理和象辞，对后来的儒家和道家思想都有所影响。这些传统文献不仅为中华文化提供了丰富的理论资源，也为文化的实践和传播奠定了基础。

中华优秀传统文化的历史积淀还体现在其艺术表现形式上。从古代的绘画、书法、音乐、舞蹈到现代的电影、戏剧、文学，优秀传统文化通过多样的艺术形式展现出其独特的魅力。传统艺术如中国画、书法、京剧等，不仅展示了中华文化的审美趣味和技艺水平，还通过艺术创作和表现，传承了文化的精神和价值。中国画通过山水、花鸟、人物等题材，表达了中华优秀传统文化对自然、人生和社会的理解与感悟。书法则通过汉字的书写和艺术表现，展现了中国传统的书写艺术和文字文化。

（二）创新的理论基础

创新的理论基础是推动中华优秀传统文化在现代社会中不断发展的关键。文化适应性和动态更新是传统文化创新的重要理论基础，它们确保中华优秀传统文化在保留核心价值的同时，能够适应时代的发展需求并与现代社会结合。这种理论基础不仅为中华优秀传统文化的创新提供了方向，也为其在全球化背景下的传播和发展奠定了基础。

文化适应性是优秀传统文化创新的核心理论之一。中华优秀传统文化在现代社会中需要找到新的表达方式，以便与当代生活和技术发展相契合。这种适应性不仅包括对优秀传统文化形式的再造，还涉及如何通过现代科技将其与当下社会需求相结合。传统的艺术形式如戏曲和书法，可以通过数字技术进行重新演绎，制作成互动体验或虚拟现实项目。这种科技再造不仅能保持传统艺术的核心特征，还能以新的方式吸引现代观众，从而使中华优秀传统文化在新时代中焕发新的活力。

动态更新是传统文化创新的另一个重要的理论基础，它强调在保持优秀传统文化核心价值的同时，进行适应性的调整和创新。优秀传统文化的核心价值通常包括道德观念、审美标准和文化精神等，而这些核心价值需要在面对现代社会的变革时进行适当的调整。传统的节日习俗可以在保持原有文化意义的基础上，融入现代的元素和活动形式，从而使其更符合当代人的生活方式。这种动态更新不仅确保了优秀传统文化的核心价值不被遗忘，还使其能够与现代社会的变迁同步发展。

文化适应性和动态更新的理论基础还涉及对优秀传统文化内容的再创造。在现代社会中，优秀传统文化内容需要通过新的艺术形式和媒介进行表达。传统的民间故事和神话传说可以被改编为现代的电影、电视剧或网络小说。这种再创造不仅能让优秀传统文化内容得到更广泛的传播，还能通过现代的艺术表现形式，使其更容易被当代人所接受和喜爱。再创造的过程不仅是一种文化创新，也是一种文化融合，使中华优秀传统文化与现代文化之间形成更加丰富和多样的互动。

文化适应性和动态更新的理论基础要求我们在创新过程中保持对中华优秀传统文化的尊重。优秀传统文化创新并不是简单的形式上的改变，而是对其核心价值和文化精神的深刻理解与传承。在进行文化创新时，需要深入研究中华优秀传统文化的背景和内涵，确保创新的方向和方式与优秀传统文化的基本特征相符。只有在尊重中华优秀传统文化的基础上进行创新，才能真正实现文化的延续和发展。

创新的理论基础还强调了中华优秀传统文化在全球化背景下的适应性。随着全球化的进程，中华优秀传统文化面临着来自不同文化的挑战和机遇。在这种背景下，优秀传统文化创新不仅需要适应本国的现代化进程，还需要在国际舞台上进行有效的传播。通过与其他文化的交流和融合，中华优秀传统文化能够获得更多的认同和支持，从而实现全球化背景下的创新和发展。这种全球化的适应性不仅拓宽了中华优秀传统文化的发展空间，也为其在国际社会中的地位和影响力提供了保障。

二、现代化进程中的文化创新策略

（一）技术驱动的创新

技术驱动的创新在推动文化创意产业的同时，为中华优秀传统文化注入了现代活力。文化创意产业的迅速发展，标志着传统文化元素正在被成功地融入现代产品设计和影视制作中。通过技术驱动的创新，中华优秀传统文化不仅被赋予新的形式，还与现代生活方式紧密结合，创造出具有现代感的文化产品。这一过程的核心在于如何将古老的文化符号和艺术形式与当代设计理念相结合，从而形成既具有传统韵味又符合现代审美的产品。

在现代产品设计领域，传统文化元素的应用已经成为一种趋势。设计师通过对传统艺术的重新解读，将其融入现代产品的外观、功能和品牌形象中。在时尚设计中，传统的图案和技法被应用于服装与配饰的设计中，使其不仅具有现代风格，也能体现文化的深度和独特性。这种创新设计不仅满足了市场对个性化和文化认同的需求，还提升了产品的文化价值和市场竞争力。通过这种方式，传统文化元素得以在现代设计中焕发新生，增强了产品的吸引力和市场接受度。

影视制作领域同样受益于技术驱动的创新。传统文化题材的影视作品，通过现代化的拍摄技术和特效手段，将古老的故事和传说生动地呈现在观众面前。影视制作不仅仅是对中华优秀传统文化的再现，更是对其进行现代化解读和重新创作。利用先进的影视技术，如虚拟现实技术和增强现实技术，制作者能够创造出更加沉浸式的观影体验，使观众能够更深入地体验和理解中华优秀传统文化。这样的创新不仅拓宽了优秀传统文化的传播途径，也使中华优秀传统文化能够在全球范围内得到更广泛的传播和认同。

互动平台的兴起为优秀传统文化的传播提供了新的渠道。社交媒体和各种互动平台的普及，使优秀传统文化以更加贴近生活的方式呈现给观众。这些平台不仅可以用于发布文化内容，还可以通过用户的互动和反馈，促进中华优秀传统文化的传播和发展。通过社交媒体，传统节日的庆祝活动、传统工艺的制作过程，以及文化名人的故事，都可以以图文、视频等形式进行分享和传播。这样不仅能增强观众对中华优秀传统文化的了解，还能激发他们的兴趣和参与欲望。

优秀传统文化可以利用互动平台，以创新的形式与年轻人进行互动。一些文化机构和企业通过开发与文化相关的游戏、应用程序或在线挑战活动，吸引年轻人参与其中。这些互动形式不仅能提升年轻人对中华优秀传统文化的兴趣，还能让他们在参与过程中加深对文化的理解和认同。社交媒体的即时性和广泛性使优秀传统文化可以迅速传播和更新，保持与时代的同步，并适应不断变化的社会需求。

技术驱动的创新促进了中华优秀传统文化的全球化传播。通过数字平台和社交媒体，中华优秀传统文化可以迅速跨越地域限制，触及全球观众。这种全球化的传播不仅扩展了中华优秀传统文化的影响力，也促进了不同文化之间的交流和融合。通过网络平台，国外观众可以方便地接触到中国的传统艺术和节日文化，了解其背后的历史和意义。这种跨文化的交流和理解，不仅丰富了全球文化的多样性，也增强了各国文化之间的相互尊重和认同。

尽管技术驱动的创新为中华优秀传统文化的传播带来了许多机遇，但也需要注意一些潜在的问题。首先，技术的应用和创新需要在尊重和保护中华优秀传统文化的基础上进行，以免出现对文化的误解。其次，对于优秀传统文化元素的使用，设计师和创作者需要保持文化的真实性和完整性，避免因商业化和娱乐化而损害文化的本质。最后，在技术应用过程中，需要解决隐私保护和数据安全的问题，确保用户的信息和文化内容不被滥用或泄露。

（二）教育与传播的创新

教育与传播的创新是推动中华优秀传统文化传承和发展的关键，课程改革与公众参与是两个重要方面。在教育体系中引入传统文化课程是课程改革的核心。传统文化课程的设置不仅可以丰富学科教学内容，还可以有效地培养学生对传统文化的认知和兴趣。在小学阶段，可以将传统节日的历史和习俗纳入历史与社会科学课程中，让学生在学习中了解和体验传统节日的文化内涵。在中学阶段，可以通过开设专门的传统文化课程，如书法、古典文学、传统戏剧等，使学生能够深入学习传统艺术和文化。这种课程改革不仅能增强学生的文化素养，还能激发他们对中华优秀传统文化的兴趣，使其在未来的学习和生活中持续关注并传承中华优秀传统文化。

第一，将中华优秀传统文化的精髓融入现有学科教学，是课程改革中的重要创新。在语文课程中，可以增加对古典文学作品的解析和学习，使学生在阅读和理解经典文学作品的过程中，体会到中华优秀传统文化的深刻内涵。在艺术课程中，除了学习现代艺术形式外，还可以加入对传统工艺和艺术的教学，如中国画、陶艺等，让学生在实践中体验传统艺术的魅力。通过这种跨学科的整合，学生不仅能掌握中华优秀传统文化的基本知识，还能将其与现代学科内容相结合，从而形成全面的文化素养和审美能力。这种教学模式的创新，有助于将中华优秀传统文化自然融入学生的日常学习中，使其成为他们知识体系的一部分。

第二，公众参与是优秀传统文化传播中的重要创新途径。通过组织各种形式的文化活动，如展览、讲座、工作坊等，可以增强公众对中华优秀传统文化的参与感和体验感。举办优秀传统文化展览，可以展示传统艺术作品、历史文献和文化遗产，使公众能够直观地了解和欣赏中华优秀传统文化的独特魅力。在讲座中，可以邀请文化专家或学者讲解传统文化的背景、意义和发展，使公众能够深入了解传统文化的理论和实际应用。在工作坊中，参与者可以亲自动手体验传统工艺，如书法、刺绣、剪纸等，从实践中感受到中华优秀传统文化的魅力和乐趣。这些文化活动不仅能吸引广泛的公众参与，还能增强他们对中华优秀传统文化的认同和热爱。

第三，创新的教育与传播方式包括数字化技术的应用。通过利用现代数字技术，如虚拟现实技术、增强现实技术和数字化平台，可以为中华优秀传统文化的传播提供全新的体验方式。利用虚拟现实技术，可以创建虚拟的传统文化体验场景，让用户身临其境地体验古代文化和历史事件；通过增强现实技术，可以在实物展示中增加数字化互动元素，使传统文化展示更加生动和有趣，数字化平台如文化类 App 和在线课程，则可以方便地将传统文化知识传递给更广泛的受众，打破地域限制，实现全球范围的文化传播。这些数字化创新，不仅提高了中华优秀传统文化传播的效率，还能使中华优秀传统文化以更加现代化和互动的形式呈现给公众。

第四，教育与传播的创新需要建立有效的评估和反馈机制。通过对教育改革和文化活动的效果进行评估，可以了解其对优秀传统文化传播的实际影响，并根据反馈调整策略。例如，可以通过问卷调查、数据分析和参与者反馈，评估传统文化课程的教学效果和公众活动的参与度。根据评估结果，可以改进课程内容、优化教学方法，并根据公众的兴趣和需求，调整文化活动的形式和内容。建立科学的评估和反馈机制，能够确保传统文化教育和传播的持续改进与优化，从而更好地实现文化的传承和发展。

第二节　中华优秀传统文化与现代艺术的融合

一、传统艺术形式的现代化改造

（一）传统艺术的形式创新

传统艺术的形式创新是将古老技艺与现代技术和审美观念相结合的重要途径，其中，技法革新和表现手法的重新演绎是两种关键的创新方式。技法革新通过将传统艺术技法与现代技术相结合，为传统工艺品带来了新的生命力。传统艺术技法，如中国的刺绣、陶瓷和木雕，经过现代数字技术的改造，能够创造出具有现代感的艺术品。利用激光切割技术和 3D 打印技术，可以将传统木雕艺术以更精细和复杂的形式呈现出来。这种技术的应用不仅提高了工艺品的制作精度，还使其能够在设计和创作上突破传统的限制，形成具有现代风格的艺术作品。

表现手法重新演绎是传统艺术形式与现代审美接轨的重要方式。以水墨画为例，传统水墨画讲究的是墨色的浓淡和水的运用，而现代艺术家则通过加入新型材料和表现技法，如数字化处理和混合媒介，重新演绎这一传统艺术形式。这种创新使得水墨画不仅保留了传统艺术的精髓，还融入了现代视觉语言，使其更符合当代观众的审美需求。通过数字技术对水墨画进行多层次的调色和纹理处理，可以呈现出更加丰富和立体的视觉效果，增强观众的观赏体验。

另外，书法作为传统艺术形式的一种表现手法，也经历了现代化的创新。现代书法家通过在传统书法的基础上，融入抽象艺术的元素和现代设计理念，创造出具有鲜明当代风格的作品。这种创新不仅使传统书法在形式上得到拓展，还使其在表达上更具多样性和个性化。现代书法作品中常常出现非传统的字体结构和布局，这种形式上的突破使书法艺术能够与现代设计和艺术潮流相结合，形成新的视觉语言。

表现手法的重新演绎还包括对传统艺术形式的跨界融合。传统艺术形式，如中国山水画，已经开始与现代艺术、数字艺术等形式相结合。将传统山水画与虚拟现实技术相结合，能够创造出沉浸式的艺术体验，使观众能够在虚拟环境中"步入"山水画的世界。这种创新方式不仅扩大了传统艺术的表现领域，还为观众提供了全新的互动和体验方式。

（二）传统艺术元素的现代应用

传统艺术元素的现代应用已经成为文化传承和创新的重要途径。通过在设计领域、广告与媒体领域，以及公共艺术领域融入传统艺术元素，我们可以将中华优秀传统文化的精髓与现代生活结合起来，不仅提升了传统艺术的现代价值，也增强了社会的文化认同感。

在设计领域中，传统艺术元素的应用为现代设计注入了独特的文化内涵。服装设计是传统艺术元素应用的一个重要领域。许多现代服装设计师将中国传统刺绣、剪纸、染织等技艺融入现代服装，通过这些传统元素的创新运用，创造出既符合现代审美又富有文化深度的设计作品。设计师可以在现代风格的连衣裙上运用传统刺绣图案，既保留了传统艺术的美感，又符合现代时尚的潮流。室内装饰领域也广泛运用传统艺术元素。传统的瓷砖图案、木雕工艺和织物图案被融入现代家居设计，不仅增添了家居的文化氛围，也让现代空间充满了传统的艺术气息。在产品包装设计中，传统艺术元素的运用则能够使产品更具文化附加值，吸引消费者的注意力，并且提升产品的市场竞争力。将传统书法艺术应用于包装设计中，不仅提升了包装的视觉效果，也传达了品牌对中华优秀传统文化的尊重和认同。

在广告与媒体领域融入传统艺术元素，通过现代传播手段展示中华优秀传统文化的魅力，能够有效增强文化认同感。广告作为现代传播的重要手段，通过融入传统艺术元素，可以在吸引观众注意的同时传递深厚的文化内涵。一些广告中运用了传统水墨画的元素，不仅提升了广告的艺术价值，还传递了品牌对中华优秀传统文化的尊重和推崇。在影视媒体中，传统艺术元素的运用则能够丰富影片的文化层次。通过在影片中使用传统的服装、道具和布景，能够更真实地呈现历史背景和文化氛围，增强观众对影片的代入感和文化认同。现代媒体平台也积极推广传统艺术，如通过社交媒体发布传统艺术的短视频和互动内容，这些现代传播手段使传统艺术能够更广泛地被公众了解和喜爱。

在公共艺术领域融入传统艺术元素，通过艺术装置使中华优秀传统文化走入大众视野。城市公共空间如广场、公园和街道等，是展示公共艺术的重要场所。在这些公共空间中，传统艺术元素的融入可以丰富城市的文化面貌，并为市民提供文化体验。在城市广场中设置以传统文化为主题的雕塑，如古代文人、历史人物的雕像，可以激发市民对中华优秀传统文化的兴趣和自豪感。壁画也是一种将传统艺术元素融入公共空间的方式，通过在建筑外立面或社区墙壁上创作传统风格的壁画，能够将传统艺术以可视化的形式呈现给大众，为城市营造浓厚的文化氛围，提高艺术价值。一些城市还会在公共艺术装置中结合传统手工艺，如传统陶瓷的装置艺术，这些公共艺术作品不仅美化了城市环境，也促进了传统艺术的传承和创新。

传统艺术元素在现代应用中的多样化表现，不仅丰富了现代设计、广告与媒体、公共艺术等领域的文化内涵，也为传统艺术的传承与创新开辟了新的路径。在设计领域，将传统艺术融入现代设计，能够提升产品和空间的文化价值；在广告与媒体领域，通过现代传播手段展示传统艺术魅力，增强文化认同感；在公共艺术领域，将传统艺术元素融入城市空间，能够使中华优秀传统文化更广泛地走入大众视野。通过这些现代应用，传统艺术不仅得以保留和发扬光大，也为现代生活注入了文化的深度和丰富性。

二、现代艺术对传统文化的影响

（一）传统文化主题的现代艺术创作

传统文化主题的现代艺术创作在当代艺术领域中展现了独特的风貌。现代视觉艺术和舞台艺术的结合，通过创新的艺术表现形式，使中华优秀传统文化焕发出新的生命力。这种创作方式不仅丰富了现代艺术的表现手法，还使中华优秀传统文化得以在现代社会中重新演绎和传播。

现代视觉艺术以中华优秀传统文化为主题的创作，充分展示了中华优秀传统文化的精髓，并通过新的艺术表现形式赋予其新的生命。现代画作和雕塑等视觉艺术作品，通过对优秀传统文化元素的重新诠释和创作，使这些古老的文化符号能够在当代艺术中焕发出新的光彩。一些现代画家将传统的中国山水画元素与现代抽象艺术相结合，通过大胆的色彩和形式创新，创造出具有现代感的山水画作品。这种艺术创作方式不仅保留了中华优秀传统文化的基本特征，还融入了现代艺术的表现技巧，使优秀传统文化在视觉艺术中呈现出全新的面貌。现代雕塑艺术通过传统文化主题的探索，创造出许多具有象征意义和艺术价值的作品。这些雕塑作品可能以古代神话故事、历史人物或传统工艺为灵感，通过现代雕塑技术和形式，将中华优秀传统文化的精髓以三维的方式展现出来。

此外，舞台艺术中的传统文化元素融入，也为现代艺术创作提供了丰富的表现形式和创新机会。现代舞台艺术如戏剧和舞蹈，通过融入传统文化元素，可以重新演绎传统故事和文化，使其在新的艺术形式中焕发活力。现代戏剧中可以将传统的中国古典剧目与当代剧场技术相结合，采用现代的灯光、音响和舞美设计，重新诠释传统剧目的故事情节和人物形象。这种结合不仅保留了传统剧目的核心内容，还通过现代的演绎方式，使其更符合当代观众的审美和情感需求。同样地，现代舞蹈艺术也可以融入传统文化元素，通过融合传统舞蹈动作和现代舞蹈风格，创造出具有创新性和观赏性的舞蹈作品。一些现代舞蹈编导将中国古典舞的元素与现代舞的自由形式结合，演绎出具有深厚文化底蕴和现代艺术气息的舞蹈作品。这种艺术创作方式不仅丰富了舞台艺术的表现形式，还使中华优秀传统文化在舞台上得以生动展现。

传统文化主题的现代艺术创作还能促进中华优秀传统文化与现代社会的对话和融合。通过现代艺术的创作，中华优秀传统文化能够以新的形式进入公众视野，促进公众对优秀传统文化的认识和理解。一些现代艺术展览将优秀传统文化与当代艺术创作结合，吸引了大量观众的关注。这些展览不仅展示了优秀传统文化的艺术价值，还促进了观众对优秀传统文化的兴趣和认同。通过这种方式，中华优秀传统文化能够在现代社会中获得新的关注和尊重，从而在全球化背景下保持其独特性和活力。

（二）现代艺术对优秀传统文化的重新解读

现代艺术对传统文化的重新解读是当代艺术创作中的一个重要趋势。这种现象主要体现在文化再创造和社会问题反映两个方面，通过这些方式，中华优秀传统文化在新的艺术语境下焕发出新的生命力，并为现代社会问题提供了独特的视角和表达方式。

文化再创造是现代艺术家对中华优秀传统文化进行重新解读和创造的核心。现代艺术家在创作中经常将优秀传统文化元素融入自己的作品，通过创新的方式使其焕发新的生命力。这种再创造不是对传统形式的复制，而是对优秀传统文化进行深刻的理解和重新表现。现代艺术家可能会将传统的书法艺术与当代的视觉艺术相结合，创造出具有现代感的书法作品。在这种融合中，传统书法的形式和技巧与现代艺术的观念和风格相互交融，产生了全新的视觉效果和艺术体验。这种对优秀传统文化的再创造，使传统艺术在当代语境中重新获得了关注和欣赏，丰富了现代艺术的表现形式和语言。

现代艺术中的文化再创造还表现为对优秀传统文化符号的创新使用。中华优秀传统文化中蕴含着丰富的符号和象征，这些符号在现代艺术创作中被重新诠释和再现。现代艺术家通过对这些符号的重新解构和组合，创造出具有当代意义的艺术作品。一些现代艺术家可能会将传统的龙、凤等象征元素与当代的流行文化元素结合，形成具有独特视觉冲击力的作品。这种符号的创新使用不仅是对中华优秀传统文化的重新诠释，也是对当代社会和文化的深刻反思，使优秀传统文化在现代艺术中得以新生和发展。

现代艺术家通过利用优秀传统文化元素对当代社会问题进行反思和表达，展示了中华优秀传统文化在现代社会中的独特价值。现代艺术作品常常借助优秀传统文化的符号系统，探讨当代社会面临的问题，如环境污染、社会不平等和人类心理健康等。一些现代艺术家可能会利用传统的工艺品作为艺术作品的基础，通过对这些工艺品的改造，反映当代社会的环境问题。这种艺术创作不仅能引发观众对社会问题的关注，还能通过中华优秀传统文化的视角提供新的理解和解决方案。

现代艺术通过对优秀传统文化元素的重新解读，能够传达现代人的情感和思考。传统文化的符号和意象在当代艺术创作中被赋予了新的含义和情感。现代艺术作品中可能会出现传统文化中的图腾、神话故事等元素，这些元素在当代艺术家的创作中被赋予了现代的社会背景和个人情感。这种情感的传达不仅使观众能够感受到优秀传统文化的情感深度，也能理解现代艺术家对当代社会和人类存在的思考。因此，优秀传统文化不仅仅是历史的遗产，更是现代人情感和思想的表达载体。

现代艺术对优秀传统文化的重新解读促进了文化的跨界融合。艺术创作中的跨界合作，将中华优秀传统文化与当代艺术形式相结合，产生了新的艺术风格和表现形式。这种跨界融合不仅拓展了艺术的表现空间，也促进了不同文化之间的交流和理解。传统的戏曲艺术与现代的数字媒体技术相结合，创造出了新的戏剧表现形式，这种创新不仅丰富了优秀传统文化的表现手段，也使得优秀传统文化能够以更具现代感的方式呈现给观众。这种跨界融合的艺术实践，体现了中华优秀传统文化在现代社会中的动态发展和创新能力。

现代艺术对中华优秀传统文化的重新解读不仅丰富了艺术创作的内涵，也对观众的文化体验产生了深远影响。通过对优秀传统文化的再创造和创新使用，现代艺术作品能够激发观众对优秀传统文化的兴趣和思考，同时，也促进了观众对当代社会问题的关注。艺术作品中的优秀传统文化元素，不仅让观众在视觉上感受到优秀传统文化的魅力，也在思维上引发对文化和社会的深刻反思。这种多层次的文化体验，使优秀传统文化在现代社会中得到新的生命力，并对当代艺术和文化产生了积极的影响。

第三节 中华优秀传统文化在文化创意产业中的创新

一、传统文化元素的现代化应用

（一）传统文化在产品设计中的创新

传统文化在产品设计中的创新是将历史与现代相结合的过程，通过融合传统元素，创造出具有文化特色的现代产品。首先，在时尚设计领域，将传统文化元素融入现代服装设计是一种重要的创新方式。中国风图案、刺绣工艺等传统元素，都能为现代服装设计注入浓厚的文化氛围。这种融合不仅展示了中华优秀传统文化的独特魅力，还使产品在市场上具有独特的竞争力。设计师可以将传统的中国山水画、花鸟图案等融入现代服装的面料设计中，使服装在保留传统美学的基础上兼具时尚感和现代性。刺绣工艺的应用，不仅能提升服装的工艺水平，也赋予其更深层次的文化价值。这种创新的设计方式，使中华优秀传统文化在时尚领域得以传承和发扬光大。

其次，家居用品中的传统工艺应用也是传统文化创新的重要表现形式。传统工艺，如紫砂壶的现代设计和传统木雕工艺的家居装饰，能够为现代家居产品注入独特的文化气息。紫砂壶作为传统的茶具，其独特的制作工艺和材质，使其在现代家居设计中具有很高的文化价值。通过现代设计师的创新，可以将传统紫砂壶的设计元素与现代审美相结合，创造出既具传统韵味又符合现代生活需求的茶具。传统木雕工艺也是家居设计中的亮点，通过将传统木雕技艺应用于现代家具和家居饰品中，能够提升产品的文化价值和艺术性。现代家具中融入传统木雕装饰，不仅能提升家具的美观度，还能让消费者在日常生活中感受到传统工艺的魅力。

将传统文化元素融入产品设计中，不仅仅是对传统工艺的延续，更是对传统文化的一种创新性转化。这个创新过程，需要设计师对中华优秀传统文化有深刻的理解，并能够将其与现代设计理念相结合。在时尚设计中，设计师需要研究传统图案的历史背景和象征意义，从而在现代设计中恰当应用。在家居用品设计中，设计师则需要掌握传统工艺的制作流程和技术要点，以便在现代产品中精准运用。通过这种创新性的转化，中华优秀传统文化能够在现代生活中找到新的表现形式，从而保持其生机和活力。

在实施传统文化创新设计时，市场反馈和消费者需求也起到了重要的作用。设计师在将传统文化元素融入产品设计时，需要关注市场趋势和消费者偏好的变化。这要求设计师不仅要具备深厚的优秀传统文化知识，还要具备敏锐的市场观察力。在时尚领域，设计师需要了解当前流行的设计风格和消费者的审美偏好，以便将传统文化元素与现代时尚趋势相结合。在家居用品设计中，设计师需要考虑消费者对传统工艺和现代功能的需求，从而进行有效的设计创新。

（二）传统故事与现代娱乐的结合

传统故事与现代娱乐的结合是将中华优秀传统文化融入当代生活的重要方式。通过对经典传统故事的影视改编和在电子游戏中融入传统文化元素，不仅能吸引现代观众和玩家，还能在新的娱乐形式中传承和弘扬中华优秀传统文化。这种结合不仅提升了中华优秀传统文化的传播效果，也为现代娱乐产业注入了新的创意和活力。

将经典传统故事和神话传说改编成影视作品，是传统故事与现代娱乐结合的一种重要方式。通过将这些传统故事转化为电影、电视剧或动画片，能够以更具视觉冲击力和叙事性的方式呈现中华优秀传统文化。影视作品通过现代化的叙事手法和先进的技术手段，使传统故事得以在当代观众中重新焕发活力。将《西游记》的故事改编为现代化的电影或电视剧，可以通过引入先进的特效技术和创新的故事结构，使观众在视觉和情感上都能得到全新的体验。这种改编不仅能激发年轻观众的兴趣，还能使传统故事在全球范围内获得更多的关注和认可。

在影视改编过程中，结合现代叙事手法和技术，可以有效提升传统故事的观赏性和影响力。现代影视制作技术如计算机生成图像、虚拟现实技术等，都能为传统故事创造出更加生动和逼真的视觉效果。在改编神话传说时，利用计算机生成图像技术可以重现古代的神话场景和神奇生物，使故事更加引人入胜。现代叙事手法如多线叙事、非线性叙事等，可以使传统故事在结构和节奏上更加灵活与丰富，从而增强故事的吸引力和观众的参与感。这种结合不仅提升了传统故事的娱乐性，也使其在当代文化语境中获得了新的生命。

传统文化元素的游戏设计是将传统故事与现代娱乐结合的另一种重要方式。通过开发基于传统文化故事和角色的电子游戏，能够将中华优秀传统文化以互动的形式呈现给玩家，使其在游戏中体验和学习优秀传统文化。电子游戏中的优秀传统文化元素可以包括角色设定、故事情节、场景设计等方面。在设计一款以《山海经》为背景的角色扮演游戏时，可以将《山海经》中的神话故事和奇幻生物融入游戏世界，使玩家在游戏中探索和互动。这种游戏设计不仅能让玩家感受到中华优秀传统文化的魅力，还能通过游戏中的任务和挑战，加深对传统文化故事的理解和记忆。

利用虚拟现实技术再现优秀传统文化场景，是提升玩家沉浸体验的有效手段。虚拟现实技术能够为玩家提供身临其境的游戏体验，使他们能够在虚拟的优秀传统文化场景中进行探索和互动。在虚拟现实游戏中再现古代中国的宫殿、庙宇、市场等场景，玩家可以通过虚拟现实设备亲身体验古代社会的风貌和文化习俗。这种沉浸式的体验不仅能增强玩家对传统文化的兴趣，还能通过互动和参与，使优秀传统文化的学习变得更加生动和有趣。

此外，传统故事与现代娱乐的结合还需要注重文化的尊重和创新。在改编传统故事时，应该尊重原有文化的精髓，同时融入创新元素，使其更符合现代观众的审美和需求。在改编《红楼梦》时，可以通过增加现代化的视角和对话，保持原著的文化底蕴，同时，引入新的叙事手法和视听效果，使其更具现代感。这种创新不仅能保持传统故事的核心价值，还能使其在现代娱乐市场中占有一席之地。

二、传统文化与数字媒体的融合

（一）数字化传统文化资源的开发

数字化传统文化资源的开发是保护和传播中华文化的重要手段。通过建立传统文化的数字档案馆和推动数字化艺术品的创作与销售，可以有效地保存传统文化资源，并将其推广到更广泛的受众。这样的数字化努力不仅提升了中华优秀传统文化的保存和传播效率，还为文化的创新和市场化提供了新的机会。

建立传统文化的数字档案馆是数字化传统文化资源的核心步骤。数字档案馆将古籍、文物、手稿等传统文化资源进行数字化处理，以便长期保存和方便传播。这些资源通过高分辨率扫描、3D 建模和其他数字技术转换为数字格式，从而避免了传统物理存储带来的损耗和风险。数字化档案馆不仅能有效保存珍贵的文化遗产，还能为研究人员、教育工作者和普通大众提供方便的访问渠道。古籍可以通过在线数据库进行检索和浏览，文物可以通过虚拟展览的形式展示，这些都极大地提高了资源的利用效率和可及性。

数字化艺术品的创作与销售为传统艺术的传播开辟了新的途径。基于传统艺术的数字化创作，如数字书法、数字国画等，能够将传统艺术形式与现代科技相结合，创造出具有时代感和观赏性的艺术作品。通过数字化技术，这些艺术作品可以以高质量的形式呈现，并在各种数字平台上进行展示和销售。在线平台提供了广阔的市场空间，使数字化艺术品能够触及全球范围内的潜在客户。这种数字化创作不仅保留了传统艺术的精髓，还通过现代科技的手段，使其能够被更多的观众欣赏和购买。

数字档案馆的建设和数字艺术品的创作都需要解决技术与资源方面的问题。数字档案馆的建立需要投入大量的技术资源和人力，例如，高精度扫描设备、专业的数字化团队，以及数据存储和管理系统。确保数字化资源的质量和安全性，是建设数字档案馆的重要前提。数字化艺术品的创作需要依赖先进的数字艺术软件和硬件设备，同时，还需要具备一定技术水平的艺术创作者。为了确保数字艺术品的创作质量，相关领域的技术支持和培训也显得尤为重要。

数字化传统文化资源的开发带来了文化传播和教育的新机遇。数字档案馆的建立不仅为学术研究提供了丰富的资料，还成为教育的辅助工具。学生和教师可以通过访问数字档案馆中的资源，深入了解中华优秀传统文化的各个方面。数字艺术品的展示和销售为传统艺术的普及提供了新的平台。通过在线展览和销售，传统艺术能够在全球范围内获得更多的关注和认可。这种传播方式不仅提高了优秀传统文化的可见度，还促进了文化的跨国交流和融合。

同时，数字化传统文化资源的开发也面临着版权保护和文化传承的问题。数字档案馆和数字艺术品的在线展示需要解决版权归属与使用权限的问题，以防止未经授权的复制和传播。为了保护文化资源的合法权益，需要制定相关的法律法规，并建立完善的版权管理机制。在数字化过程中，需要充分考虑文化的传承和尊重，确保数字化资源能够真实地反映中华优秀传统文化的内涵，而不是简单的商业化操作。

（二）社交媒体中的传统文化推广

社交媒体中的传统文化推广是一种新兴的文化传播方式，它通过现代化的媒介和技术手段，使优秀传统文化以更贴近生活的形式呈现给观众。首先，优秀传统文化短视频的制作与传播是这种推广方式的一个重要方面。短视频平台以其高度的互动性和传播效率，成为优秀传统文化展示和传播的有效工具。制作结合中华优秀传统文化的短视频，如传统技艺展示、文化故事讲解等，能够通过生动的影像和简洁的叙述，使优秀传统文化以更直观的方式呈现在观众面前。这种形式不仅能吸引观众的兴趣，还能在短时间内传递大量的信息。

传统文化短视频的制作通常需要结合现代技术和创意。通过高质量的摄像设备和后期制作技术，制作者可以将传统技艺的细节呈现得更加清晰和生动。在展示传统手工艺时，高清的镜头可以捕捉到每一个细微的工艺过程，让观众能够更好地理解工艺的复杂性和美感。创新的剪辑手法和富有创意的叙事方式，可以使传统文化故事更加引人入胜。这样的短视频不仅可以在社交媒体平台上快速传播，还能够通过分享和评论功能，进一步扩大其影响力。

其次，传统文化主题的社交媒体活动是推广优秀传统文化的有效方式。策划与优秀传统文化相关的社交媒体活动，如传统节日的线上庆祝、文化挑战赛等，能够在用户中引发广泛的参与和关注。这类活动通常围绕特定的节日或文化主题展开，通过互动和竞赛的形式，激发用户的参与热情。在传统节日如春节或中秋节期间，可以举办线上庆祝活动，邀请用户分享他们的庆祝方式、传统美食或节日装饰。这种方式不仅能增强节日氛围，还能让用户通过实际参与，更加深入地了解和体验中华优秀传统文化。

社交媒体活动的策划需要充分考虑用户的兴趣和需求。通过设计具有趣味性和互动性的活动，可以有效地吸引用户参与。举办与优秀传统文化相关的挑战赛或创意比赛，鼓励用户提交与优秀传统文化相关的内容，如手工艺品、传统服饰或文化创意作品。这样的活动不仅能激发用户的创造力，还能促进中华优秀传统文化的传播和发展。通过奖品和荣誉的激励，活动还能吸引更多的用户参与，并在社交媒体上形成广泛的讨论和关注。

在进行优秀传统文化推广时，社交媒体平台的选择和使用也至关重要。不同的社交媒体平台具有不同的用户群体和传播特点，合理选择平台可以有效提高推广效果。短视频平台如抖音和快手，具有较强的视觉冲击力和互动性，非常适合制作和传播优秀传统文化的短视频。而社交媒体平台如微博和微信，则更适合进行传统文化主题的活动策划和推广。通过在适当的平台上进行针对性的推广，可以更好地接触到目标观众，并实现更广泛的传播。

尽管社交媒体在优秀传统文化推广中发挥了重要作用，但也需要注意一些潜在的问题。优秀传统文化的推广需要尊重文化的真实性和完整性，避免过度商业化或误解文化内涵。制作短视频和策划活动时，需要保持文化的原貌，并在传播过程中进行准确的文化解读。社交媒体的快速传播特点也意味着信息的传播可能存在误差或误导。为了确保优秀传统文化的准确传播，需要在制作和传播过程中进行严格的把关，确保信息的真实性和可靠性。

第四节　中华优秀传统文化的现代化表达方式

一、数字化与科技手段的应用

数字化与科技手段的应用在中华优秀传统文化的传承与推广中起到了至关重要的作用。数字化内容创作为优秀传统文化的传播提供了新的途径。优秀传统文化内容的数字化转化不仅可以提高信息的可访问性，还能使其在各种数字平台上得以广泛传播。通过将优秀传统文化的元素进行数字化处理，可以将古老的文献、经典著作、艺术作品等转化为电子格式，以方便用户在电脑、智能手机等设备上进行查看和学习。通过将古代诗词、书法作品和绘画艺术转化为高质量的数字格式，用户可以轻松地在网上访问这些珍贵的文化资源，从而更好地了解和欣赏中华优秀传统文化的精髓。

对优秀传统文化元素的数字化记录也是数字化应用中的重要方面。通过文字、图片、音频和视频等多种形式对优秀传统文化进行记录，可以全面地保存和展示优秀传统文化的丰富内容。传统的民间故事、经典诗文、古代乐曲等可以通过文字和音频的形式进行记录，以保留其原汁原味的表达方式。传统艺术形式如书法和绘画，则可以通过高分辨率的图片和视频进行数字化展示，使观众能够清晰地欣赏艺术作品的细节和风格。数字化记录还可以通过创建虚拟档案馆和数字博物馆，使优秀传统文化资源更加系统化和规范化，方便后续的研究和利用。

在传统艺术形式的数字展示方面，科技手段提供了更加丰富和生动的表现方式。书法、绘画和音乐等传统艺术形式，通过数字化技术的应用，可以在虚拟环境中进行展示和体验。利用虚拟现实技术，可以创建沉浸式的书法和绘画展览，让用户在虚拟空间中体验艺术作品的创作过程和艺术效果。通过增强现实技术，可以将传统艺术作品与现实环境相结合，为用户提供互动和增强视觉体验。数字音乐平台可以将传统音乐作品进行高质量的录制和传播，使其能够在全球范围内被更多人听到和欣赏。这些数字展示方式不仅提升了传统艺术形式的表现力，也扩展了其受众范围。

数字化与科技手段的应用可以促进优秀传统文化的互动性和参与感。通过创建互动式的数字平台和应用程序，用户可以直接参与优秀传统文化的学习和体验。开发优秀传统文化教育类的应用程序，可以提供互动式的学习内容和练习工具，使用户能够通过实际操作学习书法、国画等传统技艺。在线文化社区和论坛也可以为用户提供讨论和交流的平台，使他们能够分享和讨论对优秀传统文化的理解和体验。这样的互动式应用不仅增强了用户的参与感，还能促进优秀传统文化的传播和推广。

此外，数字化技术还可以帮助实现优秀传统文化的创新与融合。通过将优秀传统文化元素与现代科技相结合，可以创造出新的文化产品和艺术形式。数字艺术和计算机生成艺术可以结合传统艺术的元素，创造出具有现代感的艺术作品，数字游戏和动漫中可以融入优秀传统文化的故事与角色，为年轻一代提供新的文化体验。这样的创新不仅能让优秀传统文化以新的形式呈现，还能吸引更多年轻人的关注和参与，从而在现代社会中继续传承和发展。

数字化与科技手段的应用需要注意对优秀传统文化的保护和尊重。在进行数字化转化和展示时，必须确保对优秀传统文化内容的准确性和完整性，并遵循相关的版权和知识产权法规。通过制定科学的数字化管理和保护措施，可以避免对优秀传统文化资源的误用和滥用，从而确保其在数字化过程中的真实性和可靠性。

二、跨界融合与创新设计

（一）传统文化与现代设计的结合

传统文化与现代设计的结合，为当代艺术和产品设计注入了新的活力。这种结合不仅在传统图案与现代产品设计方面表现得尤为突出，在传统工艺与现代艺术的融合，以及优秀传统文化元素在现代广告中的应用中也体现出其独特的价值。传统图案与现代产品设计的结合展示了优秀传统文化在当代设计中的创新应用。将中国传统的纹样如云纹、龙纹等融入现代服装设计，可以使服装既具有文化底蕴，又符合当代的时尚趋势。这种设计不仅保留了传统图案的文化价值，还通过现代化的剪裁和材质，使其更适应现代消费者的审美需求。这种结合的成功之处在于它不仅延续了传统的艺术形式，还为传统图案提供了新的表现空间和商业价值。

传统工艺与现代艺术的融合，推动着设计领域的创新。陶瓷工艺通过与现代艺术形式的结合，创造出具有现代感的艺术品。传统陶瓷的工艺手法，如釉下彩、青花瓷等，经过现代设计师的再加工和创意，可以演变成新颖的艺术作品。现代陶瓷设计常常将传统的工艺技法与现代的造型设计相结合，形成具有独特视觉效果的作品。同样地，金属工艺也可以通过将传统工艺与现代艺术理念相结合，创造出兼具传统美感与现代设计感的艺术品。这种融合不仅使传统工艺得到新的诠释，也使其在现代设计中焕发出新的生命力。

传统文化元素在现代广告中的应用是传统文化与现代设计结合的一个重要方面。品牌包装是传统文化元素应用的一个典型例子。在现代广告和品牌包装设计中，越来越多的品牌开始利用传统文化元素如中国传统的红色、吉祥图案等，以提升产品的文化价值和市场认知度。这种应用不仅增强了品牌的文化内涵，还使产品在激烈的市场竞争中脱颖而出。某些高端品牌在其包装设计中融入传统的手工艺元素，如丝绸刺绣或手工雕刻，以凸显其产品的独特性和精致感。这种设计策略不仅吸引了消费者的关注，还提升了品牌的市场定位和消费者的文化认同感。

传统文化与现代设计的结合还有助于促进文化的传承与创新。通过将传统文化元素融入现代设计，传统艺术形式能够在不断变化的市场环境中保持其活力和相关性。这种结合不仅有助于中华优秀传统文化的现代化转型，也使传统艺术形式能够被更多人接受和欣赏。现代家居设计中常常将传统的木雕、漆器等工艺与现代简约风格相结合，既保持了传统工艺的美感，又满足了现代生活的实用需求。这种设计方式不仅丰富了家居产品的文化内涵，还使传统工艺得到更广泛地传播和应用。

（二）传统文化与商业模式的创新

传统文化与商业模式的创新是当代社会中一个重要的发展方向，它不仅促进了传统文化的传承与发展，也为商业模式带来了新的机遇。文化创意产业的发展、传统工艺的现代化生产，以及传统文化品牌的国际化，都是推动这一创新的关键领域。通过这些创新方式，传统文化得以在现代经济体系中找到新的应用和发展空间。

文化创意产业的发展为传统文化的商业化提供了新的途径。文化创意产业涵盖了文化衍生品和文化旅游等多个方面，这些领域的创新能够将传统文化的价值转化为经济效益。首先，文化衍生品作为一种将传统文化元素融入现代商品中的方式，不仅丰富了产品的文化内涵，也满足了消费者对个性化和文化性的需求。传统工艺品通过与现代设计理念的结合，创造出具有独特文化价值的产品，如手工制作的陶瓷、刺绣工艺品等，这些文化衍生品在市场中受到了广泛欢迎。其次，文化旅游的发展为传统文化提供了新的商业模式。通过开发以中华优秀传统文化为主题的旅游项目，如古镇游览、传统节庆活动、文化体验课程等，能够吸引大量游客参与，推动地方经济的发展，也促进了中华优秀传统文化的传播和保护。

传统工艺的现代化生产是传统文化与商业模式创新的重要组成部分。传统工艺在现代化生产过程中经历了小批量定制和智能制造等创新方式，这不仅提升了生产效率，还增强了传统工艺的市场竞争力。小批量定制的生产模式使传统工艺品能够根据消费者的个性化需求进行定制，从而满足了现代消费者对独特和个性化产品的需求。一些传统工艺品生产企业通过建立在线平台，提供个性化定制服务，使消费者能够根据自己的喜好选择图案、材质和设计，这种方式不仅提高了产品的附加值，也增强了消费者的购买体验。智能制造技术的应用则使得传统工艺品生产过程更加高效和精准。激光切割和3D打印技术的引入，使得传统木雕、陶瓷等工艺品的生产过程更加精细和快速，从而提升了产品的质量和市场竞争力。这些现代化生产方式使传统工艺能够更好地适应市场需求，实现传统与现代的有效融合。

传统文化品牌的国际化是推动传统文化与商业模式创新的一个重要方面。通过跨国展览和国际合作，传统文化品牌能够进入国际市场，扩大其影响力和知名度。跨国展览为传统文化提供了展示的平台，使其能够在全球范围内获得认可。传统艺术品和工艺品通过国际艺术展览、博览会等平台向国际观众展示，能够提升其国际影响力，并开拓海外市场。国际合作也为传统文化品牌的国际化提供了支持。通过与国际品牌、文化机构进行合作，传统文化品牌能够引入先进的市场推广和运营模式，拓展国际市场。一些传统文化品牌通过与国际知名设计师合作，将传统元素融入国际时尚产品中，从而提升了品牌的国际形象和市场竞争力。这种国际化的推广方式，不仅为中华优秀传统文化带来了新的商业机会，也促进了文化的全球传播和认同。

第五章 中华优秀传统文化与科技的结合

第一节 中华优秀传统文化的数字化保护与传承

一、数字化技术应用

（一）数据库建设

1. 数字档案馆

数字档案馆的建立是优秀传统文化保护与传播的重要创新手段。通过将古籍、文献、艺术品等优秀传统文化资料进行数字化存储和管理，数字档案馆不仅能为中华优秀传统文化提供长期保存和便捷访问的途径，还能在全球范围内推广和普及。这种数字化的管理平台，为中华优秀传统文化的研究、教育和传播开辟了新的视野与可能性。

首先，数字档案馆的建立为优秀传统文化资料提供了可靠的长期保存方式。传统的纸质档案和实物艺术品容易受到时间、环境及人为因素的影响，导致其物理损坏或丢失。数字化技术通过将这些珍贵资料转换为电子格式，不仅能有效避免物理损坏，还能通过多种备份和存储方式，确保资料的长期安全。这种数字存储方式能够使优秀传统文化资料在无纸化的形式下得以保存和管理，为未来的研究和教育提供坚实的基础。将古籍文献扫描成高分辨率的数字图像，可以确保原版书籍的内容不被遗失，同时，便于随时进行复制和传递。

数字档案馆为优秀传统文化资料提供了便捷的管理和检索功能。传统的档案管理往往需要大量的物理空间和人工，且检索和访问过程烦琐。数字化档案馆通过建立系统化的数据库和智能检索功能，可以大大简化资料的管理和访问过程。通过关键词搜索、分类浏览和全文检索等功能，用户可以快速找到所需资料，提高了使用效率和便利性。这种便捷的管理方式不仅提升了优秀传统文化资料的使用价值，也促进了优秀传统文化资料的共享和传播。数字化的古籍可以通过关键词搜索功能，让研究者快速找到相关的文献资料，从而提高研究效率。

其次，数字档案馆能够通过互联网平台实现优秀传统文化资料的全球推广和普及。优秀传统文化资料的数字化存储使其能够在网络上进行广泛的传播，打破了地域和时间的限制，使全球用户能够方便地访问和使用这些珍贵的文化资源。通过建立在线访问平台和虚拟展览，数字档案馆能够将优秀传统文化资料呈现给全球观众，增强文化交流和理解。建立一个开放的数字图书馆，提供古籍和文献的在线阅读与下载服务，可以让世界各地的用户轻松获取中华文化的经典资料，从而促进中华优秀传统文化的国际传播和影响力。

在数字档案馆的建立过程中，技术支持和数据保护是关键因素。选择合适的数字化技术和设备，确保高质量的扫描和存储是成功建立数字档案馆的前提。建立完善的数据保护和备份机制，防止数据丢失和泄露，也是数字档案馆建设的重要内容。通过采用先进的数字扫描技术和高容量的数据存储设备，可以确保资料的高质量数字化；定期备份和加密存储数据，可以有效防止数据的丢失和非法访问。这些技术和管理措施能够保证数字档案馆的稳定运行与资料的安全性。

数字档案馆的建立需要结合中华优秀传统文化的研究和教育需求进行规划。通过与学术机构、研究机构和教育机构的合作，可以更好地利用数字档案馆中的资源，推动中华优秀传统文化的研究和教育。数字档案馆可以提供丰富的教学资源和研究资料，为中华优秀传统文化的教育和学术研究提供支持。与高校合作，开展基于数字档案馆资源的课程和研究项目，可以帮助学生和研究人员更好地了解并学习中华优秀传统文化，提高研究水平和教育质量。

通过将古籍、文献、艺术品等优秀传统文化资料进行数字化存储和管理，数字档案馆不仅能确保资料的长期保存和安全，还能提供便捷的管理和检索功能。数字化技术的应用，使优秀传统文化资料能够在全球范围内得到广泛推广和普及，增强文化交流和理解。在数字档案馆的建设过程中，技术支持和数据保护是关键，而结合中华优秀传统文化的研究和教育需求，能够进一步发挥数字档案馆的价值和作用。在现代化背景下，数字档案馆为中华优秀传统文化的传承和发展开辟了新的道路，为全球文化多样性和文化遗产的保护做出了重要贡献。

2. 数字化扫描

数字化扫描是保护和传播优秀传统文化资源的重要技术手段。通过利用高精度扫描技术对古籍、书法、绘画等进行数字化处理，不仅能有效保护原件不受损害，还能提供高质量的数字副本。这一过程不仅仅是对优秀传统文化资源的保护，更是对其未来研究和传播的重要保障。

高精度扫描技术的应用是数字化过程中关键的一环。高精度扫描能够将古籍、书法、绘画等文化资源以极高的分辨率和细节进行数字化处理。这种技术的应用可以捕捉到原件上的细节和复杂纹理，从而生成高清晰度的数字副本。与传统的拍照或扫描技术相比，高精度扫描技术能够更好地还原原件的真实面貌，保留其文化和艺术价值。在扫描古籍时，可以清晰地记录下书页上的字迹、装订方式及纸张质地等信息，为后续的数字化保存和研究提供翔实的数据。

数字化扫描技术的使用极大地保护了原件的物理状态。传统的古籍和艺术品在使用与展示过程中容易受到环境因素的影响，如光照、湿度和温度变化等，这些因素都可能导致原件的老化和损害。而通过高精度扫描技术，将原件转化为数字格式，可以避免直接接触原件，降低物理损害的风险。这种保护措施不仅延长了原件的使用寿命，还为未来的研究和展示提供了安全保障。

数字化扫描技术使优秀传统文化资源的共享和传播变得更加高效与便捷。数字化副本可以通过网络平台进行广泛传播，使全球范围内的用户都可以方便地访问这些文化资源。无论是学术研究者、教育工作者还是普通读者，都可以通过网络访问到高清晰度的数字图像，从而实现对优秀传统文化资源的广泛传播和普及。这种数字化共享方式打破了地域限制，提高了文化资源的可及性和利用效率。

在实际操作中，高精度扫描技术的应用还需要解决一系列技术问题。扫描设备的选择和配置至关重要。高质量的扫描仪和配套设备可以确保扫描结果的清晰度及准确性。扫描过程中需要对光照、对焦和色彩还原等因素进行精确控制，以避免图像失真。数字化文件的存储和管理也是一个重要的问题。高分辨率的数字副本需要占用大量的存储空间，因此，需要采取有效的数据管理和备份措施，以确保数字资源的长期保存和安全性。

在数字化扫描过程中需要考虑到版权保护和数据安全问题。数字化后的文化资源虽然方便了传播，但也可能面临未经授权的复制和滥用等问题。为此，需要制定和实施相关的版权保护措施，如数字水印、访问控制和授权管理等，以保护原件的知识产权和文化价值。在数据存储和传输过程中，需要采取安全措施，防止数据泄露和损坏。

（二）多媒体展示

多媒体展示技术在传统文化的数字化展览中发挥了至关重要的作用。通过结合动画、视频、音频等多媒体手段，数字化展览能够将传统文化以更加生动和易于理解的方式呈现给观众。这种展示方式不仅能提升展览的互动性和吸引力，还能使传统文化的传播更加高效和全面。数字化展览的核心在于通过现代技术手段，将复杂的文化信息以直观、易懂的方式展示出来，从而提升观众的参与感和学习效果。

动画技术在数字化展览中的应用使传统文化的展示变得更加生动和形象。通过制作高质量的动画，可以将传统文化的历史、技艺和故事以动态的形式呈现出来，这种方式能够将静态的文物或文字信息转化为生动的视觉表现，使观众能够更好地理解文化内容。通过动画技术，可以展示传统工艺的制作过程，将每一个步骤都以动态的形式呈现，从而使观众能够直观地了解工艺的复杂性和精细度。动画还可以用于再现历史场景或文化故事，使传统文化的背景和情节更加生动与可视化。

视频技术同样在数字化展览中扮演了重要角色。通过制作和展示相关的视频，可以将传统文化的实际场景、活动和人物以真实的影像呈现给观众。这种方式不仅能展示中华优秀传统文化的现状，还能记录和保存文化活动的精彩瞬间。制作关于传统节日庆祝活动的纪录片，可以让观众感受到节日的氛围和习俗，了解节日背后的历史和意义。视频技术的应用能够增强观众的沉浸感，使他们仿佛身临其境地体验中华优秀传统文化的魅力。

音频技术在数字化展览中的应用也不可忽视。通过音频的配合，可以为观众提供丰富的听觉体验，增强展览的互动性和趣味性。在展示传统音乐或民歌时，通过播放相关的音频文件，可以让观众更好地欣赏和理解传统音乐的风格与特点。音频技术还可以用于提供解说和讲解，通过专业的解说员或语音合成技术，向观众介绍展览的内容和背景信息，使其对中华优秀传统文化有更深入的了解。音频的应用不仅能丰富展览的表现形式，还能提升观众的参与感和体验感。

互动技术的引入则进一步提升了数字化展览的效果。通过设置互动装置或触摸屏，观众可以主动参与展览，与展品进行互动。这种互动方式不仅能增强观众的参与感，还能使他们以更加主动的方式学习和探索中华优秀传统文化。观众可以通过触摸屏选择感兴趣的文化主题，查看详细的信息和图片，或参与互动游戏和测试，以加深对中华优秀传统文化的理解。互动技术的应用使得展览不再是单向的展示，而是变成了一个双向的交流和学习平台。

数字化展览能够通过多媒体技术提供个性化的观展体验。观众可以根据个人兴趣和需求，自主选择展览的内容和呈现方式。通过定制化的展览界面，观众可以选择观看某一特定主题的动画或视频，或收听与该主题相关的音频讲解。这种个性化的体验不仅能提高观众的参与度，还能满足不同观众的需求和兴趣，从而提升展览的效果和影响力。

尽管多媒体展示技术在优秀传统文化数字化展览中具有许多优势，但也面临一些挑战。制作高质量的多媒体内容需要大量的技术投入和专业人员。动画、视频和音频的制作过程复杂且成本较高，需要具备一定的技术实力和资源支持。数字化展览的内容需要确保文化的真实性和准确性。在制作过程中，必须对中华优秀传统文化进行充分的研究和验证，避免出现误解或扭曲的情况。随着技术的不断发展，数字化展览也需要不断更新和优化，以适应新的技术趋势和观众的需求。

二、数字化平台与应用

（一）智能技术应用

智能技术应用在推动中华优秀传统文化的全球传播和学习中发挥了重要作用。智能翻译与语音识别技术的结合，为中华优秀传统文化的全球传播提供了前所未有的便利和效率，使优秀传统文化资料能够跨越语言障碍，实现更广泛的传播。智能翻译工具的应用使优秀传统文化资料能够被翻译成多种语言，从而扩大其国际影响力。中华优秀传统文化往往包含丰富的历史背景、哲学思想和艺术形式，这些内容的准确传达对于外国读者的理解至关重要。智能翻译工具通过使用先进的自然语言处理技术和大数据分析，可以高效地将优秀传统文化的文献、经典、历史资料等翻译成多种语言。这不仅使得非母语的读者能够访问和学习这些资料，还能促进不同文化之间的交流和理解。将《道德经》翻译成多种语言，使世界各地的读者都能够更好地理解和欣赏老子的思想，从而推动了中华优秀传统文化的全球传播。

首先，语音识别技术的应用能够实现优秀传统文化资料的自动讲解和学习。通过语音识别技术，优秀传统文化的文献和讲解可以被自动转化为语音，提供便捷的听觉学习方式。这种技术不仅可以将文本资料转化为自然流畅的语音，还可以进行语音导读、讲解和互动，使用户能够通过听觉进行学习和体验。在优秀传统文化的电子图书中，语音识别技术可以将古代文学作品的朗读和解释自动生成，提供给读者一种沉浸式的学习体验。通过语音识别技术，用户可以进行语音输入，提出问题或进行互动，从而获得即时的文化讲解和答疑，这种方式提高了学习的互动性和便利性。

其次，智能翻译与语音识别技术的结合，可以实现中华优秀传统文化的多层次、多维度的展示和传播。通过智能翻译技术，将优秀传统文化的书籍、文章、讲座等内容翻译成多种语言后，可以通过语音识别技术生成相应的音频资料，使读者不仅可以阅读，还可以听到专业的讲解和解析。这种结合方式，不仅满足了不同语言用户的阅读需求，还能为他们提供更加生动和直观的文化体验。通过将传统文化课程的视频讲解转化为多语言音频，用户可以在全球范围内以自己的母语学习和理解这些课程内容，同时，语音识别技术还可以提供实时的翻译和语音反馈，从而提高了学习的效率和质量。

再次，智能技术的应用可以增强传统文化学习的个性化和定制化。通过智能翻译与语音识别技术，学习者可以根据自己的兴趣和需求，选择不同的学习模式和内容。用户可以选择针对特定主题的文化资料进行翻译和讲解，如古代文学、传统音乐、民俗风情等，并根据个人的学习进度和兴趣进行调整。语音识别技术还能根据用户的发音和语调提供个性化的反馈与指导，从而帮助用户更好地掌握中华优秀传统文化的语言和表达方式。这种个性化的学习方式，不仅提高了学习效果，还能使学习过程更加有趣和高效。

最后，智能技术的应用能够推动中华优秀传统文化的互动性和参与感。通过结合智能翻译和语音识别技术的文化应用程序，可以创建虚拟的文化导览和互动体验，让用户通过语音指令获取关于中华优秀传统文化的详细信息。这种技术应用不仅提供了更加生动的文化体验，还能通过实时的语音反馈和互动，增强用户的参与感和沉浸感。虚拟现实技术和增强现实技术也可以与智能翻译和语音识别技术相结合，创造出更加逼真的文化体验场景，使用户能够在虚拟环境中探索和学习中华优秀传统文化的各个方面。

同时，智能技术的应用还需要关注其对中华优秀传统文化的保护和尊重。在使用智能翻译和语音识别技术进行优秀传统文化的数字化与传播时，应确保原始内容的准确性和完整性。要遵循相关的知识产权法规，保护优秀传统文化资料的版权和使用权。通过制定合理的技术应用标准和保护措施，可以确保中华优秀传统文化在数字化过程中得到有效保护，并且在全球传播中保持其真实和原汁原味。

（二）文化传播平台

文化传播平台的构建在现代社会中扮演着至关重要的角色，尤其是通过开发相关的移动应用程序，提供便捷的学习工具，广泛传播中华优秀传统文化。移动应用程序在优秀传统文化知识问答方面的应用，为用户提供了一个互动性强的学习平台。这类应用程序可以通过设置各种关于中华优秀传统文化的知识问答题目，帮助用户在参与答题的过程中学习到丰富的文化知识。应用程序可以设计关于儒家思想、经典文学作品、历史事件等方面的问答题，用户不仅能通过游戏化的方式巩固知识，还能在答题过程中获得即时反馈，提升学习效果。这种互动式的学习方式不仅增加了趣味性，也提高了用户对中华优秀传统文化的学习积极性。

首先，经典诗词背诵功能的移动应用程序为优秀传统文化的传播提供了新的方式。这类应用可以提供经典诗词的朗读、解释和背诵练习，让用户能够方便地学习和掌握古典文学作品。通过将经典诗词的内容以音频、文本和视频等多种形式呈现，用户可以在移动设备上随时随地进行诗词学习。这样的应用不仅帮助用户理解诗词的文化背景和文学价值，还能提高他们的记忆能力和背诵技巧。应用程序还可以设置诗词背诵挑战和比赛，激发用户的学习兴趣，并促进他们在实践中加深对经典诗词的掌握。

其次，历史故事阅读的功能在移动应用程序中发挥着重要作用。这类应用程序通过提供丰富的历史故事、传说和文化典故，帮助用户了解和记忆历史事件与文化背景。应用程序可以通过分章节的方式呈现历史故事，并配以插图和注解，便于用户理解和欣赏。应用程序还可以提供故事的互动功能，如选择故事发展路径的选项，增加用户的参与感和沉浸感。这种方式不仅使历史故事的学习变得更加生动有趣，还能提升用户的历史文化素养和对中华优秀传统文化的兴趣。

此外，移动应用程序的个性化推荐功能也是文化传播平台中的重要创新点。通过分析用户的兴趣和学习记录，应用程序可以为用户推荐相关的优秀传统文化内容。如果用户对古代文学感兴趣，应用程序可以推荐与古代诗词、文学作品相关的学习资料和活动。这种个性化的推荐能够更好地满足用户的学习需求，使他们能够更加高效地接触和学习中华优秀传统文化。通过这种方式，应用程序不仅提高了用户的学习体验，还增强了文化传播的针对性和有效性。

第二节 中华优秀传统文化与虚拟现实技术的应用

一、虚拟现实技术在传统文化展示中的应用

（一）文化遗址与历史场景的虚拟重建

1.遗址复原

遗址复原利用虚拟现实技术对历史遗址进行三维重建，为我们提供了一种全新的方式以体验和理解古代建筑与城市规划。这种技术的应用不仅能呈现历史遗址的原貌，还能为用户提供沉浸式的虚拟体验，使历史遗址的复原和展示更为生动与真实。

首先，虚拟现实技术在历史遗址的三维重建中发挥了重要作用。通过虚拟现实技术，我们可以将古代遗址进行详细的三维建模，再现其原始状态。这一过程包括对历史遗址的精准测绘、建筑结构的细致还原，以及古代城市布局的复原。利用激光扫描和摄影测量技术，对古代遗址进行高精度的数据采集，然后通过计算机技术生成三维模型，这样可以准确地再现遗址的建筑风貌和布局。虚拟现实技术使这些模型不仅可以在计算机屏幕上展示，还可以通过虚拟现实技术设备提供身临其境的体验，让用户仿佛置身于古代遗址之中。这种技术的应用不仅可以保护和传承历史文化，也可以为研究人员提供更为直观的历史数据。

其次，虚拟现实技术能够帮助我们理解古代建筑和城市规划的复杂性。古代建筑和城市规划常常具有高度的历史与文化价值，但由于时间的推移和环境的变化，许多遗址已无法完全保存下来。通过虚拟现实技术，我们可以在三维模型中清晰地呈现建筑的细节和城市的布局，从而帮助我们理解古代人的生活方式和社会结构。在虚拟现实环境中，用户可以查看古代城市的街道网络、建筑风格和城市功能分区，这些信息有助于还原古代社会的运作方式和生活场景。这样的虚拟体验不仅对学术研究有重要价值，也能为公众提供更加丰富的历史知识和文化体验。

再次，虚拟现实技术能够提供互动式的历史体验，增强用户对历史遗址的参与感。与传统的展览和展示方式相比，虚拟现实技术允许用户在虚拟环境中自由探索和互动。用户可以在虚拟现实中进入古代建筑的内部，观察建筑的结构细节，

还可以在虚拟的古代城市中行走，体验古代人的日常生活。这种互动式的体验不仅使用户更深入地了解历史遗址，还激发他们对历史和文化的兴趣。通过虚拟现实技术，历史遗址的展示变得更加生动，用户可以以第一人称的视角感受历史，从而提升他们的学习和探索体验。

最后，虚拟现实技术还能打破现实环境中的一些限制，使历史遗址的复原和展示更加广泛与可及。传统的遗址复原和展示常常受到遗址保护、空间限制，以及访问条件等因素的制约。虚拟现实技术可以将历史遗址的复原工作迁移到虚拟环境中，用户无须亲临遗址现场也能享受到历史遗址的完整展示。这种方式特别适用于那些受损严重或难以实际参观的遗址。用户可以通过虚拟现实技术体验被毁坏的古代遗址或不再开放的历史遗迹，这种方式为历史爱好者和学术研究人员提供了更大的便利。

同时，虚拟现实技术在遗址复原中的应用也面临一些挑战和限制。虚拟现实技术的实现需要大量的技术支持和资金投入，从数据采集、建模到设备维护都涉及高成本。虚拟现实技术的效果依赖于技术的成熟度和应用的精确度，如何确保虚拟模型的真实性和准确性是一个重要问题。对于普通用户来说，虚拟现实技术的设备和操作也可能存在一定的门槛，如何提高技术的普及度和用户体验也是需要解决的挑战。

2. 历史场景模拟

历史场景模拟通过虚拟现实技术的应用，为用户提供了身临其境的历史体验，使重要历史事件和场景得以在现代社会中重新呈现。这种技术的应用不仅使历史教育变得更加生动和直观，也促进了对历史的深刻理解和文化遗产的保护。

首先，虚拟现实技术能够重现古代宫廷等重要历史场景，使用户仿佛穿越时空，亲身体验历史氛围。通过高精度的三维建模和细致的场景设计，虚拟现实技术能够再现古代宫廷的建筑风貌、装饰细节以及生活习惯。在重现明清时期的皇宫时，用户不仅能看到宫殿的宏伟建筑，还能体验到当时的礼仪规范和宫廷生活。虚拟现实技术可以模拟皇宫中的日常活动，如朝会、宴会等，用户可以通过虚拟方式参与其中，感受当时的历史氛围和社会风貌。这种沉浸式的体验帮助用户更直观地理解历史背景和文化细节，使历史学习变得更加生动和具体。

其次，虚拟现实技术能够重现历史战争场面，为用户提供身临其境的战场体验。通过高质量的视觉效果和音效模拟，用户可以体验到历史战争的激烈场面和战略布局。重现中国古代著名的战役，如赤壁之战或长平之战，虚拟现实技术可以展现战争的规模、兵员配置和战斗策略，使用户对战争的过程和影响有更加深入的理解。用户不仅可以观察战场上的各种细节，还可以通过互动体验战争中的不同角色和任务。这种模拟不仅有助于用户理解历史事件的复杂性，还能激发他们对历史事件的兴趣和探索欲望。

历史场景模拟在历史教育和文化传承中发挥了重要作用。传统的历史教育往往依赖于书籍和讲解，这种方式虽然能够提供丰富的信息，但往往缺乏生动性和互动性。虚拟现实技术通过模拟历史场景，使历史教育变得更加直观和互动。学生可以通过虚拟现实技术参观古代遗址、参与历史事件的再现，从而获得更深入的理解和体验。这种沉浸式的学习方式不仅提高了学生的学习兴趣，还能帮助他们更好地记忆和理解历史知识。虚拟现实技术为文化遗产的保护和传播提供了新的途径。通过虚拟现实技术，用户可以在线上访问和体验历史遗址，减少对实际遗址的压力和破坏，从而保护珍贵的文化遗产。

在虚拟现实技术的推动下，历史场景模拟不仅在教育和文化传播中取得了显著成果，在娱乐和旅游领域也展现了广泛的应用前景。一些历史主题的虚拟现实游乐场和展览，通过模拟历史场景和事件，为游客提供了独特的娱乐体验。这些虚拟现实体验不仅吸引了大量游客，还提高了他们对历史文化的兴趣和认知。这种结合娱乐和教育的方式，充分发挥了虚拟现实技术的优势，使历史场景模拟成为一种新兴的文化产业形式。

（二）传统艺术形式的虚拟展示

中华优秀传统文化与虚拟现实技术的结合，尤其是虚拟历史体验的实现，为中华优秀传统文化的传播和教育开辟了新的途径。利用虚拟现实技术重现中华优秀传统文化中的历史场景，不仅能让用户身临其境地体验古代生活和重大历史事件，还能深刻理解历史背景和文化内涵，从而增强对中华优秀传统文化的认知和欣赏。

虚拟历史体验通过重现中华优秀传统文化中的历史场景，为用户提供了一种全新的体验方式。中华优秀传统文化的历史场景往往包含丰富的细节和复杂的背景，通过虚拟现实技术，用户可以在虚拟环境中真实地感受到这些历史场景。例如，用虚拟现实技术可以重建古代城市的街道、建筑和生活场景，让用户在虚拟世界中步入古代的社会环境，了解古代人的生活方式和社会风貌。这种沉浸式的体验使用户不仅能看到历史场景的外观，还能感受到历史背景中的气氛和氛围，从而更好地理解和体验中华优秀传统文化的独特魅力。

　　虚拟现实技术能够使重大历史事件得以生动再现，提供深度的历史教育。传统文化中的重大历史事件，如古代战争、重要仪式和政治事件等，往往具有重要的历史和文化意义。通过虚拟现实技术，这些事件可以被逼真地重现，用户能够在虚拟环境中参与或观察这些事件的发生和发展。用户可以在虚拟现实中体验古代战争的战斗场景，观察战争的策略和战局变化，或者参与古代皇室的重大仪式，感受其庄严和盛大。通过这种方式，虚拟现实技术不仅让用户对历史事件有了更直观的了解，还能够激发他们对历史的兴趣和探索欲望。

　　进一步来说，虚拟历史体验能为用户提供个性化的学习和探索机会。传统的历史教育通常依赖于课本和讲解，难以满足每个学生的兴趣和需求。而虚拟现实技术能够根据用户的兴趣和需求提供个性化的历史体验。用户可以选择自己感兴趣的历史时期、事件或人物，进行深入的虚拟探索和学习。在虚拟环境中，用户可以自由地探索历史场景，查看相关的历史资料和背景信息，并与虚拟环境中的人物进行互动。这种个性化的学习体验不仅能提高用户的学习效率，还能增强他们对历史的理解和记忆。

　　虚拟现实技术在虚拟历史体验中的应用能够促进优秀传统文化的传播和国际化。通过虚拟现实技术，传统文化的历史场景和事件可以在全球范围内得到展示，使世界各地的用户都能够体验和了解不同国家和地区的历史文化。中国的古代历史场景可以通过虚拟现实技术向外国观众展示，使他们能够更直观地了解中华优秀传统文化和历史背景。这种全球化的传播方式不仅扩大了优秀传统文化的受众群体，还促进了不同文化之间的交流和理解。

　　同时，虚拟历史体验的实现面临一些技术和实施上的挑战。虚拟现实技术的应用需要高水平的技术支持和设备，这对一些文化机构和教育机构来说可能是一个挑战。虚拟历史场景的创建需要大量的历史研究和艺术设计，以确保历史场景的真实性和准确性。这些挑战需要通过技术创新和资源整合进行解决，以确保虚拟历史体验的质量和效果。

　　虚拟历史体验的实施也需要考虑用户的安全和体验感。长时间使用虚拟现实设备可能对用户的身体健康产生影响，因此需要设计合理的使用时间和休息机制。虚拟历史场景的交互和操作需要简单易懂，以提高用户的使用体验。通过不断优化技术和体验设计，虚拟历史体验能够更好地满足用户的需求和期望。

二、虚拟现实技术在传统文化教育中的应用

（一）传统文化课程的虚拟教学

1.沉浸式学习环境

创建虚拟教室和实验室，提供沉浸式的学习环境，是现代教育技术发展的前沿。这种沉浸式学习环境能够为学生提供全新的学习体验，使他们在虚拟现实中进行传统文化课程的学习和实践。虚拟教室的创建，允许学生在虚拟空间中进行课堂学习，从而打破了传统教室的空间限制。在这种环境下，学生不仅可以实时参与课程讨论，还可以通过虚拟现实技术直观地体验中华优秀传统文化的各个方面。学生可以在虚拟的故宫中参观古代建筑，了解传统的宫廷文化，或在虚拟的古代工艺车间中观察传统手工艺的制作过程。这种沉浸式的学习方式，使学生更加生动和深入地理解中华优秀传统文化，提升他们的学习兴趣和参与度。

在虚拟实验室的创建方面，学生可以通过虚拟现实技术进行各种实验和实践活动，模拟传统工艺的制作过程。虚拟实验室可以提供模拟的古代书法练习环境，让学生在虚拟空间中体验书法创作的技巧和步骤，或者通过虚拟陶艺工作坊，让学生在模拟的工作环境中体验制作传统陶器的过程。这种虚拟实验室不仅可以使学生在安全的环境中进行实验，还可以为学生提供丰富的学习资源和指导，使他们能够更好地掌握传统工艺的技能。通过这种沉浸式的实践，学生能够更深刻地理解中华优秀传统文化的精髓，并将所学知识应用于实际操作中。

沉浸式学习环境的创建，需要配合先进的技术手段和资源支持。虚拟现实技术的应用，要求学校和教育机构具备一定的技术基础与设备设施。学校需要配备高质量的虚拟现实设备，如虚拟现实头戴式显示器、运动控制器等，并配置相应的软件系统以支持虚拟教室和实验室的运行。教育内容的设计也需要结合虚拟现实技术的特点，进行专业的开发和优化。通过技术的支持和内容的优化，可以确保沉浸式学习环境的高效运作，并为学生提供优质的学习体验。

沉浸式学习环境的实施，需要教师的积极参与和指导。教师在虚拟教室和实验室中的角色，不仅是知识的传递者，还包括学习引导者和技术支持者。教师需要熟悉虚拟现实技术的操作，并能够有效地设计和组织虚拟课程与实践活动。在虚拟学习环境中，教师可以通过互动的方式，引导学生进行探究和实践，并根据学生的反馈调整教学策略。通过教师的指导和支持，学生能够更好地适应沉浸式学习环境，并在虚拟空间中获得更丰富的学习成果。

2. 虚拟课堂互动

虚拟课堂互动是将虚拟现实技术应用于教育领域的重要创新方式，通过虚拟角色扮演、场景模拟等互动式教学手段，能够显著增强学生的参与感和学习效果。这种技术的应用不仅改变了传统教学模式，还为学生提供了更加沉浸式和参与感强的学习体验，使教育过程更加生动和有效。

首先，虚拟现实技术在虚拟课堂中的应用，为学生提供了全新的互动方式。传统教学模式通常以讲授和书面材料为主，学生的参与感相对较低；而虚拟现实技术能够创建虚拟的教学环境和角色，使学生能够在模拟的真实场景中进行互动。在历史课程中，学生可以通过虚拟现实技术"走进"古代的历史场景，亲身体验历史事件的发生过程。这种沉浸式的学习体验不仅能增强学生的参与感，还能使他们对课程内容有更深刻的理解和记忆。通过虚拟角色扮演，学生可以在模拟的情境中扮演不同的角色，体验不同的社会角色和历史人物，从而获得更为全面和生动的学习体验。

虚拟场景的模拟功能为课堂教学提供了丰富的互动可能。虚拟现实技术能够创建各种复杂和多样化的学习场景，包括实验室、博物馆、自然环境等，学生可以在这些虚拟场景中进行实际操作和探究。在科学课程中，学生可以在虚拟实验室中进行各种实验操作，观察实验现象和结果，而不必受限于真实实验室的设备和安全条件。虚拟场景的模拟还可以用于地理课程的教学，学生可以"游历"世界各地的自然景观和地理特征，从而更直观地了解地理知识。这种模拟功能不仅提升了教学的灵活性和趣味性，还能够满足不同学科和课程的教学需求。

进一步说，虚拟现实技术的互动式教学能够提高学生的学习效果和主动性。传统的课堂教学方式往往以教师讲授为主，学生的参与和互动相对有限；而虚拟现实技术通过提供丰富的互动方式和体验，能够激发学生的学习兴趣和主动性。在虚拟课堂中，学生可以通过与虚拟角色和场景的互动，进行角色扮演、任务完成等活动，增强学习的实际感和参与感。这种参与式的学习方式能够提高学生的学习动机，使他们在主动探索和解决问题的过程中，获得更深刻的知识理解和技能掌握。研究表明，互动式教学方式能够显著提高学生的学习成绩和满意度，因为学生在积极参与和互动中，更容易掌握和应用所学知识。

其次，虚拟现实技术的应用能够为教师提供更加丰富的教学资源和手段。在传统教学中，教师的教学资源和工具可能受到时间、空间和条件的限制。而虚拟现实技术能够为教师提供各种虚拟教学资源和工具，包括虚拟实验室、教学模拟器、互动课件等，帮助教师设计和实施更加生动且有效的教学活动。教师可以使用虚拟现实技术创建一个虚拟的历史遗址，让学生通过虚拟实地考察，了解古代文明的历史和文化。教师还可以利用虚拟现实技术设计和实施各种互动活动，如虚拟角色扮演、场景探究等，丰富课堂教学内容和形式，提高教学效果。

另外，虚拟课堂互动的推广应用还需要关注技术的普及和教育资源的公平性。虚拟现实技术的应用通常需要一定的硬件设备和技术支持，这会在不同地区和学校之间造成资源差距。因此，在推广虚拟课堂互动的过程中，需要加强对技术的普及和教育资源的公平分配。政府和教育机构可以通过提供技术支持与资金援助，帮助更多的学校和学生获得虚拟现实技术的应用机会；还可以开展教师培训和技术支持，帮助教师更好地利用虚拟现实技术进行教学，确保虚拟课堂互动的普及和有效应用。

（二）文化遗产保护与公众教育

文化遗产保护与公众教育的结合，是确保中华优秀传统文化持续传承和广泛普及的重要途径。通过虚拟现实技术的应用，不仅能记录和保护濒危的文化遗产，还能建立公众教育平台，提升大众的文化素养。这种结合方式将科技与文化保护相融合，为中华优秀传统文化的保护和普及提供了新的解决方案。

虚拟保护项目通过虚拟现实技术为濒危文化遗产的保护提供了前所未有的机会。虚拟现实技术能够创建详尽的虚拟档案和数据库，通过三维建模和高精度扫描，将文化遗产的详细信息数字化。这些虚拟档案不仅保留了文化遗产的外观和细节，还能模拟其在实际环境中的状态和功能。通过虚拟现实技术，可以对古建筑进行三维重建，使其在虚拟空间中得以完整呈现。这种虚拟保护手段不仅能应对原件因自然灾害、环境变化等带来的损害，还能为未来的保护和研究提供宝贵的数据与参考。

建立公众教育平台是提升文化素养和普及优秀传统文化知识的重要方式。虚拟现实技术的应用使创建虚拟文化教育平台成为可能。这些平台可以通过虚拟现实技术提供沉浸式的文化体验，让公众在虚拟环境中探索和学习中华优秀传统文化。公众可以通过虚拟现实平台参观历史遗址、体验传统工艺和参与文化活动。这种沉浸式的教育方式不仅可以增强公众的文化认知和兴趣，还可以使他们更直观地感受到中华优秀传统文化的魅力和价值。

虚拟现实文化教育平台可以举办多种形式的虚拟文化讲座、展览和互动活动。通过这些活动，公众可以与文化专家进行虚拟互动，了解文化遗产的背景和意义。虚拟展览则能够展示文化遗产的各种细节和背景，使观众从不同的角度深入了解文化内容。互动活动如虚拟工作坊和模拟体验，则为参与者提供了实践的机会，从而更好地掌握中华优秀传统文化的技艺和知识。这种丰富的活动形式，不仅提升了教育的趣味性和参与度，还能够满足不同观众的学习需求。

同时，虚拟保护项目和公众教育平台的结合也面临一些技术与管理方面的挑战。虚拟现实技术的开发和应用需要高水平的技术支持，包括三维建模、数据处理和虚拟环境设计等方面。确保技术的准确性和真实性，是虚拟保护和教育的关键。文化数据的保护和管理也是一个重要问题。虚拟档案和数据库需要采取有效的安全措施，以防止数据的泄露和篡改。公众教育平台的内容和形式也需要不断更新与优化，以适应不同受众的需求和兴趣。

在应对这些挑战的过程中，需要各方的合作与支持。文化保护机构、科技公司和教育机构可以携手合作，共同推动虚拟保护项目和公众教育平台的发展。通过多方面的合作，可以充分利用各自的专业优势，提升虚拟现实技术的应用效果，实现文化遗产保护和公众教育的双重目标。

第三节 中华优秀传统文化的科技创新应用

一、科技助力文化传承

（一）数字化保存与修复

1. 数字化存档

数字化存档是保护和传承古籍文献的关键手段之一，通过先进的技术手段，将古籍文献转化为电子档案，以实现长期保存和广泛传播。古籍文献作为文化遗产的重要组成部分，其保存和传承对于研究历史、文化及推动学术发展具有重要意义。利用扫描技术和光学字符识别技术，能够将古籍文献的纸质形式转化为数字化格式，这一过程不仅能有效延长古籍的保存期限，还能方便其在全球范围内的传播和共享。

扫描技术在古籍文献数字化中发挥了核心作用。通过高分辨率扫描仪对古籍进行精确扫描，可以将纸质文献的每一页都转换为数字图像。这个过程需要确保扫描设备的精度和稳定性，以避免对古籍文献造成损害。高质量的扫描能够保留文献的细节和原貌，包括文字、图案、注释等内容，使数字化版本尽可能忠实于原文。扫描技术还允许对古籍进行不同分辨率的扫描，以适应不同用途的需求，例如，制作高清晰度的电子档案，或者提供适合在线阅读的低分辨率版本。

光学字符识别技术是将扫描得到的图像转化为可编辑、可搜索的文本格式的关键技术。光学字符识别技术能够识别扫描图像中的文字，并将其转换为数字文本，从而使古籍文献的内容可以被检索、编辑和复制。光学字符识别技术的应用使数字化古籍不仅仅是图像的保存，更能够实现文字内容的深度分析和挖掘。现代光学字符识别技术已经能够处理复杂的字体和排版，但由于古籍文献中的字体、文字排列以及语言特点的多样性，光学字符识别技术的准确性仍然面临挑战。因此，在使用光学字符识别技术时，通常需要对识别结果进行人工校对，以确保文本的准确性和完整性。

在古籍文献数字化的过程中，创建电子档案是一个重要环节。电子档案不仅包含了古籍的扫描图像和光学字符识别转换文本，还包括相关的元数据，如作者信息、出版时间、版本号等。元数据的添加有助于提高文献的检索效率和管理便利性，使用户能够更快速地找到所需资料。电子档案的管理还需要考虑数据的存储和备份问题。随着数字档案数量的增加，存储和管理的挑战也随之加剧。因此，采用高效的数据存储解决方案和定期备份措施，是确保电子档案长期安全和可用的关键。

数字化存档不仅是技术问题，还涉及古籍文献的文化和历史价值的保护。在数字化过程中，必须遵循严格的标准和规范，确保数字化结果能够忠实地反映古籍文献的原貌。在数字化过程中也需要制定合理的数字化策略和保护措施，例如，数字版权保护和数据加密，以防止数字文献的非法使用和泄露。数字化工作应当与古籍文献的实际保护工作相结合，确保古籍文献在纸质和数字化两种形态下都能够得到妥善保存与管理。

数字化存档的好处不仅在于保存和传播古籍文献，还体现在对学术研究的推动上。通过创建电子档案，研究人员可以更加便捷地访问和分析古籍文献，从而促进相关学科的发展。数字化档案的建立使文献的查阅和引用变得更加高效，有助于研究人员进行大规模的数据分析和比对。数字化存档还能够支持在线教育和公共教育，使更多的人接触到古籍文献，增加对中华优秀传统文化的了解和兴趣。

尽管数字化存档在古籍保护和传播中具有重要意义，但仍需注意一些潜在的问题。第一，数字化技术的不断发展要求对存档技术进行持续更新，以适应新的技术标准和需求；第二，数字化工作需要考虑长期的数据管理和技术支持，以确保数字档案在未来能够持续使用和可靠；第三，数字化存档应当关注古籍文献的数字化版权和使用权限，防止不当使用导致的文化损害。

2. 虚拟修复

虚拟修复技术，尤其是 3D 重建技术，在保护和恢复传统文化遗产方面发挥了重要作用。3D 建模技术能够对受损的传统文化遗产进行虚拟重建，从而还原其原貌。这项技术通过采集遗产的数字数据，构建出其三维模型，精准地再现遗产的细节和结构。对于受损的古建筑或雕塑，3D 建模技术可以通过激光扫描和照片测量等方法，获得其精确的几何数据，并使用计算机软件进行建模。这种虚拟重建不仅能使专家和研究人员了解遗产的原始状态，还能为实际修复工作提供详细的参考和指导。

虚拟修复技术可以为传统文化遗产的实际修复提供重要的参考依据。在进行实际修复之前，3D 建模技术可以帮助修复专家和工程师对遗产的结构与损坏情况进行详细的分析。这种技术可以模拟不同修复方案的效果，评估其可行性和影响，从而选择最合适的修复方法。通过在虚拟模型中模拟不同的修复材料和技术，可以比较其对遗产外观和结构的影响，从而制定出最有效的修复方案。这种虚拟修复的过程不仅提高了修复工作的科学性和准确性，还减少了实际修复中的试错成本和风险。

3D 重建技术可以为传统文化遗产的保护提供长期的数据保存和管理。通过对文化遗产进行数字化记录和建模，可以创建详尽的虚拟档案，为未来的保护和研究提供可靠的基础。这些数字档案可以保存遗产的详细信息，包括其历史背景、艺术风格和损坏情况等，从而为后续的修复和研究提供宝贵的数据资源。数字化记录还能够为公众提供在线访问和学习的机会，使更多的人能够了解和欣赏这些珍贵的文化遗产。

在虚拟修复过程中，3D 建模技术还可以增强遗产的展示效果和互动体验。通过创建虚拟展示平台和互动应用，用户可以在虚拟环境中参观和体验传统文化遗产。通过虚拟现实技术，用户可以身临其境地参观虚拟重建的古代建筑，探索其内部结构和装饰细节；通过增强现实技术，用户可以将虚拟模型叠加到现实环境中，从而获得更加生动和直观的文化体验。这种虚拟展示不仅提高了遗产的可及性，还增加了公众对中华优秀传统文化的兴趣和参与感。

3D重建技术能够促进跨学科的合作与研究。虚拟修复的过程涉及计算机科学、工程技术、艺术历史和考古学等多个领域的知识与技能。通过跨学科的合作，能够综合运用不同领域的专业知识和技术手段，提升虚拟修复的效果和质量。计算机科学家和工程师可以与艺术历史学家和考古学家合作，共同解决虚拟建模中的技术难题，并确保虚拟模型的准确性和真实性。这种跨学科的合作不仅推动了技术的进步，还提高了对中华优秀传统文化遗产保护的综合能力。

在进行虚拟修复时，需要注意对传统文化遗产的尊重和保护。在使用3D重建技术进行虚拟修复时，必须遵循相关的文化保护法规和伦理规范，确保对遗产的虚拟再现不会导致其信息的失真或误用。应确保虚拟模型的保密性和版权保护，避免未经授权的复制和传播。通过制定科学合理的管理和保护措施，可以确保虚拟修复技术的应用对传统文化遗产的保护和传承产生积极的影响。

（二）智能化文化传播

智能化文化传播在现代社会中正在成为重要的发展趋势，其中，大数据技术的应用发挥了关键作用。文化趋势分析利用大数据分析技术，能够深入研究中华优秀传统文化的传播趋势和用户兴趣，为文化政策的制定和传播策略提供有力的数据支持。通过对大量数据进行收集和分析，研究人员可以识别出中华优秀传统文化在不同地区和人群中的传播效果，从而掌握文化传播的热点和趋势。通过分析社交媒体上的讨论、搜索引擎的数据以及文化活动的参与情况，可以揭示出哪些传统文化主题最受欢迎，哪些传播方式最有效。这些数据不仅帮助文化机构和政策制定者了解当前的传播情况，还能预测未来的文化发展趋势，为制定更加精准和有效的文化传播策略提供基础。

用户行为分析通过大数据技术，可以深入了解用户在数字平台上的行为，揭示其对中华优秀传统文化的需求和偏好。这种分析方法能够帮助文化传播者识别用户的兴趣点和行为模式，从而优化文化内容和服务。通过分析用户在文化类应用程序、网站和社交媒体上的浏览记录、点击行为和互动反馈，可以了解他们对不同文化内容的兴趣程度。这样，文化内容提供者可以根据用户的偏好调整内容的主题、形式和呈现方式，使其更符合用户的需求。这种以数据为驱动的内容优化不仅提高了文化传播的精准度，还提升了用户的参与度和满意度。

进一步来说，智能化文化传播还包括利用大数据技术进行个性化推荐的应用。通过对用户行为数据的深入分析，智能化系统可以为用户提供个性化的文化推荐服务。如果系统发现某用户对传统音乐和民俗文化感兴趣，它可以推荐相关的音乐专辑、文化活动或学习资源。个性化推荐不仅能增加用户的满意度，还能提升用户对中华优秀传统文化的接触频率和深入了解。通过这种方式，中华优秀传统文化能够以更加贴近用户需求的形式呈现，从而促进其传播和普及。

智能化文化传播还可以通过数据驱动的传播策略，提升文化活动的效果和影响力。通过分析文化活动的数据，如参与人数、反馈意见、媒体报道等，可以评估活动的效果和受众的反响。这种数据分析不仅帮助组织者了解活动的成功之处和需要改进的方面，还为未来的文化活动提供参考。数据分析可以揭示出哪些类型的文化活动最受欢迎，哪些宣传渠道最有效，从而帮助组织者制定更加有效的活动策划和推广策略。这种数据驱动的策略不仅提高了文化活动的实施效果，也增强了文化传播的效率。

二、传统文化与现代科技的融合

（一）智能硬件与传统文化

1. 智能穿戴设备

智能穿戴设备的应用在健康与养生领域中，结合了中华优秀传统文化中的健康理念，为现代人提供了个性化的健康建议和指导。这种结合不仅提升了智能设备的功能性，还使优秀传统文化中的养生智慧在现代科技中得到实际应用，从而实现了文化传承与科技创新的融合。

将中华优秀传统文化中的健康与养生理念融入智能健康设备，可以为用户提供更加全面和个性化的健康管理方案。传统中医讲究"调和阴阳"，强调身体的整体平衡和个体差异。智能健康设备可以根据用户的身体数据，如心率、血压、睡眠质量等，结合中医理论中的"体质辨识"提供个性化的健康建议。智能健康设备通过实时监测用户的生理指标，并结合传统养生的原则，制定相应的饮食、运动和作息建议，从而帮助用户更好地维护健康。智能健康设备可以根据中医的体质分类，推荐适合用户体质的食疗方案和运动方式，帮助用户在日常生活中实现传统养生的目标。这种个性化的健康管理方式，不仅提升了智能设备的实用性，也使传统养生理念得到了现代科技的有效传承。

智能健康设备还可以通过数据分析和健康监测，帮助用户实现预防保健的目标。中华优秀传统文化中的健康观念强调"未病先防"，即在疾病发生之前进行预防。智能健康设备能够通过实时监测用户的健康数据，识别潜在的健康风险，并提供预防建议。设备可以监测用户的心率变化，识别异常的心率波动，并及时提醒用户进行检查或调整生活方式。这种预防性的方法不仅帮助用户及早发现潜在的健康问题，还能有效地降低疾病的发生概率，符合传统养生中"防未病"的理念。设备可以通过健康数据的长期跟踪，分析用户的健康趋势，为用户提供长期的健康管理建议，从而实现更全面的健康保障。

进一步地，智能健康设备的应用还能够促进传统养生文化的普及和教育。通过智能健康设备的互动功能，用户可以更加便捷地获取中华优秀传统文化中的养生知识。智能健康设备可以提供关于中医经络、气血调理、养生食谱等方面的知识，让用户在使用过程中了解传统养生的基本原理和方法。智能健康设备可以通过健康数据的可视化展示，帮助用户直观地理解身体健康状况与传统养生理念的关系。这种教育和普及的功能，不仅提升了用户的健康素养，还促进了传统养生文化的传播和应用。智能健康设备通过与用户的日常生活紧密结合，使中华优秀传统文化中的养生智慧得以在现代生活中得到实际应用，从而实现了文化的传承与创新。

但是，将中华优秀传统文化中的健康与养生理念与智能健康设备相结合，也面临一些挑战。传统养生理念的复杂性和多样性可能使设备的设计和实施变得困难。如何将传统的养生知识准确地转化为智能设备的功能，并且保证其科学性和有效性，是一个重要的挑战。智能健康设备的用户体验和操作便捷性也是关键因素。智能健康设备需要具备友好的用户界面和易于操作的功能，以便用户能够方便地获取健康建议和进行健康管理。数据隐私和安全问题也是需要关注的方面，用户的健康数据需要得到妥善的保护，以确保个人隐私不受侵犯。

2. 智能家居

智能家居的发展为现代生活带来了极大的便利，而将优秀传统文化元素融入智能家居设备中，既可以提升家居环境的文化氛围，也可以创造出具有个性化和文化深度的居住空间。这种结合不仅体现了中华优秀传统文化的传承，还展示了现代科技与传统艺术的完美融合。

　　将传统文化装饰融入智能家居设备，能够为现代家居环境增添浓厚的文化气息。中式风格的智能灯具和家居装饰品，利用中华优秀传统文化的设计元素，如中国结、青花瓷纹理、山水画等，不仅能美化家居环境，还能传递深厚的文化底蕴。中式风格的智能灯具通常设计成古典的灯笼形状或带有传统花纹的灯罩，这种设计不仅符合传统美学，也与现代智能技术相结合，实现灯光的智能调节和控制。这种将传统装饰与现代功能相结合的方式，使得家居环境既充满文化韵味，又具备现代生活的便捷性。

　　进一步说，优秀传统文化元素的融入还在智能家居产品的细节设计中体现。智能音箱、智能门锁等设备，可以采用中华优秀传统文化的装饰图案和材质，通过精美的工艺和设计，使这些现代科技产品在视觉和触感上都具备中华优秀传统文化的特色。智能音箱的外观可以设计成仿古的花瓶形状，配以中式木纹装饰，使其不仅在功能上满足用户需求，还能成为家居环境中的独特装饰品。同样地，智能门锁可以融入传统的雕花图案，既体现了中华优秀传统文化的精致工艺，又具备了现代安全技术的功能。这种细节设计上的创新，增强了家居环境的文化气息，使中华优秀传统文化在日常生活中得到更好的体现和传承。

　　智能家居中的传统文化装饰也可以通过智能化的方式提升用户的生活体验。传统风格的智能窗帘可以设计成具有古典图案的布艺，用户可以通过智能系统控制窗帘的开合，实现光线的智能调节，同时享受传统文化的视觉美感。智能家居系统可以通过设置不同的文化场景模式，如"古典雅居""中式风情"等，自动调整家居设备的状态和装饰风格，从而为用户创造出不同的文化氛围。这种智能化的场景设置不仅提升了家居环境的文化深度，也使传统文化在现代科技的帮助下，更好地融入用户的日常生活。

　　进一步地，智能家居中的传统文化装饰还可以促进传统工艺的创新和发展。传统的手工艺品如刺绣、雕刻等，可以与现代智能家居技术结合，创造出具有传统文化特色的智能装置。通过与工艺师合作，智能家居产品的外观和功能设计可以融入传统工艺元素，实现传统工艺与现代科技的无缝对接。这种结合不仅展示了传统工艺的艺术价值，还推动了工艺品的现代化创新，使中华优秀传统文化在现代家居环境中焕发出新的活力。

（二）传统文化与虚拟现实技术

　　数字化对传统文化的冲击主要体现在数字媒体的传播方式上。这种冲击体现在传统文化的传播形式、内容呈现以及文化价值的塑造方面，数字化技术的普及虽然为中华优秀传统文化的传播提供了新的平台，但也带来了碎片化和浅层化的处理问题。

第一，数字媒体的传播方式改变了传统文化的传播路径。传统文化以往通过书籍、演出和口述等方式传播，而数字化技术的普及使传统文化可以通过互联网、社交媒体和数字平台迅速传播。这种传播方式的变革让传统文化能够更广泛地接触到全球观众，增加了其曝光度和影响力。传统音乐、舞蹈等艺术形式可以通过数字平台上传和分享，观众可以随时随地观看和欣赏这些艺术作品。数字化技术的这种便利性无疑扩大了传统文化的受众群体，使其能够在全球范围内获得更大的关注。

第二，数字媒体的传播带来了传统文化内容碎片化问题。数字平台上的内容通常以短视频、片段和简要介绍的形式呈现，这种处理方式可能导致传统文化的深度和完整性被削弱。传统音乐在数字平台上的呈现可能只是一段短暂的片段，而无法完整展现其丰富的音乐结构和表现力。舞蹈表演可能被分割成若干个短视频，观众只能看到表演的一部分，而无法体验到整部舞蹈作品的完整性和美感。这种碎片化的呈现方式虽然方便了观众的观看，但可能削弱了传统文化的系统性和深度，使得文化内容被过度简化和表面化。

第三，数字化传播对传统文化的商业化产生了影响。数字平台的快速传播和商业化运作使传统文化的展示和传播变得更加市场化与商品化。传统文化的艺术作品可能被包装成商品，通过广告和促销手段进行推广。这种商业化的处理方式使传统文化的艺术价值和文化内涵被过度消费及商业化，从而影响其原有的文化和艺术意义。在这种情况下，传统文化可能变成了一种市场产品，其传播和展示的重点从文化价值转向了商业利益与市场需求。

第四，数字化技术可能导致传统文化的浅层化处理。在数字平台上，用户通常倾向于快速浏览和消费内容，这种趋势导致传统文化的展示和传播方式趋向浅层化。传统文化的知识和背景信息可能被简化成简短的介绍及标签，而无法深入展现其复杂的历史和文化背景。这种浅层化的处理方式虽然有助于吸引观众的注意，但可能忽视了中华优秀传统文化的深度和内涵，使观众对文化的理解停留在表面。

第五，数字化对传统文化的冲击体现在文化传承的挑战上。传统文化的传承需要代际之间的传递和深入的学习，而数字化的传播方式往往强调速度和广度，可能忽视了对传统文化深度传承的需求。传统技艺和工艺的学习通常需要长期的实践和传授，而数字化平台上的教学内容往往是简化和片段化的，这种情况可能导致传统技艺的传承面临困难。为了有效地传承中华优秀传统文化，需要在数字化传播的过程中平衡速度和深度，确保文化的精髓能够被准确传递和保存。

第六，数字化对传统文化的冲击体现在文化认同感的影响上。中华优秀传统文化的数字化传播虽然扩大了其受众群体，但也可能导致文化认同感的削弱。传统文化的独特性和地方性在数字平台上可能被稀释并淡化，观众可能对文化的原貌和价值产生误解。为了维护文化认同感，数字化传播需要在尊重和保留中华优秀传统文化的基础上进行创新，确保文化的核心价值和特点能够得到正确传达。

面对数字化对传统文化的冲击，保护和传承中华优秀传统文化需要新的策略与方法。首先，需要在数字化传播中注重内容的完整性和深度，避免传统文化的碎片化和浅层化；其次，需要平衡商业化和文化价值，确保传统文化在市场化运作中不失其艺术和文化意义；再次，需要关注传统文化的深度传承，通过数字化平台提供更加系统和全面的学习资源；最后，需要在数字化传播中保持文化的独特性和认同感，确保文化价值的准确传达。

第四节　中华优秀传统文化的网络传播与影响

一、网络传播的途径与方式

（一）社交媒体的作用

1. 平台多样性

平台多样性在现代社会中扮演了至关重要的角色，尤其是在传统文化的传播和展示方面。社交媒体平台如微信、微博、抖音等，为中华优秀传统文化提供了丰富的传播渠道，使其能够通过文字、图片、视频等多种形式进行展示。这些平台的多样性，不仅扩大了优秀传统文化的传播范围，还提高了其在公众中的认知度和影响力。微信作为一个集文字、图片、视频于一体的综合性平台，为中华优秀传统文化的传播提供了便利。通过微信公众号、朋友圈以及微信群等功能，中华优秀传统文化的相关内容可以快速传播到广泛的受众群体中。这样的传播方式不仅能实时更新信息，还能进行多角度、多层次的展示，使传统文化的传播更加丰富和立体。

微博作为一个以短信息为主的社交平台，其特点在于信息的快速传播和广泛覆盖。传统文化通过微博，利用短小精悍的文字和配图，迅速引起公众的关注。通过微博推文介绍传统节日的习俗、传统工艺的制作过程等，可以在短时间内吸引大量的用户阅读和转发。微博还支持话题讨论和互动，用户可以通过评论和转发参与传统文化的讨论。这种互动性不仅能提高中华优秀传统文化的传播效果，还能增强公众对中华优秀传统文化的兴趣和参与感。

抖音作为一个以短视频为主要内容的社交媒体平台，其优势在于视觉和听觉的双重刺激。中华优秀传统文化在抖音平台上的传播，可以通过生动的短视频形式展现传统节日的庆祝活动、传统工艺的制作过程以及传统文化的故事和传说。短视频的形式不仅能吸引年轻人的关注，还能通过音乐、特效等元素增强传统文化的表现力。通过传统工艺的制作过程视频，或者传统舞蹈的表演视频，可以使观众更加直观地感受到中华优秀传统文化的魅力。抖音的快速传播特性也有助于中华优秀传统文化内容的广泛传播和迅速传播。

社交媒体平台的多样性不仅提供了不同的传播方式，也促使优秀传统文化内容的创新和多样化。在这些平台上，优秀传统文化的展示方式可以根据平台的特点进行灵活调整。在微信上，可以通过长文章的形式深入讲解中华优秀传统文化的背景和内涵；在微博上，可以利用热点话题进行快速传播；在抖音上，可以通过创意短视频展示中华优秀传统文化的生动场景。通过这种方式，优秀传统文化内容可以得到更为全面和多样的展示，使其更容易被不同的受众群体接受和喜爱。

社交媒体平台的用户生成内容也为中华优秀传统文化的传播提供了更多的可能性。用户可以通过分享自己的优秀传统文化体验、制作的传统工艺品、参加的传统活动等，参与优秀传统文化的传播。这种用户参与的方式，不仅能丰富优秀传统文化的传播内容，还能增加传播的真实性和亲和力。用户生成的内容可以通过社交媒体平台的分享和评论，进一步扩大优秀传统文化的影响力，并促进优秀传统文化的社会认同。

2.热点话题

通过社交媒体的热点话题和流行趋势，将优秀传统文化元素与当下社会热点结合，能够显著提高优秀传统文化的曝光率和影响力。这种结合不仅可以提升中华优秀传统文化的现代相关性，还能在全球范围内吸引更广泛的关注，促进优秀传统文化的传播和传承。社交媒体作为现代信息传播的重要平台，为优秀传统文化的推广提供了新的机遇和挑战。

　　社交媒体的热点话题为优秀传统文化元素提供了广泛的传播渠道。社交媒体平台拥有大量活跃用户和广泛的传播网络。当优秀传统文化元素与这些平台上的热点话题结合时，可以利用平台的广泛覆盖面和信息传播速度，将优秀传统文化迅速传播给大规模的受众。结合传统节日如中秋节、春节等，创造相关的创意内容和活动，能够吸引大量用户的关注和参与。这种结合不仅能增强中华优秀传统文化的现代感，还能通过热点话题的热度，提升文化内容的曝光率和讨论度。

　　将中华优秀传统文化与当下社会热点相结合，能够提升优秀传统文化的现代相关性。中华优秀传统文化往往被认为是历史的遗产，但通过与当前热点话题相结合，可以使其与现代社会的关注点和趋势相联系，从而增强其对现代观众的吸引力。结合当下环保、健康生活等社会热点，将传统的环保理念、养生文化等融入相关的讨论和活动，可以使中华优秀传统文化在现代社会中展现出新的价值和意义。这种结合不仅使优秀传统文化更加贴近现代生活，还能引发更多人的兴趣和讨论，推动优秀传统文化的现代转化和创新发展。

　　进一步说，社交媒体的互动功能为优秀传统文化的传播提供了丰富的互动方式。在社交媒体平台上，用户不仅可以阅读和分享内容，还可以参与评论、点赞、转发等互动活动。这种互动功能能够让用户更加主动地参与优秀传统文化的传播，通过参与线上活动、讨论话题、分享与优秀传统文化相关的内容等方式，用户可以直接参与文化传播的过程。这种互动不仅能增加中华优秀传统文化的曝光率，还能通过用户的参与和传播，形成自发的文化推广网络，进一步扩大文化的影响力。

　　社交媒体的内容创作和分享机制，能够为优秀传统文化元素的创新提供灵活的表现形式。社交媒体平台上的用户生成内容和创作者社区，可以通过短视频、图文、直播等多种形式，将优秀传统文化以更加生动和多样化的方式呈现给观众。利用短视频平台制作关于传统手工艺、传统音乐、传统舞蹈等内容的短视频，通过创意剪辑和音乐配合，使优秀传统文化以更加吸引人的形式展现在观众面前。这种内容创作和分享机制，不仅能为中华优秀传统文化的传播注入新的创意和活力，还能通过用户的反馈和参与，促进中华优秀传统文化的创新和发展。

　　利用社交媒体的数据分析功能，可以深入了解用户对优秀传统文化内容的兴趣和需求，从而优化传播策略。社交媒体平台提供了丰富的数据分析工具，可以帮助我们了解用户的阅读习惯、互动行为、兴趣偏好等信息。这些数据可以为优秀传统文化的传播提供有价值的参考，通过分析用户对不同类型优秀传统文化内容的反馈，可以调整传播策略和内容形式，以更好地满足用户的需求和兴趣。这种数据驱动的传播方式，能够提高优秀传统文化的传播效果和精准度，确保文化内容的有效传播和影响。

在结合优秀传统文化与社交媒体热点话题时，还需注意文化内容的准确性和尊重。优秀传统文化的传播应尊重其历史背景和文化内涵，避免对优秀传统文化进行片面或误解性的演绎。在利用社交媒体热点进行传播时，应确保优秀传统文化内容的准确性和尊重性，避免出现文化误读和不当解读。这不仅能维护中华优秀传统文化的原貌和价值，还能促进文化的健康传播和发展。

（二）数字化内容的创作与传播

数字化内容的创作与传播正在引领传统文化的新兴发展方向。通过开发以传统文化为主题的数字创意产品，例如，传统文化主题的游戏、动画片和数字艺术品，不仅能提升传统文化的现代魅力，还能有效吸引年轻人的关注。这样的数字化创作不仅仅是对中华优秀传统文化的创新呈现，更是促进文化传承和传播的有效方式。

开发传统文化主题的游戏是数字化内容创作中的一个重要领域。数字游戏作为一种广泛受众的娱乐形式，具有极高的互动性和沉浸感。将优秀传统文化元素融入游戏设计，可以创造出既有趣又富有教育意义的游戏；将中国古代的历史事件、神话传说或传统节日作为游戏的背景和情节，通过游戏角色和任务让玩家体验与学习这些文化内容。通过游戏的方式，玩家不仅能享受娱乐，还能在互动中深入了解中华优秀传统文化的历史和价值。这种寓教于乐的方式，能够更好地吸引年轻人并激发他们对中华优秀传统文化的兴趣。

传统文化主题的动画片也是数字化内容创作的重要形式。动画片作为一种视觉化的叙事方式，能够生动地展现传统文化的故事和元素。通过动画技术，可以将传统的神话故事、历史人物和民间传说以生动的画面呈现出来，使其更加易于理解和接受。可以创作基于《西游记》或《红楼梦》的动画系列，将这些经典故事通过现代动画技术重新演绎，使其在视觉和听觉上都能吸引观众。这样的动画片不仅能在儿童和青少年中普及中华优秀传统文化，还能为家庭观众提供文化教育内容。

数字艺术品的创作也为优秀传统文化的传播开辟了新的途径。数字艺术品包括数字书法、数字国画和其他基于传统艺术形式的创作。通过现代数字技术，艺术家可以将传统艺术形式转化为数字格式，并在各种数字平台上进行展示和销售。这种数字艺术品不仅保留了传统艺术的核心元素，还通过数字技术的表现手法，使其更具现代感和吸引力。数字书法作品可以通过动画效果展示书法的动态美感，而数字国画则可以利用高清晰度的图像展示细腻的笔触和色彩。这种数字艺术品的创作和传播，不仅使传统艺术在现代社会中得到新的呈现，还能拓展其市场和受众群体。

同时，数字化内容的创作与传播也面临一些挑战。首先是对优秀传统文化内容的准确性和尊重。在进行数字化创作时，需要确保对优秀传统文化的理解和表现符合其原有的文化背景和精神内涵。其次是对优秀传统文化的曲解或过度商业化处理，可能会影响其真正的文化价值和意义。数字创意产品的市场竞争也非常激烈。为了在市场中脱颖而出，需要不断创新和优化产品的内容与形式，以满足不同受众的需求和兴趣。最后，版权问题也是一个不可忽视的挑战。数字化内容的创作和传播需要明确版权归属和使用权限，避免版权纠纷和侵权行为。

为了应对这些挑战，开发者和文化机构需要加强对优秀传统文化内容的研究与保护，确保数字创作的质量和真实性。通过市场调研和用户反馈，不断调整和改进数字创意产品，以提高其市场竞争力。制定和遵守相关的版权法规，保护创作者的知识产权，也是确保数字内容健康发展的重要措施。

二、网络传播的影响与挑战

（一）影响

1. 全球化影响力

全球化影响力在当今数字化时代变得越来越显著，特别是在文化传播领域。通过网络平台，中华优秀传统文化能够跨越国界进行传播，从而大幅提升中国文化在全球的影响力和认可度。网络平台的广泛应用，使中华优秀传统文化得以迅速触达全球各地的观众，为优秀传统文化的国际传播开辟了新的途径。这种全球化的传播不仅增强了中国文化的国际影响力，还促进了跨文化交流与理解。

首先，网络平台的普及使中华优秀传统文化能够迅速而广泛地传播。社交媒体、视频网站、博客和各类内容平台，为优秀传统文化的展示和传播提供了极大的便利。通过这些平台，中国的传统艺术、文学、音乐、节日庆典等内容可以在全球范围内被分享和讨论。传统节日如春节、中秋节的庆祝活动，可以通过短视频和直播等形式进行实时展示，使全球观众都能够实时体验到中国传统节日的独特魅力。这种即时性和广泛性的传播，有效地提升了中国文化在国际上的可见度和影响力。

其次，网络平台的多样化和互动性为中华优秀传统文化的传播带来了更多的可能性。通过社交媒体上的图文、视频和直播等多种形式，优秀传统文化可以以更加丰富和生动的方式呈现给观众。网络平台的互动功能允许观众参与讨论、评论和分享，使文化传播不再是单向的信息传递，而是一个双向的交流过程。观众可以在网络平台上提出问题、分享体验，甚至参与文化活动，这种互动性不仅增强了观众的参与感，也使得文化传播过程更加多元和开放。

再次，网络平台为中华优秀传统文化的国际推广提供了专业化和个性化的服务。通过数据分析和精准市场定位，网络平台可以根据用户的兴趣和需求，推送相关的文化内容。这种个性化的推广方式，使不同地域和背景的观众都能够接触到与自己兴趣相关的中国文化内容，从而提升了文化传播的效果。用户对中国传统艺术感兴趣，可以通过平台找到相关的艺术作品介绍、艺术家访谈等内容，进一步了解中国传统艺术的魅力和背景。这种精准的推广方式，使中华优秀传统文化能够在全球范围内触及更多的目标观众。

最后，网络平台促进了中国文化的国际合作和交流。通过与国际文化机构、媒体和创作者的合作，中华优秀传统文化可以在全球范围内进行推广和展示。中国的文化节庆活动可以与国外的文化节庆活动进行合作，通过联合举办展览、演出和讲座等方式，增强中国文化在国际上的影响力。这种国际合作不仅能提升中国文化的全球认可度，还能促进不同文化之间的交流与理解，从而推动文化的多样性融合。

2. 教育普及

教育普及是优秀传统文化传播的重要途径，而网络传播的兴起为这一过程提供了强有力的支持。网络平台的广泛覆盖使优秀传统文化知识能够迅速普及更大范围的受众群体。在过去，优秀传统文化知识的传播受限于地域和资源的限制，只有通过传统的书籍、讲座和展览等方式才能进行传播。随着互联网的普及，网络平台如教育网站、在线课程和社交媒体等成为优秀传统文化知识传播的重要渠道。通过这些平台，传统文化的教材、课程和资料可以迅速传播到全国乃至全球的用户面前，使更多人能够接触和学习中华优秀传统文化。通过在线教育平台，用户可以随时随地学习传统书法、古典文学、传统音乐等课程，打破了传统教育的时间和空间限制。

网络传播在教育领域的应用，为传统文化的教学提供了丰富的资源和创新的教学方式。通过网络平台，教师和教育机构可以制作和发布多媒体教学资源，如视频讲解、电子书和互动课程等。这些资源不仅能以生动和直观的方式呈现中华优秀传统文化的内容，还能提升教学的互动性和趣味性。传统音乐课程可以通过视频演示乐器的演奏技巧，通过互动软件进行在线学习和练习；古典文学课程可以通过电子书和在线讨论平台，促进学生对经典作品的深入理解和分析。这种丰富的资源和创新的教学方式，不仅提高了传统文化教育的质量，也激发了学生的学习兴趣和参与感。

进一步说，网络传播能够有效地促进传统文化的跨学科和综合性教育。中华优秀传统文化不仅涉及文学、艺术和历史等多个学科，还涉及哲学、伦理和社会等广泛领域。通过网络平台，教育机构可以整合不同学科的资源，进行跨学科的传统文化教育，如设计综合性的课程项目，结合历史、文学和艺术等多个学科，探讨传统文化的多维度和综合性。这种跨学科的教育模式不仅能提升学生对中华优秀传统文化的全面认识，还能培养他们的综合思维能力和批判性思维。

在网络传播的过程中，社交媒体平台的作用不可忽视。社交媒体平台如微信、微博、抖音等不仅能迅速传播中华优秀传统文化的知识，还能促进公众对中华优秀传统文化的参与和讨论。通过微博和微信，用户可以分享和讨论优秀传统文化的文章、图片和视频，形成广泛的社会关注和讨论氛围，通过抖音等短视频平台，可以制作和传播有趣的优秀传统文化内容，如传统节日的庆祝活动、传统手工艺的制作过程等，吸引更多年轻人关注和学习中华优秀传统文化。这种互动和参与的方式，增强了优秀传统文化的传播效果，也提升了公众对优秀传统文化的认同感和兴趣。

此外，网络传播还能够促进传统文化教育的个性化和定制化。通过数据分析和人工智能技术，网络平台可以根据用户的兴趣和需求，推荐个性化的学习内容和资源。根据用户的学习历史和兴趣爱好，推荐相关的传统文化课程、讲座和活动，通过在线学习平台的自适应学习系统，为用户提供量身定制的学习计划和反馈。这种个性化的教育模式，不仅提高了学习的效率和效果，还能满足不同用户对优秀传统文化学习的需求。

（二）挑战

在现代数字化时代，优秀传统文化的传播面临着多种挑战，其中，信息过载和文化商业化是两个显著的问题。首先，信息过载是指在网络环境中，信息量的极大增加可能导致用户难以有效地处理和筛选信息，从而影响优秀传统文化的传播效果。在海量的信息中，优秀传统文化的内容往往被淹没在大量的娱乐新闻、社交动态和商业广告中。这种现象使得优秀传统文化的传播可能面临被忽视或被误解的风险。当用户在社交媒体上浏览时，优秀传统文化的相关信息可能被大量的即时消息和热门话题所掩盖，用户难以深入了解优秀传统文化的真正内涵。信息过载不仅削弱了优秀传统文化的传播力度，还可能导致公众对优秀传统文化的认知变得表面化和片面化。

其次，文化商业化是一个亟待解决的挑战。网络传播中的优秀传统文化内容可能会被过度商业化，影响其原有的文化价值和意义。商业化的过程往往会使优秀传统文化的元素被过度包装和迎合市场需求，从而脱离了其本来的文化背景和内涵。一些传统工艺品在网络平台被打上了商业标签，通过夸张的营销手段吸引消费者，这种做法可能会导致传统工艺品的文化意义被削弱。在追求经济利益的过程中，优秀传统文化的深层次价值和历史背景往往被忽视，导致其文化本质和社会功能受到损害。

进一步来说，信息过载和文化商业化可能相互交织，形成更为复杂的挑战。信息过载可能导致优秀传统文化的商业化趋势加剧，因为在大量的商业信息中，文化内容往往需要通过市场化的方式吸引注意力。为了在众多产品中脱颖而出，一些文化产品可能被过度包装成时尚潮流商品，这种市场化操作不仅使文化元素被简化，还可能使其与优秀传统文化的真正内涵脱节。这种现象不仅影响了优秀传统文化的传播效果，也影响了公众对优秀传统文化的真实认知。

信息过载和文化商业化还可能对优秀传统文化的保护与传承产生负面影响。信息过载使优秀传统文化的传播变得碎片化和浅层化，难以形成系统的、深入的文化传承；而文化商业化则可能导致一些优秀传统文化资源过度开发和利用，从而对文化遗产的保护产生威胁。一些传统节日和习俗在商业化过程中可能被简化或改编，失去了其原有的文化深度和历史意义。这种情况不仅影响了优秀传统文化的完整性，也阻碍了文化的长期传承和发展。

第六章 中华优秀传统文化的国际传播

第一节 中华优秀传统文化在全球化背景下的挑战

一、文化同质化的影响

（一）全球文化的融合

在当前的全球化背景下全球文化的融合显著影响了文化标准化的进程。全球化促进了文化产品和消费习惯的标准化，使得传统文化特色在全球市场中的差异性逐渐被削弱，这一现象的表现尤为明显地体现在西方文化产品和品牌的主导地位上。

全球化的推动使得文化产品的标准化成为一种趋势。现代通信技术和国际贸易的发展，使得各国市场上的文化产品和消费习惯趋向一致。以西方文化产品为例，全球范围内的影视、音乐、时尚等领域都被大量的西方品牌和作品所占据。这种标准化的现象体现在大型跨国公司的品牌和产品在世界各地的一致性，如快餐连锁、流行音乐和好莱坞电影。这种标准化不仅满足了全球化市场对统一消费体验的需求，也使得本土文化的独特性在全球市场中逐渐消失。全球连锁餐饮品牌如麦当劳和星巴克，通过标准化的产品和服务模式，成功地在不同国家和地区建立了相似的消费体验。这种标准化的趋势使全球消费者在面对文化产品时，越来越多地接触到相同的文化内容和消费模式，从而削弱了优秀传统文化的多样性和差异性。

进一步地，全球化带来的文化标准化也影响了优秀传统文化的传播和发展。优秀传统文化往往具有独特的地域性和文化背景，但在全球市场中，这些独特性容易被全球化的标准化文化产品所替代。传统节日和风俗在全球化的影响下，可能被简化为商业化的节庆活动，如圣诞节和情人节的全球庆祝形式。这种文化的统一化趋势不仅改变了优秀传统文化的表现形式，还影响了其在全球范围内的传播和认同。某些国家的传统节日被包装成全球化的庆祝活动，使其原有的文化内涵和特色被弱化。这种现象使优秀传统文化在全球市场中面临着被边缘化和被稀释的风险，从而影响了优秀传统文化的传承和发展。

全球化的文化标准化还对本土文化产业的发展带来了挑战。随着全球化的深入发展，许多本土文化产业面临着来自全球文化产品的激烈竞争。本土文化产业往往难以与国际大品牌的标准化产品相抗衡，导致本土文化产品的市场份额减少。在许多国家，本土电影和音乐产业面临着好莱坞大片和西方流行音乐的强大竞争，这种竞争不仅影响了本土文化产业的经济利益，还对其文化表达和创作自由造成了压力。全球化带来的标准化趋势，使得本土文化产业在全球市场中的竞争力受到限制，从而影响了文化的多样性和本土文化的生存空间。

（二）本土文化的稀释

本土文化的稀释是现代化进程中的一个重要现象，尤其在全球市场的推动下，传统文化经常被简化成符号化的、表面化的形式。这种现象使传统文化的深层次内涵逐渐丧失，而传统工艺也常被转化为商业化的纪念品，从而影响了文化的传承和真实表现。

传统文化在全球市场的适应过程中，常常被简化成符号化的形式。这种符号化的简化往往忽视了文化的复杂性和深层次的历史背景，将其转化为容易理解和接受的表面形式。一些传统的节日习俗和仪式被浓缩为简单的庆祝活动，失去了原有的宗教和文化意义。在商业化的推广下，这些节日习俗可能被简化为节日促销活动，强调消费而非文化传承。这种现象使传统文化的真实内涵被稀释，无法传达其原有的文化价值和意义。

进一步地，传统工艺的简化也是本土文化稀释的一个显著表现。为了适应现代市场的需求，传统工艺品往往被商业化地生产和销售，这些工艺品可能被转化为表面化的纪念品。传统的手工艺品如陶瓷、刺绣等，被简化为市场上常见的廉价商品，而这些商品的生产过程往往忽视了传统工艺的精细技艺和文化背景。这种商业化的简化使传统工艺失去了其独特的艺术价值和文化深度，从而影响了文化的真实表现和传承。

另外，本土文化稀释还体现在对传统文化的表面化呈现上。在现代社会中，传统文化常常被以迎合观众口味的方式进行展示，以吸引大众的关注和消费。这种表面化的呈现方式往往忽视了传统文化的多样性和复杂性，将其简化为单一的符号或形象。在电影、电视剧和旅游产品中，优秀传统文化元素常常被用作视觉效果和情节背景，但这些呈现方式往往缺乏对文化背景和历史的深入探讨，导致观众只能看到传统文化的外在形式，而无法真正理解其深层次的文化含义。

进一步说，传统文化的稀释也可能对文化的教育和传播产生负面影响。当传统文化被简化为表面化的形式时，它在教育和传播中的作用也受到限制。学生和公众在接触与学习传统文化时，往往只能了解其表面的符号和形式，而缺乏对其内涵和背景的深刻理解。这种现象可能导致文化的误读和误解，影响了文化教育的效果和文化认同的形成。

二、技术进步带来的文化挑战

（一）全球化信息流对文化认知的影响

全球化信息流对文化认知的影响是复杂而深远的，其中一个显著的影响就是文化误读与滥用。随着信息技术的迅猛发展，全球化使各种文化元素得以在更广泛的范围内传播。这种信息流动也带来了一些问题，其中最突出的问题之一就是传统文化的误读或滥用。这种现象不仅影响了文化的真实性，还导致了文化认知的扭曲和误解。

文化误读在全球化信息流中表现得尤为突出。优秀传统文化元素在被传播到不同文化背景的地区时，往往会被断章取义或片面理解。某些西方国家在宣传中国传统节日时，可能只关注节日的表面现象，而忽略了其深层次的文化意义和历史背景。这种片面的传播容易导致受众对传统文化产生误解，进而影响他们对传统文化的整体认知。类似的情况也发生在其他文化元素的传播中，如传统的服饰、艺术作品等被简化为商业化的产品或时尚符号，而忽视了其真正的文化内涵。

滥用优秀传统文化元素是另一个全球化信息流带来的问题。当优秀传统文化元素被过度商业化或用于迎合市场需求时，往往会出现滥用的现象。某些商品可能将优秀传统文化符号与现代设计相结合，但这种结合往往只是为了吸引消费者，而并非真正尊重和理解中华优秀传统文化。这种滥用不仅降低了优秀传统文化元素的真实价值，还导致了文化的异化和边缘化。滥用现象的普遍存在，也可能引发文化挪用的问题，即将文化元素从其原有背景中抽离，进行不适当的使用。

文化误读和滥用还会导致文化认同的混乱。当优秀传统文化被错误理解或滥用时，可能会影响文化的传承和认同感。一些优秀传统文化的核心理念和价值观被误解后，可能会使得本国的文化认同感受到冲击。在全球化的背景下，文化认同的混乱不仅仅影响到个体，更影响到整个社会的文化稳定性。人们在面对被误读或被滥用的文化元素时，可能会对自己文化的真实性产生怀疑，从而削弱对优秀传统文化的认同感和自豪感。

为了应对这些挑战，需要采取多方面的措施保护和正视中华优秀传统文化。教育和宣传是关键，通过加强对优秀传统文化的教育和宣传，可以提高公众对优秀传统文化的理解和尊重。教育机构应设立专门的课程，深入讲解优秀传统文化的历史背景和核心价值，使学生能够在全球化的信息流中保持文化的正确认知。媒体和文化机构应承担起传播真实文化信息的责任，避免对优秀传统文化的误读和滥用。

（二）文化消费的浅层化

在全球化的信息流和消费文化的影响下，传统文化逐渐被纳入消费品的范畴，这种现象也带来了传统文化深层次价值和意义的浅层化问题。传统文化的外在表现被转化为市场化的产品和符号，虽然这种转化带来了文化的广泛传播，但也可能使传统文化的本质和深层含义被忽视与稀释。通过对这种现象的探讨，可以更好地理解文化消费的影响，并寻求保护和传承优秀传统文化的有效途径。

全球化的信息流促进了传统文化市场化，使其成为消费品的一部分。在全球化的背景下，各种文化元素被迅速传播并融入市场，传统文化也不例外。汉服、书法、传统手工艺等文化元素被设计成商业产品，进入市场流通。在这种市场化的过程中，传统文化的形式和外观被强调，以吸引消费者的关注和购买。这种市场化的转变往往关注的是文化的表层，而忽视了其深层次的历史背景和文化意义。这种浅层化的处理方式虽然能够促进文化的商业价值，但也可能导致文化内涵的丧失和误解。

传统文化的深层次价值在消费过程中容易被忽视。当传统文化被转化为消费品时，其文化的历史和内涵常常被简化为满足市场需求的外在形式。传统节日的庆祝活动被商业化的礼品和装饰品所替代，传统节日的原有意义和文化价值可能被简化和被模糊。消费者在购买这些文化产品时，可能更关注产品的外观和功能，而忽视了其中蕴含的文化价值。这种浅层次的消费模式不仅削弱了传统文化的深厚背景，也导致消费者对传统文化的认识变得片面和肤浅。文化消费的浅层化问题也体现在对传统文化教育和传承的影响上。由于传统文化在市场中被简化为消费品，其教育和传承的重点可能被忽视。教育机构和文化机构在推广传统文化时，可能更倾向于以市场化的方式进行展示和销售，而不是深入探讨其历史和哲学背景。这种浅层次的传播方式，虽然能够吸引公众的注意，但可能无法有效传递中华优秀传统文化的深层价值和意义。中华优秀传统文化的传承和教育应注重文化的真实内涵和历史背景，而不仅仅是其表面的形式和外观。

解决文化消费浅层化的问题，需要在推动传统文化市场化的同时，注重保护和传承其深层次的文化价值。可以通过多元化的文化传播方式，增加传统文化的深度和广度。在传统文化产品的设计和推广中，注重介绍其历史背景和文化内涵，增强消费者对文化产品的理解和认同。教育机构和文化机构应加强对传统文化的教育和研究，推广文化的真实内涵和历史背景，使公众在了解文化产品的同时，也能理解其背后的文化价值。通过这些措施，可以在市场化的过程中保持传统文化的深层次价值，避免其被简化为纯粹的消费品外壳。

第二节　中华优秀传统文化的
跨文化传播策略

一、传统文化在国际平台上的传播

（一）国际文化交流活动

国际文化交流活动是推动中华优秀传统文化走向世界的重要途径。通过参加和组织国际文化节、展览等活动，可以有效展示中华优秀传统文化的独特魅力和深厚底蕴，如书法展、传统工艺展等，这不仅提升了中国文化的国际知名度，也促进了跨文化交流和理解。这样的国际文化交流活动为优秀传统文化的传播和全球认同提供了新的平台与机会。

国际文化节作为展示中华优秀传统文化的一个重要平台，能够有效地提升中华优秀传统文化的国际知名度。国际文化节通常是一个综合性的文化交流活动，汇聚了来自不同国家和地区的文化表现形式。通过参与这些文化节，中国可以展示书法、传统音乐、舞蹈、戏曲等丰富的文化内容。这些展示不仅让国际观众直接感受到中华优秀传统文化的魅力，还能增进对中国传统艺术的了解和认同。通过展示中国的传统节日如春节、端午节的庆祝活动，可以让外国观众了解这些节日的起源、习俗和文化内涵，从而增强他们对中国文化的兴趣和认识。

国际文化展览提供了一个专注于中华优秀传统文化的展示平台，能够深入展示中国的艺术和工艺品。书法展、传统工艺展等专题展览可以集中展示中国传统艺术的精华，如书法的不同风格、传统工艺的制作过程和成品效果等。这种专题展览不仅能展示优秀传统文化的细节，还能通过实物展示和互动体验，使观众更深入地了解中华优秀传统文化。书法展可以展示从古代到现代的各种书法作品，通过现场书法表演和讲解，向观众展示书法艺术的技巧和历史背景。传统工艺展则可以展示中国的丝绸、陶瓷、刺绣等工艺品，并通过工艺师的现场演示，让观众感受到这些工艺的制作过程和文化价值。

国际文化交流活动还可以通过举办文化讲座、工作坊和互动体验，进一步深化文化交流和理解。通过组织文化讲座，专家可以向国际观众讲解中华优秀传统文化的背景、发展和现状，分享对中国传统艺术的研究成果和见解。工作坊则可以提供参与者亲身体验传统艺术的机会，例如，学习书法、制作传统工艺品等。这种亲身体验不仅增强了观众对中华优秀传统文化的理解，还使他们能够通过实践感受到优秀传统文化的独特魅力。互动体验活动如传统音乐和舞蹈的现场演奏，也能够引起观众的兴趣，让他们更生动地感受到中华优秀传统文化的魅力。

（二）文化产品的全球推广

文化产品的全球推广已成为提升国家文化影响力和经济发展的重要策略。跨国文化产品的营销，特别是具有中华文化特色的产品，如传统工艺品和文化衍生品，通过国际市场的推广，能够有效塑造全球品牌形象。这种营销策略不仅有助于推动中国文化走向世界，还能提升文化产品的市场价值和全球认知度。通过精准的市场定位和创新的营销手段，中华文化产品能够在国际市场中占据一席之地，实现文化与商业的双赢。

跨国文化产品的营销需要深入理解和把握国际市场的需求与趋势。不同国家和地区对文化产品的需求与偏好各异，了解这些市场特点有助于制定有效的营销策略。某些国家对中国传统工艺品如丝绸、瓷器等具有较高的兴趣和需求，而其他国家则可能更青睐具有现代设计感的文化衍生品。通过市场调研和数据分析，能够明确目标市场的消费习惯和文化喜好，从而制订针对性的产品推广计划。这种精准的市场定位，可以提高文化产品在国际市场中的竞争力和吸引力。

品牌形象的塑造是跨国文化产品营销中的关键环节。通过打造具有中华文化特色的全球品牌形象，可以增强产品的文化附加值和市场认同感。传统工艺品如中国风筝、剪纸等，可以通过强调其历史传承和工艺精湛，提升品牌的文化认知度。品牌形象的塑造不仅是产品设计和包装的工作，还包括品牌故事的传播和文化价值的传递。通过讲述品牌背后的文化故事和历史背景，可以增加消费者对品牌的情感认同，从而提升品牌的全球影响力。

在跨国文化产品的营销过程中，数字营销和电子商务平台的应用也发挥了重要作用。利用互联网技术和数字化工具，可以实现全球范围内的产品推广和销售。通过建立多语言的电商平台和社交媒体账户，中华文化产品能够在国际市场上获得更广泛的曝光和认可。通过在国际电商平台销售中国传统工艺品，能够接触到全球的潜在消费者。社交媒体平台，可以用于发布产品信息、分享文化故事和与消费者互动，从而提升品牌的全球知名度和影响力。

与国际市场中的合作伙伴建立战略合作关系，也是跨国文化产品营销的重要策略。通过与当地的经销商、零售商和文化机构合作，可以有效地拓展市场渠道和提升产品的市场渗透率。与国际知名的百货公司或购物中心进行合作，可以在其销售网络中引入中华文化产品，从而增加产品的市场覆盖面。与国际文化节庆、展览和博览会合作，能够将中华文化产品直接展示给全球的文化爱好者和专业人士，提升品牌的国际形象和市场影响力。

二、跨文化传播中的文化适应与交流

（一）文化适应策略

文化适应策略中的本土化内容调整，是确保中华优秀传统文化在全球传播过程中与不同国家和地区的文化特点相契合的关键步骤。进行本土化内容调整能够使中华优秀传统文化内容更加符合目标国家和地区的文化与审美标准。在跨文化传播中，直接翻译和传播优秀传统文化内容可能导致文化冲突或误解，因此，需要根据目标受众的文化背景和价值观，对内容进行适当的调整。这种调整不仅涉及语言的翻译，还包括文化符号、习俗和表现形式的本土化。将中国古代节日的庆祝活动介绍给西方国家时，可以根据西方国家的节日习俗进行适当的调整，使其更符合当地的文化环境，同时，保留中华传统节日的核心精神和内涵。这种调整能够使优秀传统文化内容更容易被目标受众接受和理解，从而提高文化传播的效果和影响力。

本土化内容调整有助于提高中华优秀传统文化在不同国家和地区的市场适应性与商业价值。随着全球化进程的推进，越来越多的企业和文化机构希望将中华优秀传统文化融入国际市场。在进行市场推广时，仅仅依靠原汁原味的文化内容往往难以满足不同市场的需求。因此，通过本土化调整，将优秀传统文化元素与当地的流行趋势和消费者偏好相结合，可以有效地提升产品和服务的市场竞争力。在推出与优秀传统文化相关的文创产品时，可以结合当地的设计风格和消费习惯进行调整，从而增加产品的吸引力和销售潜力。这种市场适应性的调整，不仅能促进中华优秀传统文化的商业化发展，还能为企业和文化机构带来新的商业机会与收益。

本土化内容调整能够促进不同文化之间的交流与融合。在全球化的背景下，不同国家和地区之间的文化交流与融合变得越来越重要。通过对中华优秀传统文化内容进行本土化调整，可以在保持文化核心价值的基础上，促进不同文化之间的相互理解和认同。在推广中国传统艺术时，可以结合当地的艺术风格和表现形式，创造出具有跨文化特征的艺术作品，这不仅能展示中华优秀传统文化的独特魅力，还能促进艺术创作的多样性和创新性。这种跨文化的融合与交流，不仅能丰富和多元化全球文化景观，还能增进各国人民之间的文化理解和友谊。

本土化内容调整还能够提高中华优秀传统文化教育和宣传的效果。在国际化的教育和宣传活动中，直接引用和传播原版的优秀传统文化内容可能无法达到预期的教育效果。因此，通过对内容进行本土化调整，可以更好地适应目标受众的认知水平和教育需求。在国际学校和文化机构中开展中华优秀传统文化教育时，可以根据学生的年龄、背景和兴趣，调整教学内容和方法，使其更符合学生的学习习惯和认知能力。这种调整不仅提升了教育的针对性和有效性，还激发了学生对中华优秀传统文化的兴趣和热情，从而达到更好的教育效果和宣传效果。

（二）文化交流中的互动合作

在文化交流的过程中，互动合作的模式尤为重要，其中，文化大使和传播者的角色发挥了至关重要的作用。首先，培养和委派文化大使是推动国际文化交流的有效方式。文化大使是那些在国际社会中具有广泛影响力的人士，他们通过自己的影响力和网络，向外国观众介绍中华优秀传统文化，从而增进跨文化理解。

政府和文化机构可以挑选在国际舞台上有显著成就的艺术家、学者或名人担任文化大使，他们不仅能在全球范围内展示中华优秀传统文化的独特魅力，还能通过个人的经历和故事，使外国观众对中华优秀传统文化产生浓厚的兴趣和深刻的认同。文化大使的作用在于利用其国际影响力和资源，将优秀传统文化以生动且具吸引力的形式介绍给全球受众，从而促进文化的传播和交流。

其次，文化传播者在国际文化交流中的作用同样不可忽视。文化传播者包括那些专门从事文化交流和推广的专业人士，他们负责组织文化活动、策划展览、举办讲座等，以促进中华优秀传统文化在国际上的传播。通过与外国文化机构、教育机构和媒体的合作，文化传播者能够策划并执行多样化的文化交流活动。例如，举办中华传统音乐和舞蹈的国际巡演、展览中国传统书画的艺术展览等，这些活动不仅展示了中华文化的丰富内涵，还为国际观众提供了直接的文化体验。文化传播者的工作不仅仅限于文化活动的组织，还包括与外国文化界的沟通和合作，以确保中华文化能够以恰当的方式被介绍和理解。

进一步来说，文化大使和传播者之间的互动合作也是推动文化交流的关键。通过建立有效的沟通和合作机制，文化大使和传播者可以共同策划并实施文化交流项目，从而实现资源的共享和优势互补。在策划一次国际文化交流活动时，文化大使可以通过其国际人脉和影响力帮助传播者联系外国的文化机构与媒体，而传播者则可以提供专业的文化策划和组织能力。这种合作不仅提高了文化交流活动的效果和影响力，也确保了中华优秀传统文化能够在国际上得到准确和全面的展示。

文化大使和传播者的合作还可以促进对中华优秀传统文化的多角度解读与展示。通过多样化的文化活动和交流项目，可以从不同的视角展示中华文化的各个方面，包括历史、艺术、哲学和社会习俗等。可以通过组织以中国传统节日为主题的文化活动，展示中国的节日习俗和传统习惯；可以通过举办关于中国哲学和思想的讲座，深入探讨儒家、道家等优秀传统文化思想。这种多角度的展示不仅丰富了外国观众对中华文化的理解，也促进了跨文化对话和交流。

第三节　中华优秀传统文化的国际推广

一、中华优秀传统文化的全球传播渠道

（一）文化交流平台

文化交流平台在促进国际文化理解和传播中扮演了至关重要的角色。通过国际文化节和展览的展示，以及学术交流与讲座的组织，中华优秀传统文化得以在全球范围内广泛传播和深入介绍。这些平台不仅提供了展示中华优秀传统文化精髓的机会，还促进了跨文化学术讨论和理论传播，增强了不同文化间的相互理解和尊重。

国际文化节和展览为中华优秀传统文化的展示提供了重要平台。参加这些国际活动可以将中华优秀传统文化的独特魅力呈现给全球观众，使其在国际舞台上获得认可。国际文化节通常汇聚了来自不同国家和地区的文化展览与表演，通过舞台演出、手工艺展示、传统音乐和舞蹈等形式，让观众直接感受中华优秀传统文化的丰富性和多样性。这些文化节不仅展示了中国传统艺术和风俗，还通过互动和体验环节，让观众更加深入地了解中国的文化背景和历史。在国际文化节上展示的中国传统戏曲、民间工艺，以及美食，不仅引起了观众的浓厚兴趣，也增加了观众对中华优秀传统文化的认知和欣赏。

进一步地，国际展览为中华优秀传统文化提供了系统化的展示平台。通过专题展览的形式，中华优秀传统文化的各个方面得以在国际上全面呈现。通过设置中国历史文化主题的展馆，展示中国古代文物、书画艺术、传统手工艺等，可以系统地介绍中华优秀传统文化的历史脉络和艺术成就。这种系统化的展示方式，不仅能让国际观众对中华优秀传统文化有更为全面的了解，还能引发国际观众对中国历史和文化遗产的深入思考。展览中的详细介绍和讲解，帮助观众理解中华优秀传统文化的背景和价值，同时，也促进了文化之间的对话和交流。

学术交流与讲座在介绍中华优秀传统文化的历史和理论方面具有重要作用。组织国际学术会议和讲座，能够提供深入的学术讨论平台，探讨中华优秀传统文化的各个方面。这些学术活动通常邀请来自不同国家的学者和专家，就中华优秀传统文化的历史、哲学、艺术等进行深入探讨和交流。国际学术会议可以涉及中

国古代哲学、文学、艺术等领域，通过学术论文的发表和讨论，深入剖析中华优秀传统文化的内涵和发展。讲座和研讨会也能够介绍中华优秀传统文化中的重要理论和理念，如儒家思想、道家哲学等，使国际观众能够更好地理解这些文化理论的形成和影响。通过学术交流，中华优秀传统文化的学术价值和理论贡献得到认可，也为跨文化的学术合作提供了基础。

（二）媒体与数字传播

媒体与数字传播在现代信息时代中扮演着重要角色，尤其是传统媒体在传播中华优秀传统文化方面仍然具有不可替代的作用。利用国际电视台、广播电台和报纸等传统媒体，可以有效地向全球观众传播中华优秀传统文化，促进文化的跨国交流和认知。

国际电视台作为传统媒体的重要组成部分，能够发挥强大的文化传播作用。通过国际电视台，中华优秀传统文化可以以多种形式展现给全球观众，如纪录片、文化节目和专题报道。制作关于中国古代历史、传统节日或现代文化的纪录片，可以让国际观众深入了解中华优秀传统文化的丰富内涵和独特魅力。这些纪录片通过生动的影像和详细的讲解，能够有效地传达中华优秀传统文化的精髓，使观众在视觉和听觉上得到全面的体验。国际电视台还可以通过文化交流节目邀请中国的文化名人、艺术家和学者进行访谈，介绍中华优秀传统文化的不同方面，增强国际观众对中华优秀传统文化的兴趣和认同感。

进一步说，广播电台在中华优秀传统文化传播中也扮演着重要角色。广播电台通过声音有效地传播中华优秀传统文化的音响艺术和语言魅力。首先，广播电台可以制作关于中国传统音乐、民间故事和文化习俗的节目，通过专业的讲解和生动的语言，让听众了解中华优秀传统文化的韵味。特别是，在国际广播电台中，通过设置专门的文化节目，可以向全球听众介绍中国的音乐、诗词、戏剧等艺术形式，让他们在聆听中感受中华优秀传统文化的独特魅力。其次，广播电台可以利用其即时性和广泛覆盖的优势，进行文化宣传和推广活动，提高中华优秀传统文化在国际上的知名度和影响力。

报纸作为传统媒体的重要形式，依然在传播中华优秀传统文化中发挥着不可或缺的作用。报纸不仅能通过文字报道详细介绍中华优秀传统文化的历史背景、艺术形式和社会风俗，还能通过专栏、评论和特刊等形式进行深入分析与讨论。报纸可以设置专门的文化版块，定期刊登有关中国文学、艺术和历史的文章，为读者提供丰富的文化知识和背景信息。报纸还可以通过与国际媒体合作，刊登关于中华优秀传统文化的专题报道和评论，向全球读者传递中华优秀传统文化的独特观点和价值观。这种深入而系统的报道形式，能够帮助读者更好地理解中华优秀传统文化的多样性和复杂性。

传统媒体在传播中华优秀传统文化时，能够利用其权威性和影响力，增强文化传播的可信度和权威性。国际电视台、广播电台和报纸等传统媒体拥有成熟的新闻制作与传播机制，其报道内容往往被认为具有较高的可信度和权威性。通过这些传统媒体传播中华优秀传统文化，可以提升文化传播的权威性和认可度，使中华优秀传统文化在国际社会中获得更多的关注和尊重。此外，传统媒体还能够通过与文化机构、教育机构和政府部门的合作，组织文化交流活动和讲座，进一步推动中华优秀传统文化的传播和交流。

二、中华优秀传统文化的国际认同与融合

（一）教育与语言推广

教育与语言推广的结合对于中文教育的全球推广起到了关键作用，尤其是通过设立孔子学院等机构的方式，中文教育不仅扩大了其国际影响力，还促进了跨文化交流和理解。这种推广方式通过多种渠道和手段，推动了中文语言和中国文化在全球范围内的传播。

设立孔子学院是中文教育国际推广的重要举措。孔子学院作为推广中文教育和传播中国文化的专业机构，其设立在世界各地的多个国家和地区，旨在为非中文国家的学生和公众提供高质量的中文教育与文化交流平台。通过孔子学院，学习者能够接触到标准的中文语言课程、文化活动和相关资源。这种机构不仅提供语言教学，还组织丰富的文化活动，如书法、音乐、舞蹈等，以帮助学习者更全面地理解和体验中国的优秀传统文化。孔子学院的设立有效地弥补了国际中文教育资源的不足，为全球范围内的学习者提供了便捷的学习途径。

中文教育的国际推广体现在课程和教材的国际化上。为了满足不同国家和地区对中文学习的需求，中文教育机构不断开发和完善适应国际市场的课程与教材。这些课程和教材不仅注重语言技能的培养，还融入了中国的社会、文化和历史内容，使学习者能够在学习中文的同时更好地了解中国的背景。针对不同年龄段和语言水平的学习者，提供从初级到高级的中文课程，确保每个学习者都能够根据自己的需要选择合适的学习内容。教材的编写也越来越注重跨文化交流，帮助学习者理解中文的实际使用场景和文化背景。

中文教育的国际推广还包括培训和支持本地教师。通过对当地中文教师的培训和支持，提升他们的教学水平和对中国文化的理解，使他们能够更有效地教授中文。这种培训通常包括对中文教学方法的更新、教学资源的提供，以及对中国文化的深入了解。通过这些措施，本地教师能够更好地适应不同文化背景下的教学需求，提高中文教学的质量和效果。教师的培训和支持还包括建立教师交流平台，促使国际中文教育界的合作与共享经验。

（二）语言交换与文化体验

语言交换与文化体验是增进对中华优秀传统文化认同感的重要途径。这些活动不仅能帮助参与者提高语言能力，还能深化他们对中华优秀传统文化的理解和感受。语言交换项目是一种文化交流形式，为不同语言背景的人们提供了互相学习语言的机会。在这种项目中，参与者可以通过与母语为中文的人进行交流，深入了解中文的语言特点和文化背景。通过语言交换，参与者不仅能提升自己的语言技能，还能在实际交流中体验到中华优秀传统文化的独特魅力。在学习中文的过程中，参与者可能会接触到中国的传统习俗、节日庆典和生活方式，从而对中华优秀传统文化有更直观的认知。

语言交换项目的优势在于其互动性和实践性。在这种项目中，参与者不是被动地接受语言知识，而是通过与母语者的交流，积极参与文化体验。参与者可以通过语言交换了解中国的地方方言、俚语和俗语，这些语言细节往往包含着丰富的文化信息。语言交换中的对话和互动，也使参与者能够直接体验到中国社会的礼仪习惯和沟通方式。这种真实的语言实践，不仅帮助参与者提高语言能力，还能增强他们对中华优秀传统文化的认同感。

文化体验活动是另一种增进中华文化认同感的有效方式，通过实际参与和体验，使人们能够更深入地了解和感受中华优秀传统文化。这些活动可以包括传统节日庆典、手工艺制作、茶道体验等。通过参与这些活动，参与者能够亲身感受到中华优秀传统文化的独特魅力。在参与中国春节的庆祝活动时，参与者不仅能了解春节的历史和习俗，还能体验到节日的氛围和庆祝方式。类似地，参与传统手工艺制作，如书法或剪纸，能够让参与者感受到中华优秀传统文化的艺术美学和工艺技巧。这种实践性的文化体验，有助于加深对中华优秀传统文化的理解，并增强对中华优秀传统文化的认同感。

文化体验活动的多样性也是其吸引力所在。通过设置各种类型的文化活动，可以满足不同参与者的兴趣和需求。组织中国传统音乐会、京剧表演或传统舞蹈演出，能够让参与者欣赏到中华优秀传统文化的艺术表现力；安排中国美食烹饪课程，能够让参与者了解中华饮食文化的丰富多样。这些活动不仅丰富了参与者的文化体验，还能够为他们提供一个多元的文化视角，从而更全面地理解中华优秀传统文化的内涵。

第四节　中华优秀传统文化在国际社会中的影响力

一、文化交流与合作

（一）国际文化交流平台的建设

国际文化交流平台的建设在促进中华优秀传统文化的全球展示和交流中扮演了重要角色。特别是各类国际文化节，如中国文化节和丝绸之路国际文化节，为中华优秀传统文化的国际传播提供了宝贵的机会。这些文化节不仅展示了中国丰富的历史和文化，还促进了不同国家和地区之间的文化互动与理解，推动了文化的全球化发展。

国际文化节为中华优秀传统文化提供了一个全球性的展示平台。在中国文化节等活动中，来自不同国家的观众可以通过展览、表演、讲座等多种形式，直观地感受到中华优秀传统文化的魅力。中国文化节常常包括书法、国画、传统音乐、舞蹈等展示项目，这些项目展示了中国传统艺术的独特风格和技艺。通过这些活动，国际观众不仅能欣赏到中华优秀传统文化的精髓，还能对其历史背景和文化内涵有更深入的了解。这种全球性的展示平台，使中华优秀传统文化得以跨越国界，进入国际视野，增强了其在全球范围内的影响力和认同感。

国际文化节促进了不同文化之间的互动和交流。文化节不仅是中华优秀传统文化的展示平台，也是多种文化交流的场所。在丝绸之路国际文化节等活动中，来自不同国家和地区的文化共同展示，观众可以在活动中体验到来自各地的艺术和文化。这种多元文化的交融和互动，促进了不同文化之间的理解和尊重。通过与其他国家的传统艺术进行对比和交流，观众不仅可以更好地理解中华优秀传统文化的独特之处，也可以欣赏到其他文化的魅力。这种文化交流不仅拓宽了观众的文化视野，还促进了国际间文化合作和友谊。

进一步说,国际文化节为中华优秀传统文化的创新和发展提供了灵感与动力。在国际文化节中,优秀传统文化的展示不仅是对过去的传承,也是对未来的探索和创新。通过与国际文化的交流和对话,中华优秀传统文化能够获得新的视角和启发,推动文化的创新和发展。在与其他文化的互动中,中国的艺术家和创作者可能会找到新的创作思路与灵感,创作出具有现代感和国际化的传统艺术作品。这种创新和发展不仅能丰富优秀传统文化的表现形式,还能使其更好地适应和融入现代社会与国际市场。

国际文化节的举办也有助于提升国家的软实力和国际形象。通过组织和参与各类国际文化节,中国能够展示其丰富的文化遗产和国家实力,增强国际社会对中国的认知和了解。通过成功举办中国文化节和丝绸之路国际文化节,中国不仅能展示其悠久的历史和文化,还能在国际舞台上提升国家的影响力和声誉。这种文化软实力的提升,有助于改善国家的国际形象,促进国际关系的友好和合作。

(二)中华文化的全球传播渠道

中华文化的全球传播渠道涵盖了多种形式,其中,媒体与出版以及互联网与社交媒体发挥了重要作用。这些渠道不仅提高了中华文化在国际上的曝光度,还为其在全球范围内的推广和传播提供了强有力的支持。通过积极的媒体报道、出版书籍、互联网平台和社交媒体,中华文化能够更广泛地传递给世界各地的观众,增进对其独特魅力的理解和欣赏。

国际媒体和出版机构在中华文化的全球传播中扮演了至关重要的角色。国际媒体通过报道关于中华优秀传统文化的新闻和专题,可以让全球观众了解中华文化的丰富内涵和历史背景。国际新闻网站、电视台和广播电台通过特辑和新闻报道介绍中国的传统节日、历史遗址和文化活动,不仅拓宽了国际受众的文化视野,还促进了其对中华文化的认知和兴趣。国际出版机构出版的关于中华文化的书籍和文章,涵盖了中国的历史、哲学、艺术和社会等多个方面。这些出版物以专业的视角和深入的研究,为国际读者提供了了解中华文化的权威资料。通过这种形式,中华文化的经典著作和现代研究成果得以在全球范围内传播,进一步提升了中华文化的国际影响力。

互联网和社交媒体的崛起为中华文化的传播提供了新的渠道与平台。互联网技术的发展,使得中华文化可以通过各种在线平台迅速传播。文化专题网站如中华文化网、汉字文化网等,集中展示了中华文化的各个方面,包括传统节日、风俗习惯、古典文学和艺术形式。这些网站通过提供丰富的多媒体内容，如视频、图片和文章，向全球用户介绍和讲解中华文化的精髓。社交媒体平台也成为传播中华文化的重要工具，通过开设文化专题账号和页面，可以实时发布有关中华文化的动态、活动和信息，吸引全球用户的关注和互动。

通过网络分享中国传统工艺品的制作过程，发布有关中国节日的介绍，能够迅速吸引大量关注者，提升中华文化的全球影响力。

互联网和社交媒体的互动性为中华文化的传播带来了新的机遇。社交媒体平台的互动功能允许用户参与讨论、分享和评论文化内容，这种互动不仅增强了文化传播的参与感，还可以迅速收集受众的反馈和建议。通过这种方式，文化推广者可以实时了解受众的兴趣和需求，调整和优化传播策略，提高文化传播的效果。通过社交媒体举办的在线文化讲座和互动活动，能够吸引全球用户的参与，提供即时的文化交流平台。这种互动形式不仅扩大了文化传播的覆盖面，还提升了公众对中华文化的认同感和参与感。

二、文化认同与影响

（一）海外华人社区的文化传承

海外华人社区在文化传承方面发挥了重要作用，通过各种活动和组织，维持和弘扬中华优秀传统文化。华人社区活动如传统节日庆典、文化讲座等，是文化传承的核心途径。通过这些活动，海外华人不仅能维持与祖国的文化联系，还能将中华文化融入当地的社会环境，促进文化的交流与融合。这种文化传承不仅帮助华人社区保持其文化身份，还在多元文化的背景下推动了中华文化的国际化进程。

传统节日庆典在海外华人社区的文化传承中具有举足轻重的地位。节日庆典不仅是文化传承的关键时刻，也是华人社区展示优秀传统文化和加强社区凝聚力的重要平台。春节、中秋节、端午节等传统节日，通过举办盛大的庆祝活动、舞龙舞狮、传统音乐和舞蹈等表演，使社区成员能够共同庆祝和体验传统节日的习俗。这些庆祝活动不仅能增强华人社区的文化认同感，还能向当地居民展示中华文化的独特魅力，从而促进文化的传播和理解。

文化讲座和工作坊在华人社区活动中也起到了重要的作用。通过举办各种文化讲座和工作坊，华人社区能够传承和普及中华优秀传统文化的知识与技艺。讲座可以围绕中国历史、文学、哲学等方面展开，让社区成员和当地居民更深入地了解中华文化的背景及内涵。工作坊则可以提供传统手工艺、书法、茶艺等实操体验，使参与者能够亲身体验和学习优秀传统文化。这种形式的活动不仅丰富了社区成员的文化生活，还促进了文化的学习和传承。

华人文化组织如中华商会等在推动中华文化国际化方面也发挥了积极作用。这些文化组织通过组织各类文化交流活动和国际化项目，为中华文化的传播提供了平台和机会。中华商会常常组织商务论坛、文化展览等活动，邀请各国的商界精英和文化人士参与，共同探讨和推广中华文化。这些活动不仅能提升中华文化的国际影响力，还能促进中外文化的交流与合作，为中华文化的国际化注入新的动力。

华人文化组织还通过建立文化中心、图书馆和文化基金会等形式，推动中华文化的保护和发展。文化中心不仅提供了文化交流的场所，还举办了各种文化活动，如艺术展览、音乐会和讲座，为社区成员和当地居民提供了丰富的文化体验。图书馆和文化基金会则致力于保存和推广中华文化的资料与资源，为研究人员和公众提供了宝贵的文化资源。这些组织的努力不仅有助于中华文化的保存和传承，还能增强华人社区的文化影响力和社会认同感。

（二）国际社会的文化接纳

国际社会的文化接纳是中华优秀传统文化全球传播的重要目标，而跨文化交流在这一过程中发挥了至关重要的作用。中华优秀传统文化在国际文化交流中的融入，通过多种交流平台和活动，显著增强了全球对中华文化的理解与接纳。跨文化交流不仅包括国家间的官方交流，还涉及学术、艺术、商业和民间等多方面的互动。中西文化交流论坛作为一个重要的平台，会集了来自不同国家的专家、学者和文化工作者，通过讨论和交流，分享和传播中华优秀传统文化的精髓。这种跨文化的对话和互动，不仅增进了不同文化之间的理解和尊重，还促进了中华文化在国际社会中的认同和接受。

跨文化交流活动有助于展示中华优秀传统文化的多样性和丰富性，吸引国际社会的关注和兴趣。在全球化的背景下，各国文化之间的交流日益频繁，国际社会对多元文化的兴趣也逐渐增加。通过组织文化展览、艺术演出和学术讲座等活动，中华优秀传统文化能够以生动和直观的方式展示给国际观众。书法、京剧、传统音乐和茶艺等优秀传统文化项目的展示，不仅能让国际观众领略中华文化的独特魅力，还能激发他们对中华文化的好奇和兴趣。这种文化展示活动，帮助国际社会更全面地了解中华文化的历史背景、艺术风格和文化价值，从而促进了中华文化的接纳和融合。

跨文化交流能够推动中华优秀传统文化在国际社会中的本土化和适应性发展。在与其他文化的交流过程中，中华优秀传统文化往往需要进行适当的调整和创新，以更好地适应目标国家和地区的文化背景与市场需求。在国际电影节上，中国电影可能会根据西方观众的喜好和审美趋势，进行一定的剪辑和调整，以提高其国际影响力。这种本土化的适应过程，不仅有助于中华文化在国际市场上的推广和发展，还增强了其在不同文化环境中的认同感和接受度。这种调整和创新也能丰富中华优秀传统文化的表现形式与传播方式，推动其在全球范围内的多样化发展。

跨文化交流还能够促进中华优秀传统文化与其他文化之间的合作与融合。通过与不同文化背景的艺术家、学者和文化机构的合作，中华优秀传统文化可以与其他文化进行深度的互动和融合。国际化的艺术项目和合作展览，可以将中华传统艺术与当地的艺术风格相结合，创造出具有跨文化特征的艺术作品。这种文化合作和融合，既能丰富中华文化的表现形式，也能促进全球文化的多样性和创新性，还能促进国际间的文化交流与合作，增强不同文化之间的理解和友谊。

第七章 中华优秀传统文化的社会价值

第一节 中华优秀传统文化对社会价值观的影响

一、个人价值观

（一）道德观念

道德观念在中华优秀传统文化中占据了重要的地位，其中，儒家伦理和孝道文化是核心组成部分。这些观念不仅塑造了个人的行为规范和道德判断，还深刻影响了社会的道德风尚和家庭责任感。通过对儒家伦理和孝道文化的探讨，可以更好地理解中华优秀传统文化中关于道德的深层次内涵和实际影响。

儒家伦理提倡的"仁爱""礼仪""忠诚"等道德观念，对个人行为规范和道德判断产生了深远影响。儒家思想中的"仁爱"强调的是一种以人为本的道德观念，倡导人们应以宽厚仁爱之心对待他人，关怀他人，体现了儒家对个人品德的高度重视。孔子所提的"仁者爱人"，不仅仅是对亲近者的关爱，更是一种普遍的人际关系处理原则。这种"仁爱"观念指导个人在社会交往中应以善意和真诚对待他人，从而促进社会的和谐与稳定。儒家伦理中的"礼仪"则强调社会行为的规范和礼节，认为礼仪不仅仅是外在行为规范，更是内在道德修养的体现。通过遵循礼仪，个人能够在社会中恰当地表现自己，体现对他人的尊重和对社会秩序的维护。孔子提出的"礼仪三百，威仪三千"，展示了儒家对礼仪的重视，并将其视为个人道德修养的重要内容。"忠诚"作为儒家伦理的重要组成部分，强调了个人对国家、家庭和朋友的忠诚，体现了对责任和义务的坚定承诺。这种忠诚不仅是对他人的信任和支持，也是个人品德的重要体现。

进一步地，儒家伦理对社会行为规范的影响是广泛而深刻的。儒家伦理不仅指导个人的道德行为，还通过家庭、社会和国家层面的道德规范，塑造了整个社会的道德风尚。在家庭中，儒家伦理提倡"孝悌"作为家庭伦理的核心，强调子女对父母的孝顺和对长辈的尊敬。这种伦理观念促使家庭成员之间建立了稳固的道德关系，并促进了家庭的和谐与稳定。在社会层面，儒家伦理通过强调社会责任和公民义务，推动了社会的道德建设和公共秩序的维护。儒家伦理提倡的"礼治"理念，主张通过道德教育和礼仪规范来实现社会的和谐与稳定，这一理念在中国传统社会中具有广泛的影响力。儒家伦理的这些观念不仅塑造了个人的道德判断，还对社会的道德风尚和文化价值观产生了深远的影响。

中华优秀传统文化中的孝道文化也是道德观念的重要组成部分。孝道文化强调尊敬长辈和孝顺父母，作为个人道德的基石之一，对家庭责任感和亲情观念有着深远的影响。孝道文化的核心在于"孝"，它不仅包括对父母的物质赡养，还包括对父母的精神关怀和情感支持。在中华优秀传统文化中，孝道被视为一种至高的美德，是个人道德修养的重要表现。古代儒家经典《孝经》中详细阐述了孝道的内涵和实践方法，强调孝顺既是对父母养育之恩的回报，也是个人品德的体现。这种观念深深根植于中华文化中，影响着代际关系和家庭结构，使得家庭成员之间的关系更加紧密与和谐。

（二）责任与义务

责任与义务在中华优秀传统文化中占据了重要的位置，尤其是社会责任感和家庭责任感。这些理念不仅塑造了个人的价值观和行为准则，也深刻影响了社会的运作和家庭的和谐。中华优秀传统文化中的社会责任感强调了个人在公共事务中的角色和义务，而家庭责任则体现了个人在家庭关系中的责任和角色。

中华优秀传统文化中的社会责任感体现了"先天下之忧而忧，后天下之乐而乐"的理念。这一理念鼓励个人在面对公共事务时，能够主动承担责任，并以社会的利益为重。在古代中国，士人被期望具备强烈的社会责任感，积极参与国家的政治和社会事务，帮助解决社会问题。这种社会责任感不仅体现在政治人物和官员的行为中，也影响到普通百姓的日常生活。在中华优秀传统文化中，个人的行为被认为不仅关系到自身，也对社会和国家产生影响。因此，中华优秀传统文化强调个人应当具备高度的社会责任感，积极参与社会活动，为社会的进步和稳定贡献力量。

进一步说，中华优秀传统文化中的社会责任感还体现在对公共事务的关注和参与上。中华优秀传统文化倡导的"忠于国家、服务社会"的价值观，促使个人在社会中积极履行自己的义务，如参与公益活动、支持社会福利事业等。这种社会责任感不仅体现在个人的行为选择上，也体现在对社会问题的关注和解决方案的提出上。在优秀传统文化中，个人的社会责任感被视为衡量道德和品德的重要标准，促使个人在社会中发挥积极作用，推动社会的发展和进步。

家庭责任是中华优秀传统文化中另一个重要责任与义务的体现。优秀传统文化提倡每个人在家庭中履行自己的责任，维护家庭的和谐与稳定。父母对子女的教育被视为重要的家庭责任，父母不仅要提供物质支持，还要注重对子女的道德教育和人生指导。这种教育不仅包括学业上的培养，还涵盖了品德和行为习惯的塑造。在中华优秀传统文化中，父母对子女的教育被认为是家庭责任的核心部分，直接影响到家庭的和谐和社会的稳定。

同样地，子女对父母的孝顺也是优秀传统文化中强调的家庭责任。中华优秀传统文化提倡"孝道"，认为子女应当尊敬和照顾年迈的父母，履行对家庭的责任。这种孝顺不仅包括物质上的支持，还包括精神上的陪伴和情感上的关怀。中华优秀传统文化中的孝顺观念，强调了家庭成员之间的责任和义务，促进了家庭关系的亲密与和谐。在现代社会中，这种传统的家庭责任观念仍然对家庭的运作和社会的道德标准产生着深远的影响。

二、集体与社会价值观

（一）社会和谐

社会和谐是社会稳定与发展的重要基础，而中华优秀传统文化中的礼仪规范和共识合作的理念在其中发挥了至关重要的作用。优秀传统文化通过礼仪文化和促进共识与合作的方式，为社会的和谐与秩序提供了深厚的支持和保障。

礼仪文化在传统社会中扮演着关键角色，规范了人们的行为和交往方式。优秀传统文化中的礼仪规范包括了待人接物的礼貌、社交行为的规范以及家庭和社会中的礼节等。这些规范通过明确的行为准则，帮助人们在社会交往中保持尊重与体面。尊敬长辈、礼貌待人、诚信守约等都是礼仪文化中重要的内容。这些礼仪规范不仅使个人行为得以规范，还促进了社会的整体和谐与秩序。通过遵循礼仪，人们能够有效地减少冲突，增进相互理解，从而维持社会的稳定与和谐。

另外，礼仪文化对社会和谐的影响还体现在对社会秩序的维护上。中华优秀传统文化中的礼仪规范通常包括了社会交往的规则和行为准则，这些规则有助于建立和维护社会秩序。社交场合中的礼节、公共场所的行为规范等，都有助于避免因行为不当而引发的冲突和摩擦。在家庭和社区中，礼仪文化的遵守使得人们能够以礼相待，和睦相处，从而形成一个良好的社会氛围。这种规范化的社会行为有助于提升社会整体的文明程度，增强社会成员之间的信任和凝聚力。

（二）民族认同与文化自信

民族认同与文化自信是中华民族在现代社会中不断增强的重要方面。文化传承在这一过程中发挥着核心作用，它不仅强化了民族认同，还有效地提升了民族自豪感和文化自信心。中华优秀传统文化作为文化传承的基石，对民族认同的强化具有深远的影响。优秀传统文化的传承不仅包括语言、文学、艺术等各个方面，还涵盖中华民族的价值观、道德规范和历史记忆。这些优秀传统文化元素通过代际传递，不断巩固着民族的文化根基，并在全球化背景下维持文化安全和稳定。儒家思想中的忠孝仁爱、中华经典的智慧与哲理等，都是构成民族认同的重要内容，它们不仅塑造了中华民族的精神面貌，也提升了民族自信心。

在中华优秀传统文化的传承过程中，传统节日与习俗发挥着不可替代的作用。传统节日如春节、中秋节等，不仅是中华文化的重要载体，也是增强民族凝聚力和集体认同感的重要手段。这些节日通过丰富的庆祝活动和仪式，体现了中华民族的文化特色和价值观。春节期间的家庭团聚、年夜饭、红包发放等传统习俗，不仅使每个家庭成员都能在节日中感受到浓厚的文化氛围，还增强了民族的凝聚力和集体认同感。类似地，中秋节的赏月、吃月饼等习俗，也体现了中华民族对团圆与和谐的追求。这些传统节日和习俗，通过实际的参与和体验，强化了民族认同感和文化自信心，使民族文化得以在日常生活中延续和发扬光大。

传统节日和习俗的传承，不仅是文化认同的重要组成部分，也有助于民族自豪感的提升。当人们在节日中参与传统活动、传承传统习俗时，能够更深刻地理解和认同民族的历史与文化。这种认同感，进一步激发了对中华优秀传统文化的自豪感。在春节的庆祝过程中，人们会以各种方式表达对国家和民族的祝福，这种共同的庆祝活动，不仅增强了民族的集体认同感，还提升了个体对民族文化的自豪感。传统节日和习俗的持续传承，使得民族文化在现代社会中焕发出新的活力，并为民族自信心的建立提供了坚实的基础。

文化传承和传统节日的实践，也对国家的文化安全产生了积极影响。在全球化的背景下，文化安全成为国家安全的重要组成部分。通过中华优秀传统文化的传承和节日习俗的维护，可以有效保护国家的文化资产，抵御外来文化的冲击。通过推广传统节日的庆祝活动，可以增强国民对本民族文化的认同，减少文化冲突和文化侵蚀的风险。传统节日的全球化传播也有助于展示国家文化的独特性，提升国际社会对本民族文化的认知和尊重，从而维护国家的文化安全。

第二节　中华优秀传统文化与社会和谐发展

一、传统文化对社会道德与价值观的影响

（一）道德规范与社会秩序

1. 儒家思想的道德影响

儒家思想的道德影响深远地体现在对个体行为和社会风气的规范作用上。儒家思想通过强调"仁爱、礼仪、忠孝"等伦理观念，不仅塑造了个人的道德品质，也对社会秩序的稳定和发展产生了深刻的影响。这些道德观念在儒家经典中得到了充分阐述，并在历史的长河中对中国社会的伦理规范和社会风气产生了深远的影响。

"仁爱"是儒家思想的核心理念之一，对个人行为的规范作用显著。儒家认为，"仁"即爱人，强调对他人施以善意和关怀。这种伦理观念不仅要求个体在日常生活中尊重和照顾他人，还要求在社会交往中展现出真诚和善良的品质。孔子在《论语》中提到，"仁者爱人"，这一观点强调了个人在对待他人时应具备的仁爱之心。这样的道德规范促使个体在行为上遵循以人为本的原则，从而形成了以善待他人、互相帮助为核心的社会风气。这种仁爱的理念，不仅提升了个人的道德修养，还在社会中形成了关爱和支持的文化氛围。

"礼仪"在儒家思想中同样占据了重要位置。儒家强调礼仪和义务，认为礼是社会秩序与和谐的重要基础。在儒家看来，"礼"不仅包括外在的礼节和仪式，还涉及内在的道德规范和行为准则。孔子强调的"君子以文修身，以礼待人"体现了礼仪的全面性，既包括了对个人修养的要求，也涵盖了对他人的礼遇。这种

礼仪观念促使社会成员在行为上遵循规范，尊重传统，从而维护了社会秩序的稳定。同时，礼仪的强调也促进了社会中和谐的人际关系和良好的风俗习惯，增强了社会的凝聚力和稳定性。

"忠孝"是儒家思想中的另一核心道德观念，对社会风气和家庭伦理产生了深远的影响。儒家特别强调对父母的孝顺和对国家的忠诚，认为这是个人应尽的基本义务。孔子在《论语》中提到，"孝悌"是立身之本，强调了家庭伦理的根本性。在儒家思想中，"忠"是指对国家和社会的忠诚，要求个体在履行社会责任时体现出忠诚和担当。这种忠孝观念不仅强化了家庭成员之间的亲情关系，也增强了个体对国家和社会的责任感。忠孝的伦理观念，在历史上对维护家庭和社会的稳定、促进社会的和谐发展发挥了重要作用。

儒家思想的道德影响还体现在社会规范和法律制度的形成上。儒家的伦理观念不仅指导了个人的行为规范，还对社会制度的建设产生了重要影响。在中国历史上，儒家思想被广泛应用于政治和法律制度中，如"仁政""礼治"等理念深刻影响了古代中国的统治思想和政策制定。这些儒家理念通过制度化的形式，进一步规范了社会行为，增强了社会秩序的稳定性。在古代中国的科举制度和行政管理中，儒家思想的运用促进了社会的稳定和公平，也反映了儒家道德观对国家治理的影响。

2. 伦理教育与实践

伦理教育与实践通过优秀传统文化中的伦理教育，尤其是儒家经典的学习和讲解，引导人们树立正确的价值观，提升社会道德水平。这种教育方式不仅深深植根于中华优秀传统文化的精髓中，还在现代社会中发挥着重要作用。通过对儒家经典的学习和传播，人们能够更好地理解和践行传统伦理，促进个人修养和社会和谐。

儒家经典在伦理教育中的作用不可忽视。儒家经典，如《论语》《孟子》《大学》《中庸》，是儒家思想的核心载体，这些经典书籍不仅阐述了儒家的道德观和伦理规范，还提供了个人修养和社会行为的指导。通过对这些经典的学习，人们可以深入理解儒家思想中的仁爱、孝道、礼仪等重要伦理观念。这些观念对于塑造个人的价值观和道德标准具有深远的影响。《论语》中关于"仁者爱人"的教导，强调了对他人的关怀和尊重，这一理念对于建立和谐的人际关系和社会环境至关重要。通过学习儒家经典，人们能够更好地理解并实践这些伦理规范，从而提升自身的道德水平和社会责任感。

儒家经典的讲解和应用能够进一步推动伦理教育的实际效果。在实际的教育和培训中，通过系统地讲解和分析儒家经典，可以帮助人们更深入地理解传统伦理的内涵和实际应用。通过讲解《孟子》中的"义利之分"，可以引导人们在实际生活中做出更符合道德标准的选择和决策。结合案例分析和情境模拟的方式，可以帮助人们将儒家伦理应用到日常生活和工作中。这种实践导向的教育方式，不仅增强了伦理教育的实际效果，还提高了人们对儒家伦理的认同和践行。

伦理教育的实践不仅限于书本知识的学习，还包括道德行为的培养和社会环境的优化。儒家伦理教育的核心在于培养个人的道德品质和行为规范，而这些品质和规范需要通过实际的行为与社会实践进行体现。孝道作为儒家伦理的重要组成部分，不仅要求子女对父母尽孝，还强调在家庭和社会中履行相应的责任与义务。通过开展孝道教育活动和家庭伦理实践，可以促进社会成员在实际生活中践行儒家伦理，增强家庭和社会的道德氛围。

（二）传统文化对社会关系的促进

传统文化在促进社会关系方面扮演了重要角色，尤其是在家庭和谐与社会稳定的层面。中华优秀传统文化提倡孝道和家庭伦理，这些文化观念不仅有助于维护家庭关系的和谐，还能促进社会的稳定和发展。通过对优秀传统文化价值观的践行和传承，社会中的个体和家庭能够在共同的文化认同中建立稳固的社会联系，从而实现更高的社会凝聚力和稳定性。

孝道作为中华优秀传统文化的重要组成部分，对于家庭和谐起到了核心作用。孝道强调对父母的尊敬和照顾，要求子女在生活和精神上给予父母关爱和支持。这种文化观念不仅形成了家庭成员之间的亲密关系，还促进了家庭内部的相互理解和支持。在传统家庭中，子女对父母的照顾被视为一种重要的道德责任，这种责任感有助于增强家庭成员之间的情感纽带，使家庭关系更加稳固。孝道的践行也能够缓解家庭内部的矛盾和冲突，使家庭成为一个温馨和谐的生活单位，从而为社会的稳定提供了基础。

家庭伦理在维护家庭关系的和谐方面也发挥了重要作用。中华优秀传统文化中的家庭伦理观念，如尊长爱幼、夫妻和睦、兄弟友爱等，规范了家庭成员之间的行为和互动。这些伦理观念强调了家庭成员之间的责任和义务，使得家庭内部的关系更加有序和稳定。优秀传统文化提倡夫妻间的相互尊重和理解，这种观念有助于维护夫妻关系的和谐，减少婚姻中的冲突与不和。尊重长辈和照顾幼小成员的文化规范，也能够促进家庭成员之间的互助与支持，从而提升家庭的整体和谐度。

在更广泛的社会层面，优秀传统文化的伦理观念有助于促进社会的稳定和发展。家庭是社会的基本单位，家庭的和谐直接影响到社会的稳定。当家庭内部关系和谐时，家庭成员能够更好地融入社会，参与社会活动，从而促进社会的整体稳定和发展。优秀传统文化提倡的伦理观念，如诚信、礼仪、和睦等，也为社会中的人与人之间的交往提供了行为准则，减少了社会冲突和摩擦。诚信作为优秀传统文化的重要价值观之一，能够在商业交易和社会交往中发挥作用，增强社会的信任和合作，从而促进社会的良性运作。

优秀传统文化对家庭和社会的影响不仅体现在直接的伦理规范上，还通过文化传承和教育的形式对社会关系产生深远影响。优秀传统文化通过教育和习俗将家庭伦理与社会规范传递给下一代，使这些价值观念得以延续和发扬。这种文化传承有助于保持社会的稳定性，使家庭和社会中的关系能够在共同的文化背景下得到维护与发展。家庭教育中对优秀传统文化的重视，使年轻一代能够继承和践行传统的伦理观念，从而在个人和家庭层面上建立良好的社会关系。这种教育和传承的过程，不仅增强了家庭的凝聚力，也为社会的和谐稳定奠定了基础。

二、传统文化在社会治理与公共服务中的应用

（一）社会治理中的传统文化

1.传统法治观念

传统法治观念的形成深受儒家和法家思想的影响，这些思想不仅塑造了中国古代的法律和治理体系，也对现代社会的法治建设和法治意识有着重要的启示。儒家思想对法律和治理的影响深远。儒家学派由孔子创立，强调伦理道德和人际关系的和谐。孔子认为，法治不仅仅是依靠法律的实施，更依赖于道德的教化和个人的自我修养。在《论语》中，孔子提到"礼尚往来"，认为礼仪和道德应该指导人的行为，而不仅仅依赖法律的约束。这种思想影响了古代中国的治理方式，使法律不仅仅是一种外在的约束，更是道德和伦理的延续。儒家思想倡导的"德治"理念，强调通过道德教育和社会规范增强法治意识，从而在社会中形成自觉守法的风尚。

法家思想对法律和治理的影响则更加注重法律的严格执行与制度建设。法家

学派的代表人物如韩非子，强调法律的权威和公正，主张通过严苛的法律制度维护社会秩序。法家认为，人性本恶，需要通过法律的威慑约束行为，从而实现社会的稳定和治理的有效性。法家的"法治"理念，注重法律条文的明确和严格实施，通过制定具体的法律规定和严格的执行机制维护社会秩序。这种思想不仅为中国古代的法律体系和治理结构提供了重要的理论基础，也影响了现代法治建设中的法律实施和制度设计。

进一步说，儒家和法家的传统法治观念可以通过弘扬传统法治观念加强社会法治意识和守法行为。现代社会中，法治不仅需要法律的制定和执行，还需要社会成员对法律的认同和遵守。儒家思想的道德教育和法家思想的法律威慑，可以相互补充，共同促进社会的法治化。通过加强对儒家和法家思想的宣传与教育，可以提高公众对法律的认识和尊重，从而增强法治意识。在教育和培训中，可以结合儒家和法家的法治观念，开展法律知识的普及和道德教育，帮助公众理解法律的意义和作用，形成遵法守法的社会风尚。

2. 道德治理与社区管理

道德治理与社区管理的结合，能够有效推动社区中的道德教育与行为规范的落实。优秀传统文化中的道德治理理念，如"以德治国"，为现代社区管理提供了宝贵的智慧和实践路径。这些传统理念强调通过道德引导和教育实现社会的和谐与稳定，具有很强的实践指导意义。

"以德治国"的理念强调道德治理的核心作用。传统文化中，孔子的"以德治国"理念主张通过道德的力量管理国家，这一思想可以有效地应用于社区管理中。在社区中，通过倡导和实践道德规范，能够促进社区成员之间的良好关系和共同的社会责任感。社区管理者可以通过组织道德教育活动、宣传优秀传统文化中的伦理道德，使居民对道德规范有更深刻的认识和理解。这种道德教育不仅有助于提高居民的道德水平，还能促进社区的和谐与稳定。通过在社区中推行"以德治国"的理念，能够让居民在日常生活中自觉遵守道德规范，从而形成良好的社会风尚和行为习惯。

进一步地，在社区管理中，优秀传统文化中的道德治理理念可以通过建立道德规范和行为标准实现。优秀传统文化中强调的"礼仪"观念，可以为社区制定行为规范提供参考。通过明确社区的道德规范和行为标准，例如，尊重他人、诚实守信、关爱邻里等，能够有效地指导居民的行为。这些道德规范不仅可以在社区中设立相应的奖惩机制，还可以通过各种形式的社区活动进行宣传和落实。社区可以定期举办道德讲座、道德模范评选等活动，鼓励居民践行道德规范。这种做法不仅能提升居民的道德水平，还能增强社区的凝聚力和向心力，使社区成为一个更加和谐且有序的生活环境。

社区管理中还可以通过优秀传统文化的道德治理理念加强社区的道德教育。优秀传统文化中的道德教育注重"教化"的作用，主张通过教育引导和道德示范提升个人的道德水平。在现代社区管理中，社区可以利用优秀传统文化的道德教育方式，例如，开设道德教育课程、组织传统文化活动等，增强居民的道德意识和责任感。这种教育方式不仅可以提高居民的道德素养，还可以促进社区成员之间的相互尊重和关爱。社区可以组织传统文化讲座和道德讲堂，通过讲解优秀传统文化中的道德观念和行为准则，让居民在学习和交流中不断提升自身的道德水平。这种道德教育的方式，有助于在社区中形成良好的道德风尚，推动社区的和谐发展。

（二）公共服务中的传统文化

公共服务领域中融入传统文化元素，已经成为提升服务质量和文化适应性的一个重要策略。通过在医疗、教育、社工等领域中融入传统文化，不仅能丰富服务内容，提高服务的文化相关性，还能增强服务对象的满意度和认同感。这一举措不仅有助于优秀传统文化的传承和发扬，也推动了公共服务的创新和优化。

首先，在医疗服务中融入传统文化元素，可以提升服务的整体体验。传统中医文化以其独特的理论体系和治疗方法，已经在中国以及世界范围内产生了广泛的影响。在现代医疗服务中，将传统中医理念与方法融入其中，能够提供更加全面和个性化的治疗方案。在一些医院和诊所中，设置传统中医科室或提供中医特色的健康咨询服务，能够为患者提供中西医结合的治疗方案。传统中医强调的"以人为本""因人制宜"的治疗理念，有助于根据患者的个体差异进行精准治疗，提升治疗效果。传统中医的调理和保健理念也可以融入日常的健康管理，帮助患者更好地维护健康，提高生活质量。这种文化的融入，不仅丰富了医疗服务的内容，还增强了患者对医疗服务的认同感和满意度。

其次，在教育领域融入传统文化元素，可以促进学生的全面发展和文化认同。优秀传统文化不仅是历史的沉淀，也是文化教育的重要资源。在学校教育中，通过设置传统文化课程，如书法、国画、传统音乐等，可以让学生在学习现代知识的同时，接触和了解优秀传统文化。这种课程的设置，有助于培养学生的文化素养和审美能力，同时，也能够增强学生的文化认同感和自信心。传统节日如春节、中秋节等，可以通过校园活动的形式，让学生体验传统节日的习俗和文化，增进对优秀传统文化的理解和感受。优秀传统文化中的伦理观念和价值观念，如仁爱、礼仪、忠孝等，也可以通过课堂教学和课外活动的形式，融入学生的道德教育。这种文化的融入，不仅丰富了教育的内容，也促进了学生的全面发展和综合素养的提升。

最后，在社会工作领域融入传统文化元素，有助于提升服务的文化适应性和效果。社会工作涉及对个体和社区的支持与帮助，在服务过程中融入传统文化，可以提高服务的贴近性和有效性。在社区服务中，结合传统文化的社区活动和服务项目，如传统节日庆祝、传统文化讲座等，可以增强社区成员的凝聚力和归属感。传统文化中的互助精神和社区观念，也能够在社会服务中得到体现，促进社区成员之间的互助和支持。社会工作者在提供服务时，可以借鉴优秀传统文化中的伦理和道德观念，帮助服务对象解决生活中的问题和挑战，提高服务的文化适应性和有效性。这种传统文化的融入，有助于提升社会服务的质量和效果，促进社会的和谐与稳定。

在公共服务中融入传统文化元素，需要注意文化的适配性和创新性。传统文化在融入现代公共服务时，应当与现代社会的需求和价值观相结合，避免盲目照搬和形式化。在医疗服务中，传统中医的理念可以与现代医学技术相结合，提供更为全面的健康管理服务，在教育领域中，传统文化课程的设置可以与现代教育理念相结合，增强教育的实用性和趣味性，在社会工作中，传统文化中的伦理观念可以与现代社会的需求相结合，提升服务的针对性和有效性。通过这种适配和创新，可以确保传统文化在公共服务中得到有效的应用和推广。

另外，公共服务中融入传统文化元素，还需要关注服务对象的多样性和需求差异。在多元化的社会中，服务对象的文化背景和需求各不相同，传统文化的融入应当尊重和包容不同文化的特点。在多民族的社区服务中，需要考虑不同民族的传统文化和习俗，提供具有文化敏感性的服务，在国际化的教育中，需要结合不同国家和地区的文化特点，设计适合的传统文化课程和活动。通过这种文化的尊重和包容，可以提高服务的文化适应性和满意度。

第三节 中华优秀传统文化与生态文明建设

一、传统文化的生态智慧

（一）传统文化中的生态理念

1.天人合一思想

天人合一思想在中华优秀传统文化中占据了核心地位，这一思想强调了人与自然的和谐共生，并体现了对自然的尊重和珍惜。通过古代思想家的智慧和传统经典的教诲，天人合一思想不仅为中华文化提供了深厚的哲学基础，也为现代社会的可持续发展和生态保护提供了重要的指导思想。

天人合一思想的核心在于强调人与自然的和谐共生。中华优秀传统文化认为，人类与自然是一个不可分割的整体，二者应当相互依赖、相互影响。古代思想家如老子的《道德经》中提到"道法自然"，这句话深刻揭示了自然法则的重要性。老子认为，道是自然界的根本原则，人类只有遵循这一原则，才能实现真正的和谐。自然界的运行有其固有的规律，人类的行为如果能够遵循这些自然法则，就能够保持与自然的和谐关系。这种思想不仅体现在哲学层面，也渗透到古代社会的各个方面，如农业生产、城市规划和生活方式等，都体现了对自然法则的尊重和顺应。

进一步地，天人合一思想也强调了对自然的尊重。在中华优秀传统文化中，自然被视为一种至高无上的力量，值得人类敬畏和保护。传统文化提倡珍惜和保护自然资源，这种观念可以从《尚书》中找到印证。书中提到"地则载物"，这句话体现了对自然环境的尊重和对土地资源的珍视，强调了人类在利用自然资源时应当保持节制和谦逊。在古代社会中，这种尊重自然的观念体现在对土地的耕作方式和资源利用上，鼓励人们以可持续的方式对待自然，避免过度开采和浪费。

传统文化中的尊重自然也表现在对生态系统的保护上。古代中国的农业社会深知自然环境对生产和生活的重要性，因此，在农业实践中注重与自然的和谐相处。传统的农耕文化强调轮作制度，以保持土壤的肥沃，古人还注重水资源的管理，通过修建水利工程和合理利用水资源，维持生态平衡。这种传统的生态智慧体现了对自然环境的尊重和对生态系统的保护，反映了天人合一思想在实践中的具体应用。

2. 节约与珍惜

节约与珍惜是中华优秀传统文化中深植于日常生活的核心理念，这些理念不仅塑造了历史中的生活方式，也在现代社会中继续发挥着重要作用。传统文化的节俭节约思想和资源循环观念为社会提供了宝贵的智慧，指导着人们如何更有效地利用资源，减少浪费，维护生态平衡。

节俭节约是中华优秀传统文化的重要思想之一。这一理念在《礼记》等古代经典文献中得到了深刻的阐述。《礼记》中提到的"节用而爱人"教诲，强调了节俭和节约的重要性。这一思想提倡通过节省资源促进个人的道德修养和社会的和谐稳定。在传统社会中，节俭不仅仅是个人生活的选择，更是一种社会风尚。家庭和个人在生活中遵循节俭的原则，避免过度消费和奢侈浪费，从而形成了简朴而富有节制的生活方式。这种节俭的精神不仅体现在日常生活中，也体现在社会的各个方面，如家庭管理、公共事务和国家政策等，为社会的长期发展和稳定提供了有力支持。

传统文化中的节俭节约理念也体现在对资源的珍惜上。在古代社会，资源的稀缺性使节约成为生存的必要条件。传统的生产和生活方式注重资源的合理利用与充分回收。在农业生产中，古代农民通过轮作和肥料回收等方式保持土壤的肥沃。这种方法不仅提高了土地的利用效率，还避免了资源的过度消耗和环境的破坏。在传统的农业实践中，农田轮作可以有效防止土壤的疲劳和病虫害的积累，而肥料回收则通过将农业废弃物转化为肥料，增强了土壤的养分。这些传统的资源利用方式体现了中华优秀传统文化对自然资源的尊重和珍惜。

进一步来说，资源循环利用是传统文化中的另一项重要实践。传统文化强调资源的循环利用和再利用，这一观念在古代农业、手工业和日常生活中得到了广泛的应用。在古代社会，废弃的物品和材料往往被回收与再加工，成为新的生产资料。传统的手工业如织布、制陶等，常常采用回收的原材料进行再加工，这不仅节省了资源，也减少了废物的产生。资源的循环利用不仅有助于减轻环境负担，还提高了资源的利用效率，是传统文化中对生态环境保护的一种实践体现。

节约与珍惜的理念在现代社会中依然具有重要的指导意义。随着经济的发展和生活水平的提高，资源的消耗和浪费问题变得更加突出。中华优秀传统文化的节俭思想和资源循环观念为现代社会提供了有效的解决方案。在现代城市中，推广垃圾分类和资源回收利用，可以有效减少废弃物的产生和环境污染。这些现代化的环保措施继承了优秀传统文化中的资源珍惜精神，体现了古今结合的智慧。

（二）传统生态技术

传统生态技术在农业领域中扮演了重要的角色，特别是在传统农业技术和水土保持方面。传统农业技术，如农业轮作，是一种有效的生态实践，通过轮流种植不同作物保持土壤的肥力和生态平衡。农业轮作的基本原理是通过改变不同作物的种植模式，可以有效地减少土壤养分的过度消耗，并减少病虫害的发生。在传统的农业实践中，农民会将豆类、谷物和根茎作物轮流种植。豆类植物能够固定空气中的氮，丰富土壤中的氮素，而谷物和根茎作物则从土壤中吸收其他养分。通过这种方式，土壤的养分得到更均衡的利用，避免了单一作物种植带来的土壤退化问题。这种轮作制度不仅提高了土壤的肥力，也有助于维持生态平衡，促进农业的可持续发展。

传统农业中的水土保持技术也是传统生态技术的一个重要方面。古代农业实践中，水土保持被高度重视，这主要体现在修建梯田和水渠等措施上。梯田的建设是一种有效的水土保持方法，通过将山坡分成层层梯田，可以有效地减缓水流的速度，防止水土流失。梯田的建设不仅能保护土壤，还能提高土地的利用效率，从而在坡地上也能进行有效的耕作。古代农民还修建了许多水渠系统，用于引水灌溉和排水。这些水渠系统能够有效地控制水流，减少洪水对土地的侵蚀，并确保农业灌溉的均衡。这些水土保持技术体现了传统农业对自然环境的深刻理解和合理利用。

水土保持的传统技术不仅仅是土木工程的体现，更包含了丰富的生态智慧。古代农民在修建梯田时，往往会根据地形和气候条件进行合理规划，确保梯田的水土保持效果最优化。同时，水渠的设计也考虑了水流的自然规律，以最大限度地减少对土地的干扰。这种对自然环境的尊重和顺应，使传统农业技术在保护土地资源方面具有显著的优势。传统水土保持技术不仅能有效防止水土流失，还能改善土壤结构，提高土地的生产力。

传统农业技术的应用还涉及生物多样性的保护。通过农业轮作和多样化种植，传统农业能够维护生态系统的稳定性，促进植物和动物的多样性。轮作制度中的不同作物种植，不仅可以减少单一作物的病虫害，还可以为不同的动植物提供栖息环境。生物多样性的保护不仅对农业生产有利，也有助于生态系统的健康和可持续发展。这种综合的生态管理方式，体现了传统农业对自然资源的综合利用和保护。

二、传统文化在生态文明实践中的应用

（一）生态保护项目

1. 文化遗产保护

文化遗产保护，尤其是传统村落及其生态环境的保护，涉及修复和保护古建筑、传统景观以及维持村落的历史文化和自然环境。这一领域的工作不仅关乎历史遗产的传承，也直接影响到社区的文化认同和生态可持续性。在当前全球化和城市化迅速发展的背景下，保护传统村落及其生态环境显得尤为重要，这需要从多个方面进行综合施策，以确保历史和自然双重价值的保存。

古建筑的修复和保护是传统村落文化遗产保护的重要方面。传统村落中往往保存着大量具有历史价值和文化意义的古建筑，这些建筑不仅是当地历史发展的见证，也承载着丰富的文化信息。在修复古建筑时，需要遵循历史真实性和文化原貌的原则，尽量保留原有的建筑风格和结构特征。在进行古建筑修复时，可以采取使用传统工艺和材料的方法，避免使用现代化的建筑材料和技术，这样可以确保建筑的原貌和历史感不被破坏。在修复过程中，还应考虑建筑的使用功能，使其在保持历史风貌的同时能够适应现代生活的需要。这种保护和修复方式，不仅有助于保存建筑的历史价值，还能提升传统村落的文化魅力和吸引力。

传统景观的保护同样关键。传统村落往往拥有独特的自然景观和人文景观，这些景观在村落历史和文化中占据着重要的位置。保护传统景观需要对其自然环境进行科学管理，防止环境污染和过度开发对景观造成损害。可以通过建立保护区和生态缓冲带的方式，保护村落周边的自然景观和生态环境，防止现代化建设对传统景观的侵蚀。保护传统景观还需要重视景观的维护和管理，如定期清理和修复景区设施，保持景区的整洁和原貌。这种景观保护措施，有助于维持村落的自然美感和历史风貌，为游客和居民提供良好的文化体验与生活环境。

进一步说，保护传统村落的历史文化需要综合考虑村落的文化传承和社区发展。传统村落的历史文化不仅包括建筑和景观，还包括当地的民俗、传统工艺和社会习俗。在保护村落文化时，需要重视对这些非物质文化遗产的保存和传承，可以通过组织传统节庆活动和文化展览，展示和传承村落的传统习俗与工艺技能。

社区的参与和支持也是保护优秀传统文化的重要因素。在保护工作中，鼓励村民参与文化保护活动，如传统工艺的传承和文化讲座，可以增强村民的文化认同感和参与感，使保护工作更加深入和广泛。

在实施文化遗产保护的过程中，还需注意保护与发展的平衡。传统村落的保护不仅要关注历史文化和自然环境，还需考虑到村落的经济发展和居民生活。通过科学规划和合理开发，可以在保护中华优秀传统文化的同时实现村落的可持续发展；可以发展与优秀传统文化相关的旅游业，如民宿、手工艺品销售等，既能带动地方经济，又能促进文化的传播和传承。在这种平衡下，保护和发展相辅相成，既能保持传统村落的历史文化特色，也能提高村落居民的生活水平和幸福感。

2.生态修复

生态修复在传统村落中的应用，特别是通过植树造林和恢复湿地等措施，成为恢复生态平衡的重要手段。这些措施不仅有助于提高环境质量，还能促进传统村落的可持续发展和生态环境的全面恢复。通过对传统村落受损生态环境的修复，可以实现自然环境与人类生活的和谐共生。

首先，植树造林是恢复传统村落生态环境的有效措施之一。植树造林不仅能提高空气质量，降低二氧化碳的浓度，还能增强土壤的肥力，防止水土流失。传统村落中的植树活动常常以植树造林为主，通过种植各种树木和植物，恢复原有的森林覆盖。这一措施在古代就已有实践，如古代的"义务植树"活动和"绿化乡村"的传统习惯，都体现了对自然环境的重视。通过现代化的植树技术和科学的林业管理，能够有效提高植树造林的成效，进一步推动生态环境的修复。

其次，恢复湿地是传统村落生态修复的重要措施之一。湿地作为生态系统的重要组成部分，具有调节气候、净化水质、保护生物多样性等多种功能。在传统村落中，湿地被破坏常常导致生态系统的失衡，如水质恶化和生物栖息地的减少。通过恢复湿地，可以重建湿地生态系统，改善水文条件，恢复生物栖息环境。修复受损的湿地包括清除入侵植物、恢复湿地植被、重建水流系统等，这些措施能够有效恢复湿地的生态功能和环境质量。湿地的恢复不仅有助于提升生态系统的健康，还能为村落居民提供更好的生态环境和生活条件。

再次，传统村落的生态修复包括对传统农业实践的改造。传统村落中的农业活动对生态环境有着深远的影响。通过推广生态农业和有机农业，能够减少对土壤和水资源的过度开发与污染。在传统村落中引入轮作、复种和自然肥料等生态农业方法，可以有效提高土地的可持续利用率，减少化肥和农药的使用。这些措施不仅有助于提高农业生产对环境的友好性，还能恢复土壤的自然肥力，维护生态系统的平衡。

传统村落的生态修复还涉及水资源的管理和保护。在许多传统村落中，水资源的过度利用和污染是生态环境被破坏的重要原因。通过对水资源的有效管理和保护，可以改善水质，恢复水生态。建设雨水收集系统、修复河流湿地、加强水质监测和治理等措施，都可以有效保护和恢复水资源。水资源的管理不仅能提升传统村落的生态环境质量，还能改善居民的生活条件，保障水资源的可持续利用。

（二）传统文化与生态教育

传统文化与生态教育的结合，是推动环保意识和生态智慧传承的重要途径。生态教育课程通过将传统文化与生态教育相结合，开发课程和教材，能够有效地教授学生生态知识，并传递传统文化中的环保智慧。这种课程设置不仅能增强学生对生态环境的认知，还能使他们了解传统文化中的环保理念。在生态教育课程中，教师可以结合《周易》《道德经》等经典文献中的生态智慧，讲解如何实现人与自然的和谐共生。传统文化中的天人合一思想，强调人与自然的和谐关系，这一思想在现代环境教育中具有重要的指导意义。通过这样的课程设置，学生不仅能学到现代的生态知识，还能理解传统文化中的环保智慧，从而形成全面的生态观。

除了课程开发外，文化讲座和研讨会也是传播传统文化与生态保护知识的重要途径。通过举办关于传统文化与生态保护的讲座和研讨会，能够将传统文化中的生态智慧传播给更广泛的公众。这些讲座和研讨会可以邀请专家学者，介绍传统文化中的生态观念和实践经验。讲座中可以讲解中国古代农耕文化如何通过水土保持和轮作制度实现可持续发展，或者探讨儒家、道家哲学中的生态智慧。这些活动不仅能提高公众对中华优秀传统文化的认识，还能增强他们的环保意识。通过深入浅出的讲解和互动讨论，参与者能够更好地理解传统文化中的生态理念，并在日常生活中践行环保措施。

传统文化中的环保智慧对现代生态教育有着重要的借鉴意义。中国古代文化中包含了丰富的生态智慧，这些智慧体现在诸多方面，如节俭用水、合理利用资源和保护生物多样性等。古代的天人合一思想提倡尊重自然、顺应自然，这种思想在现代环境保护中仍然具有重要的现实意义。通过将这些中华优秀传统文化中的生态智慧融入现代生态教育，可以为环境保护提供新的视角和解决方案。传统的节水方法，如雨水收集和灌溉系统，可以为现代水资源管理提供有益的借鉴。传统文化中的这些智慧，不仅能丰富现代生态教育的内容，还能为生态环境的可持续发展提供实际的指导。

第四节　中华优秀传统文化在社会治理中的应用

一、文化在社会治理中的价值体现

（一）道德规范与伦理建设

道德规范与伦理建设在中华优秀传统文化中占据了核心地位，通过社会规范和家庭教育的双重作用，推动了社会的道德发展和伦理建设。中华优秀传统文化中的伦理道德观念，特别是儒家的仁、义、礼、智、信，为社会行为提供了明确的规范和标准，而传统文化中的家庭伦理，如孝道和家庭和谐，则深刻影响了家庭教育的方式，进而对培养高尚道德的社会成员发挥了积极作用。

中华优秀传统文化中的伦理道德观念，尤其是儒家的仁、义、礼、智、信，为社会行为提供了系统的规范和标准。儒家思想中的仁、义、礼、智、信，是社会道德建设的核心要素。仁，强调对他人的关爱和体贴；义，注重公平和正义；礼，体现对传统规范和礼仪的尊重；智，讲求智慧和理性；信，则强调诚信和承诺。这些伦理道德观念不仅为个人行为提供了指导，也为社会交往设定了标准。通过对这些伦理规范的遵循，人们能够在社会交往中表现出良好的道德品质，维护社会的和谐与稳定。儒家的"仁爱"理念促使人们在与他人交往时保持善意和尊重，这不仅改善了个人的道德风貌，也增强了社会的凝聚力和互信。这些传统道德观念在社会的各个层面都发挥着积极作用，推动社会的道德建设不断向前发展。

家庭教育在优秀传统文化中具有重要地位，特别是强调家庭伦理，如孝道和家庭和谐，对家庭教育的方式产生了深远影响。孝道作为儒家伦理的重要组成部分，强调子女对父母的孝敬和照顾。这一观念不仅是家庭教育的基石，也影响了家庭成员之间的关系和行为规范。孝道的实践鼓励家庭成员之间互相关爱和支持，增强了家庭的凝聚力和稳定性。家庭和谐的理念在优秀传统文化中同样被高度重视，通过强调家庭成员之间的和睦相处和相互尊重，培养了家庭成员的良好品德和社会责任感。在家庭教育中，父母往往通过言传身教，向子女传授尊重长辈、关爱兄弟姐妹等道德观念，这些教育方式不仅塑造了子女的品德，也对其在社会中的行为产生了积极影响。通过良好的家庭教育，培养出具有高尚品德的社会成员，促进了社会的整体道德水平提升。

（二）社会稳定与和谐

社会稳定与和谐在现代社会中越来越受到重视，传统文化中的和谐理念在改善社区治理和解决社会冲突方面发挥了重要作用。社区治理和冲突调解是社会稳定的重要环节，传统文化中强调的和谐理念不仅为社区治理提供了指导思想，还为解决社会矛盾提供了有效的方式。这种文化影响在提升社区和谐、减少社会冲突方面发挥了积极的作用，为社会的整体稳定与和谐做出了贡献。

传统文化中强调的和谐理念在社区治理中具有重要作用。和谐理念强调人与人之间的友好关系、共同合作和相互尊重，这些观念能够改善社区治理结构，使得社区管理更加人性化和有效。在传统文化的影响下，社区治理不仅关注管理和行政职能，还重视建立和谐的邻里关系和促进居民的共同参与。中华优秀传统文化提倡的"和为贵"理念，鼓励社区成员以和谐的态度处理邻里纠纷和社区问题，从而提升社区的整体和谐度。这种理念的融入，有助于构建一个友善和互助的社区环境，减少社会矛盾和冲突。

传统文化中的和谐观念有助于推动邻里关系的改善。邻里关系是社区和谐的基础，而和谐的邻里关系能够有效减少社区内部的摩擦和矛盾。在中华优秀传统文化中，邻里之间的互助和关爱被视为重要的道德规范，社区成员之间应当互相尊重、关心和帮助。这种观念的实践，使社区成员能够在日常生活中建立起良好的互动和合作关系，从而增强社区的凝聚力与和谐性。中华优秀传统文化中的"睦邻友好"理念，鼓励居民积极参与和支持社区活动，形成共同参与和共同发展的良好局面。这种积极的邻里互动，能够提升社区的整体稳定性和居民的幸福感。

在解决社会冲突方面，中华优秀传统文化中的调解方式也发挥了重要作用。传统社会中常用的冲突调解方式，如乡贤调解，以其公正和有效的特点被广泛应用。乡贤调解是指由具有威望和公信力的乡贤或长者在社区内部主持调解，解决纠纷和冲突。这种调解方式不仅依靠乡贤的智慧和经验，还强调调解过程中的公正和公平。乡贤调解的成功之处在于其能够充分考虑各方的利益和情感，寻求一种大家都能接受的解决方案，从而有效地化解冲突，维护社会的稳定性。

传统文化中的调解方式还有其他形式的应用，例如，调解委员会和调解员的角色。这些传统调解机制依托社区内部的文化和道德观念，充分发挥社区成员的作用，解决社会矛盾和纠纷。调解委员会通常由社区居民自愿组成，成员通常具备一定的社会威望和调解经验，通过集体讨论和协商，寻求公正合理的解决方案。这种机制不仅能在基层层面解决问题，还能增强社区的自我管理能力和凝聚力，从而促进社会的稳定和和谐。

二、传统文化在社会治理中的实践应用

（一）法治与德治结合

法治与德治的结合是现代社会治理的重要方向，通过将优秀传统文化中的道德观念融入法律体系，能够提高社会治理的有效性。法律与道德的融合有助于形成更加全面和人性化的法律体系。在中华优秀传统文化中，儒家思想强调"德治"即通过道德教化实现社会的和谐与稳定。这种思想在法律体系中的融入，不仅使法律成为对行为的规制工具，还体现出道德和伦理的导向。在刑法和民法中引入对诚信、责任感等传统道德观念的考虑，可以促进社会成员自觉遵守法律，并在行为规范上达到道德和法律的双重约束。这种融合能够在法律的硬性约束和道德的软性引导之间找到平衡，从而提升法律的执行效果和社会的整体道德水平。

法治与德治的结合能够增强法律的社会认同和接受度。在现代社会中，单纯依靠法律的强制力可能无法完全解决所有的社会问题，而道德观念的引入可以帮助法律获得更多的社会支持和认同。传统文化中关于家庭伦理和社会责任的观念，可以通过法律条文的形式加以体现，从而让法律在实践中更具人情味和现实性。通过这种结合，法律不仅能有效维护社会秩序，还能促进公众对法律的尊重和支持。这种社会认同的增强，有助于提高法律的实施效果，并进一步推动社会的法治建设和道德提升。

进一步说，在公共政策的制定中，将传统文化的伦理观念结合进去，能够增强政策的社会认同和接受度。传统文化中的伦理观念，如儒家的"仁爱"、道家的"自然"等，对于社会公共政策的设计和实施具有重要的指导意义。在制定涉及社会福利、环境保护、公共安全等领域的政策时，可以结合传统文化中的伦理观念，确保政策不仅符合现代社会的需求，也能体现出传统的道德智慧。这种结合有助于增强政策的文化适应性和公众认同感，提高政策的实施效果和社会稳定性。公共卫生政策可以结合传统文化中强调的健康和预防理念，促进公众健康意

识的提升；社会福利政策可以融入儒家提倡的关爱和帮助精神，推动社会的公平与和谐。

法治与德治的结合还能够提升社会治理的综合效能。在现代社会，社会治理不仅涉及法律的实施，还包括道德规范的建立和维护。通过将传统文化中的道德观念融入法律和公共政策，可以形成更加全面和综合的治理体系。在社会治理中，法律可以作为规范行为的基础，而道德则可以作为促进社会和谐的补充。通过法律和道德的双重约束与引导，能够更有效地解决社会矛盾和问题，提高社会治理的整体水平。社区治理中，通过法律的规范和道德的引导，可以有效推动社区成员之间的互助合作，提升社区的和谐氛围和治理效果。

（二）传统文化的现代化应用

传统文化的现代化应用在社会治理中发挥了越来越重要的作用，其中，数字化治理和文化活动的结合，提供了提升社会治理效率和文化氛围建设的新途径。首先，数字化治理是将传统文化的治理理念与现代技术手段相结合的重要方式。传统文化中如"以德治国"的治理思想，强调通过道德教育和社会规范达到良好的治理效果。将这一理念的数字化，能够有效提升社会治理的效率和科学性。开发智慧城市和数字社区平台，可以利用现代信息技术对城市管理和社区服务进行智能化改造。这些平台通过数据采集、分析和处理，实现对社会事务的实时监控和管理，从而提高了治理的精准度和响应速度。通过智慧城市系统，可以实时监测交通流量、环境质量等数据，及时调整交通信号和环境治理措施，以优化城市管理。而在数字社区中，通过居民信息管理系统和在线服务平台，可以方便居民进行各种事务处理和信息查询，提升了社区服务的效率和质量。

其次，传统文化的现代化应用体现在文化活动的组织和推广上。通过举办传统文化活动，如传统节日庆典、文化讲座等，能够有效促进社会治理中的文化氛围建设。传统节日庆典不仅能传承和发扬中华优秀传统文化，还能在社区中营造积极向上的文化氛围。当春节、中秋节等传统节日时，社区可以组织丰富多彩的庆祝活动，如灯会、书法展览和民俗表演等，这些活动不仅丰富了居民的文化生活，也增强了社区的凝聚力和归属感。文化讲座和研讨会则可以围绕中华优秀传统文化的核心理念，如儒家思想、道家哲学等，进行深入的探讨和交流。这些文化活动不仅提高了居民对优秀传统文化的认知和理解，也促进了文化理念在社会治理中的实际应用。

　　进一步地，数字化治理与传统文化活动的结合，能够更好地提升社会治理的文化内涵。通过数字化平台，可以将传统文化活动的信息和资源进行线上展示与推广。开发与传统文化相关的移动应用程序，可以提供传统节日的活动安排、文化知识的普及和互动交流的平台。这种数字化的方式不仅方便了居民参与传统文化活动，还扩大了传统文化活动的影响范围。数字化技术还可以为传统文化活动的组织提供数据支持和分析工具，如通过数据分析了解居民的文化需求和兴趣，从而优化活动的策划和实施。这种结合现代技术与传统文化的方式，不仅增强了文化活动的效果，也推动了中华优秀传统文化在社会治理中的现代化应用。

第八章 中华优秀传统文化的
实践与推广

第一节 中华优秀传统文化的社区实践模式

一、社区文化活动的实践

（一）传统节日的庆祝活动

1. 节日庆典

节日庆典在社区文化生活中扮演着重要角色，通过组织传统节日的庆祝活动，不仅丰富了居民的文化生活，还增强了社区的凝聚力。这些活动通过集体庆祝、文艺演出、民俗展示等形式，让居民共同体验和参与传统节日，进一步传承和发扬了中华优秀传统文化的魅力与价值。

春节庆典在社区中具有举足轻重的地位。春节是中国最重要的传统节日之一，象征着万象更新。社区组织的春节庆祝活动通常包括丰富的节目安排，如舞狮、舞龙、春晚文艺演出等。这些活动不仅展示了春节的传统习俗，也为社区居民提供了一个欢乐的聚会场所。在庆祝活动中，社区成员可以共同参与年夜饭、挂灯笼、贴春联等传统习俗，这种集体参与的形式，不仅增强了居民的节日氛围，也拉近了彼此的距离。通过组织春节集市和手工艺展示，居民可以了解和购买传统的春节食品与工艺品，进一步体验春节的文化内涵。这些庆祝活动不仅丰富了居民的节日体验，还促进了社区的互动和交流，增强了社区的凝聚力和归属感。

端午节的庆祝活动同样在社区中占有重要地位。端午节是中国传统的节日，以纪念古代爱国诗人屈原为主题。社区组织的端午节活动通常包括赛龙舟、包粽子比赛和端午文化展览等。这些活动不仅展示了端午节的传统习俗，也为居民提供了互动和参与的机会。赛龙舟活动可以吸引大量居民参与，增强社区的集体意识和团队精神。包粽子比赛和端午文化展览，则让居民了解传统的端午节食品和习俗，体验优秀传统文化的魅力。通过这些庆祝活动，居民不仅能在欢庆节日的过程中感受到优秀传统文化的魅力，还能增进对社区文化的认同和参与感。

中秋节庆典是社区文化活动的重要组成部分。中秋节是中国传统的团圆节，象征着家庭的团聚和圆满。社区在中秋节的庆祝活动中，通常会组织赏月晚会、月饼制作体验和传统文化讲座等。这些活动让居民在节日中体验到浓厚的传统文化氛围，同时，也加强了社区成员之间的联系。在中秋节晚会上，居民可以一同观赏月亮，分享月饼，参加文艺演出和灯谜活动。这种形式的庆祝活动，不仅营造了节日的欢乐氛围，也让居民在集体活动中感受到节日的温馨和团圆。通过举办中秋节的传统文化讲座和工艺展示，居民可以深入了解中秋节的历史和文化背景，增强对传统节日的认同感和文化自豪感。

进一步说，节日庆典活动对于社区的文化传承和社会融合也起到了积极的推动作用。通过组织丰富多彩的节日活动，社区能够让传统节日的文化内涵和习俗得以延续与发扬。这种文化传承不仅帮助年轻一代了解和认同优秀传统文化，也促进了老一辈对传统节日的怀旧和回忆。节日庆典活动为社区成员提供了一个共同参与和交流的平台，促进了不同背景和文化居民之间的互动与理解。通过共同庆祝节日，居民能够增强对社区的归属感和认同感，推动社区的社会融合与和谐发展。

在实际组织节日庆典活动时，社区需要考虑到不同群体的需求和特点。为了让节日活动更加包容和多样化，社区可以组织形式多样的庆祝活动，如面向儿童的趣味游戏、面向老年人的传统文化讲座和面向不同民族的节日习俗展示。这种多样化的活动安排，能够满足不同群体的需求，让每个居民都能够找到自己感兴趣并愿意参与其中的活动。社区也可以通过邀请当地的文化艺术团体和专业人士参与节日活动，为居民带来更高质量的文化体验和表演。这种综合性的庆祝方式，不仅能提升节日活动的丰富性和吸引力，还能增强居民的参与感和满意度。

2. 传统工艺展览

在节日期间举办传统工艺展览，如剪纸、陶瓷、书法等，为社区居民提供了深入了解和体验传统工艺的机会。这类展览不仅展示了传统工艺的独特魅力，也在文化传承和社区凝聚力方面发挥了重要作用。通过这样的平台，居民可以更好地认识和体验本土文化，从而增强文化认同感。

在节日期间举办传统工艺展览，为社区居民提供了一个展示和欣赏传统工艺的机会。节日是社区活动的高潮时刻，也是文化展示的最佳时机。在这些展览中，剪纸、陶瓷、书法等传统工艺品被精心陈列，展示了工艺品的历史背景、制作工艺以及文化意义。剪纸作为一种古老的民间艺术，以其独特的图案和色彩展示了中华优秀传统文化的丰富内涵。通过展览，居民不仅可以欣赏到精美的剪纸作品，还可以了解其背后的故事和传统技艺。这种展示形式让传统工艺品得到了应有的尊重和重视，也使得社区居民对这些工艺品有了更深入的认识。

传统工艺展览为居民提供了亲身体验传统工艺的机会。展览不仅是静态的展示，还包括互动环节，如工艺制作演示和动手体验等。社区居民可以在展览中参与剪纸、陶瓷制作、书法练习等活动，感受传统工艺的制作过程和技巧。这种参与式体验不仅提高了居民对传统工艺的兴趣，也增加了他们对优秀传统文化的认同感。居民在亲手制作陶瓷时，能够感受到传统陶艺的魅力和制作工艺的复杂性，从而更深刻地理解和欣赏这一传统艺术。这种体验式学习方式比单纯的观赏更能激发居民的文化兴趣和认同感。

进一步说，传统工艺展览能够加强社区的文化认同感和凝聚力。节日是社区居民聚集和交流的时刻，通过举办传统工艺展览，可以为居民提供一个共同的文化体验平台。在这样的活动中，居民不仅分享了对传统工艺的兴趣，还交流了对本土文化的理解和感受。展览中的讲解员和工艺师傅可以向居民讲述传统工艺的历史与文化背景，增加居民对传统工艺的理解和认同。展览还为居民提供了相互交流的机会，增强了社区的凝聚力。通过共同参与和体验传统工艺，居民之间的文化纽带得到了加强，社区的文化氛围也得到了提升。

传统工艺展览还能够促进传统工艺的保护和传承。在现代社会的快速发展中，传统工艺面临着失传和消失的风险。通过节日期间的展览活动，传统工艺得以被广泛展示和传播，从而引起更多人的关注和重视。年轻一代通过参与传统工艺展览，能够了解到传统工艺的独特魅力和文化价值，从而激发他们对传统工艺的兴趣和学习热情。这种对传统工艺的关注和学习，有助于保护和传承传统工艺，确保这些宝贵的文化遗产得以延续。

同时，传统工艺展览的成功举办也面临一些挑战。展览的筹备需要大量的资源和人力，包括工艺品的收集、展览场地的布置以及工作人员的安排等。如何吸引更多的社区居民参与展览，并使其真正感受到传统工艺的魅力，也是需要解决的问题。为了解决这些问题，可以通过多渠道宣传和组织丰富的活动环节提升展览的吸引力；也可以鼓励社区居民参与展览的筹备和组织，增强他们对展览的兴趣和参与感。

（二）传统文化教育与传播

传统文化教育与传播在现代社会中扮演着重要的角色，其中，社区讲堂作为一种有效的传播方式，能够显著提升社区居民的文化素养。设立传统文化讲堂，邀请专家学者或传统文化传承人讲解传统文化的核心价值观、经典著作和文化礼仪，是实现这一目标的重要途径。这些传统文化讲堂不仅提供了一个学习优秀传统文化的平台，还将优秀传统文化的精髓传递给广大社区居民，从而增强他们对优秀传统文化的认知和理解。

社区讲堂的设置能够为社区居民提供系统的传统文化教育。通过邀请专家学者讲解优秀传统文化的核心价值观，如儒家的"仁爱礼仪"、道家的"无为而治"等，可以帮助居民深入理解这些价值观的历史背景和现实意义。这些核心价值观不仅是优秀传统文化的基石，也是现代社会道德规范的重要参考。儒家的"礼"不仅仅是社交礼仪的规范，更是一种文化伦理的体现，通过讲解这种文化内涵，可以使社区居民在日常生活中更加注重礼仪和规范，从而提升个人的文化素养和道德水平。

讲堂中的经典著作解读也是传统文化教育的重要内容。中华优秀传统文化中有许多经典著作，如《论语》《道德经》《诗经》等，这些著作不仅在中国文化史上占据重要地位，也在世界文化中具有深远影响。通过讲解这些经典著作的内容和思想，社区讲堂可以帮助居民更好地理解传统文化的精华。《论语》中的"学而时习之，不亦乐乎"强调了学习和实践的重要性，通过这样的讲解，可以激发居民的学习兴趣，并将这些智慧运用于实际生活中。经典著作的学习还能够培养居民的阅读兴趣和文化鉴赏能力，丰富他们的精神世界。

文化礼仪的传授也是社区讲堂的一个重要方面。传统文化中的礼仪规范，如家庭礼仪、社交礼仪和节庆礼仪，不仅有助于维护社会秩序，还能促进人际关系的和谐。通过讲解这些礼仪规范，社区讲堂可以帮助居民掌握正确的礼仪方式，从而提升他们的社交能力和个人形象。在讲解春节期间的拜年礼仪时，可以教会居民如何在节日中表达祝福和尊重，这不仅能增强节日的氛围，还能促进社区的和谐与友善。礼仪的传授不仅仅是对优秀传统文化的继承,更是对现代社会礼仪规范的引导和提升。

社区讲堂的设立还能够促进优秀传统文化的传播和普及。通过定期举办讲座和研讨会,可以让更多的社区居民接触到优秀传统文化,并参与文化活动。这种活动形式能够吸引不同年龄层次和背景的居民参与,从而形成对优秀传统文化的广泛认同和支持。通过组织传统节日庆祝活动,可以让居民亲身体验优秀传统文化的魅力,并感受到节日的独特氛围。这种体验式的学习方式,比单纯的理论讲解更能够激发居民对优秀传统文化的兴趣和热情。

为了确保社区讲堂的效果,还需要注重讲座内容的丰富性和讲解形式的多样性。社区讲堂的内容应当涵盖优秀传统文化的各个方面,如历史、哲学、艺术和民俗等,以满足不同居民的学习需求。讲解形式既可以结合讲座、讨论、互动体验等多种方式,使学习过程更加生动和有趣;也可以通过组织书法展示、茶道体验等活动,让居民在实际操作中体验优秀传统文化的魅力;还可以邀请优秀传统文化传承人进行现场演示,让居民感受到传统技艺的真实魅力。

二、社区文化设施的建设

(一)传统文化活动中心的建立

1. 文化活动中心

在社区内建设专门的传统文化活动中心,为社区居民提供了一个开展传统文化活动的场所,这对于其文化参与和创作具有重要意义。通过设立书法室、绘画室、音乐室等功能区,文化活动中心能够为居民提供丰富的文化活动体验,促进优秀传统文化的传承和发展。这种文化活动中心不仅是社区文化建设的重要组成部分,还为居民的文化生活提供了便利和支持。

传统文化活动中心的设立能够有效促进优秀传统文化的传播和发展。在书法室中,居民可以学习和实践中国传统书法艺术,了解不同书法流派和技法,体验书法创作的乐趣。这不仅帮助居民掌握书法技能,还能深化对中华优秀传统文化的理解和认同。书法作为一种传统艺术形式,承载了丰富的文化内涵和历史价值,通过专门的书法室,居民能够在日常生活中接触和学习这项艺术,提高对优秀传统文化的兴趣和参与度。绘画室则为居民提供了一个创作中国传统绘画作品的空间,居民可以在这里学习国画技法,创作山水画、花鸟画等,体验传统绘画艺术的魅力。绘画室不仅能提升居民的艺术素养，还能促进传统绘画技法的传承和创新。音乐室则为居民提供了一个学习和欣赏传统音乐的场所，通过举办音乐课程和演出，居民能够接触到中国传统音乐的多样性，如古筝、二胡、京剧等，感受传统音乐的韵味和魅力。

文化活动中心为社区居民提供了一个交流和互动的平台，增强了社区的文化氛围。在传统文化活动中心，居民不仅可以进行个人创作，还可以参加各种文化活动和课程，与其他居民交流和分享。书法、绘画、音乐等活动的开展，不仅丰富了居民的文化生活，还促进了居民之间的互动和沟通。通过组织书法比赛、绘画展览、音乐演出等活动，居民能够展示自己的才艺，分享创作心得，增进对优秀传统文化的理解和兴趣。这种互动不仅能提升居民的文化素养，还能加强社区的凝聚力和文化认同感。社区内的文化活动中心成为一条文化交流的纽带，促进了社区成员之间的相互了解和合作。

文化活动中心的建设还能够为社区提供多样化的文化服务和教育机会。通过定期举办文化讲座、工作坊和培训班，文化活动中心能够为居民提供专业的文化教育和技能培训。书法大师的讲座和书法班可以帮助居民深入了解书法艺术的历史与技法，提高创作水平；绘画大师的指导和展览则可以提供创作灵感与艺术启发；音乐教师的授课和演出能够让居民更好地学习和欣赏传统音乐。这些教育和培训机会不仅能提高居民的文化素养，还能为他们提供展示和发展的平台。通过这些活动，文化活动中心能够发挥文化教育和服务的作用，促进社区的文化繁荣和发展。

同时，文化活动中心的建设和运营也面临一些挑战，如资源的配置和管理问题。文化活动中心不仅需要配备专业的设施和设备，如书法纸张、绘画颜料、乐器等，还需要聘请专业的教师和指导员。如何合理配置资源、管理设施和保障活动的顺利进行，是需要解决的问题。居民的参与度和兴趣也需要激发与引导。为了提高文化活动中心的吸引力，需要根据居民的需求和兴趣，设计丰富多样的活动内容和形式。例如，通过问卷调查、座谈会等方式了解居民的文化需求，并根据反馈调整活动安排。宣传和推广也是提高参与度的重要手段，通过社区宣传、媒体报道等方式，提高文化活动中心的知名度和影响力，吸引更多居民参与。

文化活动中心的运营也需要与社区其他资源进行整合。与当地学校、社区组织、文化团体等合作，共同策划和组织文化活动，提升活动的质量和效果。通过这种合作，可以充分利用社区的资源和优势，实现文化活动中心的可持续发展和运营。

2. 展览馆与博物馆

设立传统文化展览馆或小型博物馆为展示和传承传统文化提供了一个重要的平台。这些展览馆和博物馆不仅展示了传统文化的历史文物、艺术作品及手工艺品，还为居民提供了参观和学习的机会，从而促进了对传统文化的理解和认同。通过这些展览馆和博物馆的建设与运营，传统文化得以在现代社会中有效地保护和传承，同时，也为公众提供了一个了解和体验传统文化的窗口。

传统文化展览馆和小型博物馆通过展示历史文物与艺术作品，保存和传承了珍贵的文化遗产。这些展览馆通常展出各种历史文物，如古代器物、书法作品、绘画以及传统工艺品，这些展品不仅具有历史和艺术价值，还反映了特定历史时期的社会风貌和文化特色。一座展示古代瓷器和青铜器的小型博物馆，可以让观众直观地了解古代中国的工艺技术和美学风格。通过这些展览，观众能够直面历史，感受到传统文化的深厚底蕴，从而增强对文化遗产的尊重和保护意识。

传统文化展览馆和博物馆为居民提供了学习与体验传统文化的机会。这些场所不仅是展示文化遗产的空间，还常常设有互动体验区和教育活动。展览馆可能设有书法体验区，让参观者亲自体验传统书法的魅力，或者安排工艺制作工作坊，让参观者学习制作传统手工艺品。这种互动性的设计，不仅让参观者更深入地了解传统文化，还使他们能够通过实际操作感受到传统工艺的精髓，从而提升文化素养和动手能力。这种教育功能使得传统文化的传承不仅仅停留在观展层面，更深入公众的日常生活。

设立传统文化展览馆和博物馆还有助于促进社区文化建设与社会交流。这些文化场所通常成为社区活动的重要节点，举办各种文化讲座、艺术展览、传统节日庆典等活动，能够吸引社区居民的广泛参与。展览馆可以组织关于中国传统节日的庆祝活动，如春节、中秋节的专题展览和文化体验，让居民在参与活动的过程中加深对传统节日的理解和认同。这种社区活动不仅丰富了居民的文化生活，还增强了社区的凝聚力和文化归属感。

同时，传统文化展览馆和博物馆的建设与运营也面临一些挑战。展览馆和博物馆需要投入大量的资金和资源用于展品的保护及展示。高质量的展览需要精心策划和设计，以确保展品的安全和展览的效果。馆内的教育和互动活动需要专业人员的支持，包括讲解员、工艺师和教育工作者等，这些专业人员的培训和管理也是一项重要的任务。展览馆和博物馆需要不断更新和维护展览内容，以保持参观者的兴趣和参与度，这对运营和管理提出了更高的要求。

在国际化背景下，传统文化展览馆和博物馆还需要考虑如何吸引外国游客与国际观众。这意味着展览内容和解说需要具备多语言的支持，并且需要与国际标准接轨，以满足不同观众的需求。与国际文化机构的合作，也能够扩大展览馆和博物馆的影响力，使其成为全球文化交流的重要平台。通过与国际博物馆联盟的合作，可以引入国际性的展览项目和文化交流活动，提高展览馆的国际知名度和影响力。

（二）文化遗产的保护与传承

文化遗产的保护与传承是现代社会文化建设的重要任务，而社区文化遗产志愿者团队的建立与活动则是这一任务中的关键组成部分。建立专注于社区文化遗产的志愿者团队是推动文化保护与传承的基础步骤。这些志愿者团队由热爱本地文化的居民、学者、学生，以及相关领域的专业人士组成，他们以自愿和奉献的精神，致力于社区文化遗产的保护与推广。通过志愿者的积极参与，可以有效地增强社区居民对文化遗产的关注和参与意识，形成保护文化遗产的良好氛围。这种团队的建立不仅能凝聚社会资源，还能促进文化遗产保护工作的广泛参与和合作，从而提升文化遗产保护的整体效能。

志愿者团队在社区文化遗产保护中的角色不可忽视，他们通过组织丰富多彩的活动增强居民对文化遗产的保护意识。志愿者可以定期组织社区文化遗产的讲座、展览和体验活动，让居民亲身体验和了解本地文化的独特魅力。这些活动不仅可以提高居民对文化遗产的认知度，还可以激发他们对文化遗产保护的兴趣和热情。通过举办传统手工艺的展示和互动体验活动，居民可以更加直观地了解传统技艺的精髓，从而增强对文化遗产保护的自觉性。这种活动的开展能够有效地推动文化遗产保护意识的普及和深入，进而形成全社区共同参与的保护网络。

进一步说，志愿者团队在宣传和教育方面的工作同样至关重要。通过制定和实施系统的宣传策略，志愿者团队可以将文化遗产的保护知识传递给更广泛的受众群体。志愿者可以利用社区公告栏、社交媒体、地方电视台等多种渠道，发布关于文化遗产保护的文章、视频和消息，增加居民对文化遗产的了解和关注。这种宣传不仅可以提高公众的文化素养，还可以促使更多的人参与文化遗产保护的行动。通过广泛的宣传和教育，志愿者团队能够在社区内外营造浓厚的文化保护氛围，从而推动文化遗产的长期保护和传承。

志愿者团队可以通过开展调查和研究，帮助识别和记录社区内的文化遗产资源。这种工作能够为文化遗产的保护提供科学依据和数据支持。志愿者可以开展社区文化遗产的实地调查，记录传统建筑、民俗活动、地方语言等方面的文化信息，并将这些资料整理成册，形成系统的文化遗产档案。这不仅可以为未来的保护和传承工作提供参考，还可以提高文化遗产的保护水平和管理效率。志愿者团队还可以与学术机构和文化保护组织合作，进行更深入的研究和分析，为文化遗产的保护提供专业支持和建议。

在实际操作中，社区文化遗产志愿者团队还需要面临一些挑战和问题。志愿者团队的建设和运作需要得到社会各界的支持与配合，包括政府部门、文化机构和企业等。这些支持能够为志愿者团队提供必要的资源和条件，如资金、场地和专业指导，从而保证文化遗产保护工作的顺利进行。志愿者团队需要具备一定的专业知识和技能，以便有效地开展文化遗产保护和推广工作。因此，志愿者的培训和能力建设也显得尤为重要。通过系统的培训和学习，志愿者能够提高自身的专业水平，更好地完成文化遗产保护任务。

第二节　中华优秀传统文化在公共文化服务中的推广

一、公共文化场所中的传统文化推广

（一）博物馆和文化中心的角色

博物馆和文化中心在弘扬中华优秀传统文化方面扮演着至关重要的角色，其中，展览与讲解活动和专题讲座与工作坊是其核心职能之一。博物馆和文化中心通过举办中华优秀传统文化展览，展示古代文物、传统工艺品等，能够有效地将中华文化的瑰宝呈现在观众面前。这些展览不仅展示了中华优秀传统文化的丰富多样性，还帮助观众直观地了解中华文化的历史和艺术。博物馆可以组织专题展览，展示中国古代青铜器、陶瓷、书法和绘画等珍贵文物，这些展览不仅让观众领略到中华文明的悠久历史，还让观众感受到传统工艺的精湛技艺。通过展览，观众不仅能看到实物，还能通过多媒体技术，如虚拟现实和互动屏幕，深入了解文物的背景和历史。这种直观的展示方式增强了观众对优秀传统文化的理解和认同，使中华文化的魅力得以广泛传播。

博物馆和文化中心在展览中提供的专业讲解，也起到了至关重要的作用。专业讲解员不仅能为观众详细介绍展品的历史背景和文化内涵，还能解答观众在参观过程中产生的问题。这种专业的讲解服务，能够帮助观众更好地理解展览内容，从而加深对中华优秀传统文化的认识。在展览古代书法作品时，讲解员可以详细介绍书法的历史发展、各个书法流派的特点，以及每部书法作品的创作背景和艺术价值。这种深入的讲解不仅提升了展览的教育效果，还增强了观众的文化体验，使中华优秀传统文化得以在观众心中留下深刻的印象。

进一步地，博物馆和文化中心通过组织专题讲座与工作坊，进一步推动了中华优秀传统文化的传播和教育。这些活动通常围绕中华优秀传统文化的核心主题，如书法、剪纸、传统音乐等，邀请专家进行教学和演示。书法工作坊可以邀请书法大师现场演示书写技巧，并指导参与者进行书法练习，这种互动式的学习方式不仅提高了参与者的书法水平，还让他们对书法艺术产生更深的兴趣和理解。专题讲座则可以邀请学者和专家围绕中华优秀传统文化的各个方面进行深入讲解，通过系统的讲解和讨论，使参与者对优秀传统文化有更全面的认识。这些讲座和工作坊不仅提升了公众的文化素养，还促进了中华优秀传统文化的实际应用和传承。

专题讲座和工作坊还能够促进文化交流和社区建设。通过组织以传统文化为主题的讲座和工作坊，博物馆和文化中心可以吸引不同背景的观众参与其中，促进跨文化的交流与理解。在传统音乐工作坊中，参与者不仅可以学习传统音乐的演奏技巧，还可以了解音乐背后的文化故事和历史背景。通过这种形式的互动交流，不仅增强了参与者对中华优秀传统文化的认知，还促进了社区成员之间的联系和合作。这种文化活动的组织，不仅丰富了社区的文化生活，也为中华优秀传统文化的传播和交流提供了良好的平台。

（二）公共图书馆中的文化推广

公共图书馆作为文化推广的重要平台，通过传统文化书籍的收藏与借阅，以及文化讲座和读书会的举办，能够有效地促进中华优秀传统文化的传播和普及。这些举措不仅丰富了图书馆的文化资源，还提高了公众对优秀传统文化的认知和兴趣，发挥了公共图书馆在文化教育中的积极作用。

　　传统文化书籍的收藏与借阅是公共图书馆推广文化的重要手段。通过增加中华优秀传统文化相关书籍和资料，公共图书馆可以为读者提供丰富的文化资源。这些书籍包括经典文献、历史档案、传统艺术等，涵盖了中华优秀传统文化的各个方面。图书馆可以收藏《论语》《道德经》《史记》等经典文献，以及关于中国古代历史、哲学、艺术的研究资料。这些书籍不仅是了解优秀传统文化的重要来源，也为研究者和爱好者提供了宝贵的参考资料。与传统艺术相关的书籍，如关于书法、国画、传统音乐等的介绍，能够让读者更好地理解和欣赏中华传统艺术。通过这些书籍的借阅，读者不仅能获得丰富的文化知识，还能深入了解中华文化的历史和发展。

　　进一步地，公共图书馆中的文化推广还可以通过文化讲座和读书会的形式实现。定期举办与中华优秀传统文化相关的讲座和读书会，能够为公众提供深入了解优秀传统文化的机会。这些讲座通常邀请专家学者，围绕中华优秀传统文化的各个方面进行讲解和交流。图书馆可以举办关于中国古代哲学、文学、历史的讲座，邀请相关领域的专家分享他们的研究成果和见解。这种讲座不仅可以提高公众对优秀传统文化的兴趣，还可以增加他们对中华文化的了解和认同。读书会则为读者提供了一个讨论和交流的空间，通过对传统文化书籍的阅读和讨论，激发读者对中华文化的思考和探索。

　　文化讲座和读书会还能够促进社区的文化氛围与互动。通过组织这些活动，公共图书馆能够成为社区文化交流的中心，会聚不同背景和兴趣的读者，共同探讨中华优秀传统文化的话题。这种文化互动不仅能增强社区的凝聚力，还能推动优秀传统文化的传播和普及。在读书会上，参与者可以分享他们对传统文化书籍的读后感，讨论文化观念和价值观，从而增进对优秀传统文化的理解和认同。讲座和读书会的组织也能够促进图书馆与学术界、文化界的合作，拓展图书馆的文化资源和服务功能。

　　在实施这些文化推广活动时，公共图书馆也面临一些挑战。图书馆需要确保传统文化书籍的更新和丰富，以满足不同读者的需求。随着时代的发展，新的研究成果和文化资料不断涌现，图书馆需要及时更新馆藏，确保提供最新的文化资源。文化讲座和读书会的组织需要考虑到不同读者的兴趣与需求，设计具有吸引力和针对性的活动内容。图书馆还需要注重活动的宣传和推广，以吸引更多的读者参与。通过多渠道的宣传，例如，社交媒体、社区公告等，能够提高活动的知名度和参与度。

二、社区和公共活动中的传统文化推广

（一）社区文化活动的组织

社区文化活动的组织在加强文化认同和提升居民生活质量方面发挥着重要作用。特别是，通过传统节日庆祝活动和社区文化培训班，可以有效地促进中华优秀传统文化的传承和社区的凝聚力。以下将详细论述如何通过这些活动增强社区文化的活力和居民的文化认同感。

传统节日庆祝活动在社区文化活动中占据了重要的位置。这些活动不仅仅是节日的庆祝，更是优秀传统文化传承的重要途径。春节、端午节和中秋节等传统节日的庆祝，能够通过丰富多彩的文化节目和互动活动，使居民体验到节日的欢乐氛围和文化精髓。在社区中组织春节联欢晚会，可以包括舞龙舞狮、传统戏曲、民间音乐等节目，既展示了传统艺术的魅力，也增强了社区居民的文化认同感。端午节则可以通过包粽子比赛、龙舟竞赛等活动，让居民参与传统习俗，感受节日的历史意义和文化价值。同样地，中秋节的月饼制作、赏月活动等，不仅丰富了节日庆祝的形式，还促进了居民之间的互动和交流，增进了社区的团结和凝聚力。

进一步说，传统节日庆祝活动还发挥着促进社区文化认同和增强居民归属感的作用。通过这些活动，居民不仅能参与节日的庆祝，还能加深对优秀传统文化的理解和认同。春节期间的社区活动，不仅可以让居民体验到节日的欢乐，还可以让他们了解春节的起源、习俗和文化内涵。这样的活动有助于增强居民对优秀传统文化的认同，提升他们的文化自信和文化归属感。节日庆祝活动还能促进不同年龄段和背景居民之间的交流与互动，增强社区的凝聚力与和谐氛围。

开设社区文化培训班也是提升社区文化水平和促进优秀传统文化传承的重要方式。通过开设如传统工艺、民族舞蹈等培训班，居民可以有机会学习和参与中华优秀传统文化活动。社区可以组织书法、绘画、剪纸等传统工艺的培训班，让居民在实践中了解和掌握这些传统艺术形式。民族舞蹈培训班则可以让居民学习到各民族的传统舞蹈，通过舞蹈表现形式感受民族文化的独特魅力。这些培训班不仅丰富了居民的文化生活，也为优秀传统文化的传承和发扬提供了平台。

社区文化培训班还能促进居民对优秀传统文化的深入了解和积极参与。通过系统的培训和学习，居民可以掌握传统工艺的技巧，了解其历史背景和文化价值。这样的培训班不仅为居民提供了学习和实践的机会，还激发了他们对优秀传统文

化的兴趣和热情。社区文化培训班为居民提供了一个展示自己才能和分享文化的舞台，通过举办社区文化艺术展览、演出等活动，居民可以展示自己在培训班中学到的成果，增强对优秀传统文化的认同和自豪感。

（二）公共文化活动的创新

公共文化活动的创新可以通过举办文化创意市集和实施社区文化融合项目，丰富优秀传统文化的传播方式和提升文化活动的影响力。这些创新措施不仅能促进优秀传统文化的传播，还能推动经济发展和促进社区文化的融合，为公众带来更为丰富和多样的文化体验。

文化创意市集的举办是公共文化活动中的一种创新形式。通过设置文化创意市集，可以展示和销售结合中华优秀传统文化的创意产品，如手工艺品、文化衍生品等。这些市集通常汇聚了各种传统工艺品和创新产品，如传统的书法作品、刺绣、陶瓷艺术品，以及以传统文化为主题的现代设计产品。通过这种形式，优秀传统文化得以以全新的方式呈现和传播，同时，也为传统工艺品和文化创意产业提供了展示与销售的平台。市集上可以设立专门的展示区和互动区，让参观者不仅能欣赏到传统工艺的精美，还能参与制作过程，体验传统工艺的魅力。这样的活动，不仅促进了文化产品的销售，也激发了公众对优秀传统文化的兴趣和热情，进一步推动了文化的传播和经济的发展。

进一步说，文化创意市集的创新还体现在它的互动性和参与性上。与传统的展览或市场不同，文化创意市集强调与公众的互动，通过现场工作坊、DIY 体验和文化讲座等形式，增强了活动的参与感和体验感。市集可以邀请传统工艺的匠人现场展示制作过程，让参观者亲身参与制作过程，体验传统工艺的魅力和技巧。市集还可以设置主题活动，如传统节日的特别展览和互动活动，吸引更多人群的参与。这种互动和参与的形式，不仅提升了活动的吸引力，也增加了公众对优秀传统文化的认同感和理解。

社区文化融合项目是另一种创新的公共文化活动形式，通过将中华优秀传统文化与当地文化结合，推动多元文化的交流和融合。这些项目通常包括社区庆典中的优秀传统文化元素展示、文化交流活动和多文化融合体验等。通过这些活动，优秀传统文化与地方文化相结合，形成了独特的社区文化氛围。在社区庆典中，可以结合当地的传统习俗，加入中华优秀传统文化的元素，如传统舞蹈、音乐表演和民俗展示。这种文化融合的方式，不仅丰富了庆典的内容，也促进了不同文化之间的理解和交流。社区文化融合项目还可以通过组织多文化交流活动，如文化节和文化讲座，让居民了解和体验不同的文化背景，增强社区的文化多样性和包容性。

第三节　中华优秀传统文化的企业文化应用

一、中华优秀传统文化在企业管理中的应用

（一）企业核心价值观的建立

1. 中华优秀传统文化价值观的融入

将中华优秀传统文化中的核心价值观融入企业核心价值观中，代表了一种将文化精髓与商业实践相结合的趋势。这种融合不仅有助于塑造企业的文化氛围，还能在竞争激烈的市场环境中树立独特的企业形象。通过对优秀传统文化价值观的融入，企业能够在经营管理、员工关系和社会责任等方面获得积极的影响。

仁爱作为中华优秀传统文化中的核心价值观之一，对企业的核心价值观融入具有重要意义。仁爱体现了关心他人、包容和善待他人的精神，这对于企业的内部管理和员工关系具有深远的影响。企业在日常经营中，如果将仁爱的理念融入人力资源管理，就能打造一个更加和谐的工作环境。企业可以通过制定关爱员工的福利政策、提供心理健康支持和开展员工关怀活动，体现对员工的关心和尊重。这样不仅能提高员工的工作满意度和忠诚度，还能促进团队合作和企业的整体绩效。

诚信是中华优秀传统文化中的另一项核心价值观，它在企业的运营中扮演着至关重要的角色。诚信不仅仅是企业与客户之间建立信任的基础，更是企业长期发展的核心要素。企业将诚信融入核心价值观，可以体现在各个方面，如诚实守信的业务操作、透明的财务管理和公平的市场竞争。通过实施诚信原则，企业能够赢得客户的信任和尊重，同时，也能在行业内树立良好的声誉。诚信的企业文化还有助于减少商业欺诈和不正当竞争，从而提升企业的市场竞争力和社会形象。

进一步说，尊重也是中华优秀传统文化中不可或缺的核心价值观之一。尊重体现在对员工、客户和合作伙伴的态度中，它能有效促进企业的良性互动和合作。企业在将尊重融入核心价值观时，可以通过尊重员工的意见和建议、尊重客户的

需求和反馈，以及尊重合作伙伴的利益等方式实现。企业可以设立员工意见反馈机制，鼓励员工表达他们的想法和建议，注重倾听客户的声音，积极回应客户的需求和期望。这种尊重的核心价值观不仅能提升员工的归属感和满意度，还能增强客户的忠诚度和合作伙伴的信任感。

在企业的核心价值观中融入优秀传统文化价值观，还能够促进企业的社会责任感和可持续发展。中华优秀传统文化强调的和谐、节约和环保等理念，可以在企业的社会责任实践中得到体现。企业可以通过开展公益活动、支持环保项目和推动可持续发展战略体现对社会和环境的关怀。这不仅符合传统文化中天人合一的思想，也能提升企业的社会责任感和品牌形象。通过这种方式，企业不仅能为社会做出贡献，还能在市场中获得更多的认可和支持。

2. 价值观的培训与传播

价值观的培训与传播是企业文化建设的重要组成部分，通过系统的培训和内部传播机制，能够确保企业员工深入理解并践行核心价值观。企业可以通过培训课程对员工进行系统的价值观教育。通过组织定期的培训班、研讨会和讲座，企业能够向员工详细介绍公司的核心价值观，以及这些价值观对企业文化和业务运营的重要性。这些培训课程不仅能帮助员工理解价值观的理论基础，还能通过实际案例展示价值观在工作中的应用。这种系统的培训能够为员工提供明确的价值观指南，使他们在日常工作中能够自觉遵守并践行企业的核心价值观。

除了培训课程外，内部传播机制也是确保价值观深入人心的关键。企业可以利用内部通信、新闻简报和企业文化手册等工具，将核心价值观不断传递给员工。企业可以定期发布内部新闻简报，介绍公司在价值观方面的最新进展和成功案例。这种内部传播不仅能增强员工对价值观的认识，还能激励他们积极参与价值观的践行。企业文化手册也是一个有效的传播工具，通过详细的手册内容，员工可以随时查阅公司对核心价值观的定义和具体要求。这种持续的内部传播机制能够帮助员工在日常工作中保持对价值观的关注和坚持。

实践和反馈机制在价值观的践行中同样重要。企业应当为员工提供实践机会，让他们在实际工作中应用价值观。企业可以通过设立价值观奖项，表彰那些在工作中积极践行公司价值观的员工。通过这种方式，员工不仅能获得认可，还能看到自己价值观践行的实际效果。企业还可以通过定期的反馈机制，收集员工对价值观实施的意见和建议。这种反馈机制能够帮助企业了解价值观传播的效果，及时调整培训和传播策略，从而不断提升价值观的实施效果。

在价值观的培训与传播过程中，领导层的示范作用至关重要。企业的高层领导应当通过自身的行为体现核心价值观，以身作则，树立良好的榜样。领导层在做决策时，应该充分考虑核心价值观的影响，并在公开场合中表达对价值观的重视。领导层的示范作用能够为员工树立榜样，激励他们在工作中自觉践行企业的核心价值观。领导层还应当参与培训和传播活动，通过与员工的直接互动，增强价值观的传播效果和影响力。

通过创建支持价值观的企业环境，可以进一步巩固价值观的践行。企业可以在办公环境中融入价值观元素，通过布置展示核心价值观的宣传板和标语，营造出一种积极向上的企业文化氛围。企业还可以组织团队建设活动，通过集体活动增强员工对价值观的认同感。组织团队合作项目，让员工在合作中实践核心价值观，从而加深对价值观的理解和应用。这种支持环境能够为员工提供实际的价值观践行场景，帮助他们更好地融入企业文化。

在全球化背景下，企业的价值观培训与传播也需要考虑跨文化的因素。对于跨国企业而言，不同地区和文化背景的员工可能对核心价值观有不同的理解与接受程度。因此，企业在进行价值观培训和传播时，应该考虑文化差异，采用适合当地文化的培训方式和传播策略。在多文化背景的团队中，可以通过文化适配的培训课程和跨文化交流活动，帮助员工更好地理解和融入企业的核心价值观。这种跨文化的价值观培训不仅能提升全球团队的凝聚力，还能促进国际业务的顺利发展。

（二）领导力与团队建设

领导力与团队建设在现代社会中发挥着至关重要的作用，而借鉴优秀传统文化中的领导智慧和团队合作精神，可以为提升领导力和促进团队建设提供深刻的启示。中华优秀传统文化中蕴藏了丰富的领导智慧和团队合作理念，这些智慧不仅为古代治理提供了成功的经验，也为现代管理和团队建设提供了宝贵的借鉴。

中华优秀传统文化中的领导智慧，尤其是"以德治国"的理念，对于提升领导力具有深远的影响。"以德治国"是儒家思想中的核心理念之一，它强调领导者应以德行和道义为基础治理国家及组织。在传统文化中，领导者通过个人的品德和道德规范来赢得下属的尊敬和信任，进而实现有效的治理和管理。孔子在《论语》中提到"君子以文德，君子以德治"，强调领导者的道德修养和德行对于治理的重要性。这一理念在现代管理中同样适用，领导者通过以身作则、树立良好的个人形象和价值观，能够激发团队成员的积极性和创造力，从而提升团队的整体表现。领导者的道德魅力和公正性不仅能增强团队的凝聚力，还能促进团队成员的认同感和忠诚度，形成一个高效和谐的工作环境。

团队合作与和谐是中华优秀传统文化中另一重要的智慧。优秀传统文化强调"和为贵"的思想，认为团队的合作与和谐是实现目标和成功的关键。在古代中国，许多成功的治理和管理经验都源于对团队合作与和谐的重视。《周易》中提到"天行健,君子以自强不息"，强调了团队中的协作和共同努力对于达成目标的重要性。在现代团队建设中，这一思想同样具有指导意义。团队成员之间的和谐关系和有效合作能够提高团队的工作效率，增强团队的创造力和问题解决能力。通过建立良好的沟通机制和相互支持的氛围，团队可以更好地应对挑战，实现共同目标。

在实践中，运用优秀传统文化中的团队合作精神可以采取多种方式。建立明确的团队目标和共同愿景，能够增强团队成员的认同感和使命感。优秀传统文化中的"同舟共济"精神，强调团队成员在面对困难时要团结一致，共同努力。在现代团队建设中，可以通过定期的团队会议、目标设定和团队活动增强团队成员的凝聚力和协作意识。注重团队成员的个人发展和相互支持。优秀传统文化中的"礼尚往来"理念，强调在团队合作中要尊重他人、关心他人，通过相互支持和帮助实现团队的共同目标。在现代管理中，可以通过提供培训机会、设立奖惩机制和建立支持性的工作环境，提升团队成员的技能和工作满意度。

同时，传统文化中的领导智慧和团队合作理念在现代社会中的应用也面临一些挑战。现代社会的快速变化和多元化需求对传统理念的适应提出了更高的要求。如何将优秀传统文化中的智慧与现代管理实践相结合，以满足新时代的需求，是需要认真思考的问题。传统文化中的某些理念可能在现代管理中需要进行适当的调整和创新，以适应新的工作环境和团队结构。团队合作中的和谐思想需要与现代团队管理中的多样性和包容性相结合。在现代社会中，团队成员背景和价值观的多样性可能会为团队合作带来挑战，如何在保持和谐的同时尊重多样性和包容不同的观点，是需要解决的问题。

二、中华优秀传统文化在企业品牌建设中的应用

（一）品牌形象的塑造

1. 文化符号的运用

将中华优秀传统文化中的符号、图案、色彩等元素融入企业品牌形象设计是一种有效的品牌塑造策略。这种做法不仅能提升品牌的文化价值和独特性，还能

在全球化竞争中彰显企业的文化自信。通过巧妙运用传统文化元素，企业能够建立起具有文化深度和视觉冲击力的品牌形象，从而吸引目标市场的关注并赢得消费者的喜爱。

中华优秀传统文化符号在品牌形象设计中的应用能够为企业带来独特的文化价值。优秀传统文化符号如龙、凤、梅花、兰竹等具有丰富的文化内涵和象征意义，它们能够为品牌注入独特的文化色彩。龙作为中华优秀传统文化的象征，通常代表着权力、尊贵和力量，运用在品牌设计中能够传达品牌的雄心壮志和高端定位。而凤则象征着美丽和繁荣，能够提升品牌的优雅形象。通过这种文化符号的运用，企业不仅能在视觉上创造深刻的印象，还能在情感上与消费者产生共鸣，从而增强品牌的认同感和忠诚度。

传统图案和色彩在品牌设计中具有独特的美学价值。中华优秀传统文化中的图案，如中国结、云纹、回纹等，具有独特的装饰性和象征意义，这些图案可以在企业的视觉设计中增添优秀传统文化的韵味。中国结常用于表达美好祝愿和好运气，其精致的图案能够为品牌形象增添一种吉祥和繁荣的寓意。色彩方面，传统的红色、金色和青色等也具有丰富的文化象征，红色象征着喜庆和热情，金色代表着财富和荣耀，青色则寓意着清新和沉稳。运用这些色彩能够强化品牌的文化特征，并吸引消费者的目光。

在企业品牌形象设计中融入传统文化元素，还能够帮助企业树立独特的市场定位。品牌形象的独特性和文化深度能够使企业在竞争激烈的市场中脱颖而出。某些高端品牌通过运用传统的工艺图案和符号，强调其产品的精致工艺和文化底蕴，这种设计策略能够有效地提升品牌的附加值和市场认同度。通过强调传统文化的元素，企业可以塑造出独具特色的品牌形象，从而在消费者心中留下深刻的印象。

2.品牌故事的讲述

构建企业品牌故事是现代市场营销中的重要策略，而结合中华优秀传统文化中的经典故事和寓意，则能够为品牌赋予独特的文化深度和吸引力。品牌故事的构建应注重挖掘中华优秀传统文化中的经典故事，这些故事通常富含深厚的文化内涵和寓意。例如，可以借鉴《西游记》中孙悟空的形象，讲述品牌在奋斗和创新过程中如何克服困难、勇往直前。这种结合不仅能为品牌故事增添丰富的文化层次，还能利用经典故事中的人物和情节，提升品牌的文化认同感。通过将品牌的发展历程与传统故事中的英雄旅程相结合，能够使消费者在了解品牌的同时，感受到中华文化的魅力和智慧。

品牌故事中的寓意和价值观的传达同样重要。中华优秀传统文化中充满了富有哲理的寓意，例如，《论语》中孔子提到的"仁爱""中庸"，以及《道德经》中老子讲述的"无为而治"等理念，这些都可以成为品牌故事的核心元素。通过将这些传统文化中的核心理念融入品牌故事，可以增强品牌的文化深度，使其不仅仅是一种商业产品，更是一种文化象征。品牌可以通过讲述其如何秉承"仁爱"的精神服务顾客，或如何实践"中庸"的理念平衡业务发展与社会责任，从而展示品牌的社会价值和文化内涵。这种价值观的传达有助于提升品牌的形象和声誉，使其在市场竞争中脱颖而出。

进一步说，品牌故事的讲述需要结合传统文化的符号和象征元素，以增强品牌的文化吸引力。中华优秀传统文化中有着丰富的符号和象征元素，如龙、凤、竹、梅等，这些元素在文化中具有独特的象征意义，可以为品牌故事增添更多的文化色彩。品牌可以采用龙作为象征，讲述品牌如何像龙一样在市场中腾飞，或通过凤的形象传达品牌追求卓越的精神。这种符号和象征元素的运用，不仅能让品牌故事更具文化特色，还能在视觉和情感上打动消费者，提升品牌的吸引力和记忆度。

品牌故事的讲述还应注重与消费者的情感共鸣。中华优秀传统文化中的故事和寓意常常能够引发人们的情感共鸣，这种共鸣能够帮助品牌与消费者建立更深层次的情感连接。品牌可以通过讲述传统节日中的故事，如春节的团圆和中秋节的思乡，以表达品牌对家庭和亲情的重视。这种情感的传达不仅能让消费者产生认同感，还能促进品牌与消费者之间的情感纽带，从而增强品牌的忠诚度和市场竞争力。

（二）产品设计与市场定位

在现代产品设计中，融入中华优秀传统文化元素不仅能提升产品的独特性和文化价值，还能增强消费者的文化体验和品牌忠诚度。在产品设计中融入中华优秀传统文化元素，如传统工艺和设计风格，能够打造具有文化特色的产品。这种融合不仅仅是对传统工艺的传承，更是一种文化创新的体现。在现代家居产品的设计中，可以融入中国传统的木雕工艺或丝绸刺绣，这些元素能够为产品增添独特的文化气息。传统工艺的运用，不仅使产品更具艺术性，还让消费者感受到中华文化的深厚底蕴。通过将传统图案、纹样或传统设计风格融入现代产品，设计师能够创造出既符合现代审美又富有文化意义的产品，从而满足消费者对个性化和文化认同的需求。

为消费者提供文化体验活动，是增强他们对产品及品牌认同感和忠诚度的重要方式。这些文化体验活动能够使消费者不仅仅是使用产品，更能够深入体验和理解产品背后的文化故事。品牌可以组织文化主题的工作坊、展览或者互动体验活动，邀请消费者参与其中。这些活动可能包括传统工艺品制作、文化讲座，或者与产品相关的历史故事分享。通过这些文化体验，消费者能够更加深入地了解产品的背景和文化内涵，从而在使用产品时感受到更多的文化价值。这样的体验不仅仅增强了消费者对产品的认同感，更提升了他们对品牌的忠诚度，因为他们不仅是购买了一个产品，而且是参与了一个文化故事的传承。

进一步地，产品设计中的文化元素和消费者文化体验的结合，能够为品牌创造更多的价值和市场竞争力。通过将传统文化元素融入产品设计，品牌能够在市场中脱颖而出，吸引那些对优秀传统文化感兴趣的消费者。同时，通过提供文化体验活动，品牌能够与消费者建立更深层次的情感联系，增强品牌的文化魅力和市场影响力。一些品牌在推出新产品时，会举办与产品主题相关的文化活动，如展示产品设计灵感的展览或者邀请设计师分享创作经历。这种活动不仅能引起消费者的关注和兴趣，还能提升品牌的形象和知名度，从而在激烈的市场竞争中获得更多的优势。

第四节　中华优秀传统文化的社会推广策略

一、教育与宣传推广

（一）教育体系中的推广

1. 课程设置与教材开发

课程设置与教材开发在推广中华优秀传统文化教育中发挥着至关重要的作用。通过将优秀传统文化内容整合到各级教育课程中，以及开发专门的教材，能够确保学生在系统学习过程中对中华优秀传统文化有深入的了解。这些措施不仅能提升学生的文化素养，还能在整个教育体系中形成对优秀传统文化的重视和传承。

课程内容整合是确保中华优秀传统文化得到有效传播的关键。将中华优秀传统文化融入中小学及高等教育课程中，可以让学生在不同的学习阶段接触到相关内容，形成系统的文化认知。在小学阶段，可以通过故事、节日和传统习俗的介绍，让学生初步了解中华文化的基本元素。这种课程设置不仅能激发学生的兴趣，还能培养他们对优秀传统文化的基本认识。在中学阶段，课程内容可以更加深入，包括古代文学作品、历史事件和传统艺术等。通过课堂教学、讨论和实践活动，学生能够对中华文化有更全面的理解和感受。在高等教育阶段，则可以提供专门的传统文化课程，涉及更深入的学术研究和实践，例如，古代哲学、历史研究、传统艺术创作等。这种逐步深入的课程设置，能够帮助学生在不同阶段掌握中华优秀传统文化的核心内容和精髓。

进一步地，教材编写在传统文化教育中也扮演了重要角色。开发专门的传统文化教材，可以为教师提供系统化的教学资源，也为学生提供全面的学习材料。这些教材应包括经典文学、历史人物、传统艺术等内容，以便于教师在教学中充分覆盖中华优秀传统文化的各个方面。编写涉及《论语》《道德经》等经典文学的教材，不仅可以帮助学生理解优秀传统文化的思想精髓，还可以促进他们的文学素养和阅读能力。教材中可以包括关于历史人物的章节，如介绍孔子、墨子、老子等重要历史人物的生平事迹和思想贡献，从而让学生更好地理解中华文化的历史背景和发展脉络。传统艺术部分则可以介绍中国书法、绘画、音乐等艺术形式，展示传统艺术的魅力和价值。这些内容的编写不仅要准确、全面，还要结合现代教育理念，设计符合学生认知特点和学习需求的教学内容与方式。

2. 师资培训与发展

师资培训与发展是提升教育质量和推动传统文化教育发展的关键环节。在教师的专业成长过程中，建立教师交流平台和建设教学资源共享机制，能够有效促进教师之间的合作与经验分享，提高传统文化教育的整体水平。这些措施不仅有助于教师个人的发展，也对学生的学习效果产生积极影响。

建立教师交流平台是推动传统文化教育发展的重要手段。通过搭建一个教师交流的平台，教师可以分享各自的教学经验和方法，促进教学理念的交流与碰撞。定期举办的教师研讨会、工作坊和学术交流会，可以为教师提供一个展示教学成果和讨论教学问题的机会。在这些平台上，教师可以交流如何将优秀传统文化融入课程，探讨不同的教学策略和方法。这种经验的分享不仅能提升教师的教学水平，还能激发教师对传统文化教育的热情和创新思维。教师交流平台还可以通过线上和线下的方式进行，利用现代信息技术，使教师能够随时随地进行交流和学习，从而扩大交流的覆盖面和深度。

进一步说，教师交流平台的建立还可以促进教师的专业成长和团队合作。通过交流平台，教师不仅可以学习到其他教师的成功经验，还可以获取到最新的教育研究成果和教学方法。这种信息的共享和知识的传播，能够帮助教师不断更新自己的教学理念和技能，提升自身的专业素养。教师在交流平台上的互动，还能够促进彼此之间的合作和支持，形成一个互助的教学团队。教师可以共同开发教学资源和课程设计，共享教学成果和经验，从而提高传统文化教育的整体水平和效果。

建设教学资源共享机制也是提升传统文化教育效果的关键措施。通过建立传统文化教育资源库，可以将各种教学资源如教材、教具、课件等集中管理和共享，供教师和学生使用。资源库可以包括古典文学作品的电子版、传统工艺的教学视频、经典文化案例的分析报告等。这些资源的集中和共享，不仅方便了教师的教学准备和课堂实施，还丰富了学生的学习资料和学习方式。在教学过程中，教师可以根据学生的需求和课程的特点，从资源库中获取合适的教学资源，提升教学的针对性和有效性。学生也可以通过访问资源库，拓宽自己的学习视野和知识面，增强对优秀传统文化的理解和兴趣。

（二）媒体与公众宣传

媒体与公众宣传在推广优秀传统文化中发挥着至关重要的作用。通过传统文化专题节目、网络宣传、合作与推广、文化节庆活动，以及展览与演出等多种形式的宣传手段，优秀传统文化得以在现代社会中获得广泛的关注和认同。这些宣传活动不仅能增强公众对优秀传统文化的了解，还能促进优秀传统文化的传播和保护。

制作和播出传统文化专题节目是提升公众对传统文化了解的重要途径。通过电视节目、纪录片和广播节目等形式，可以深入挖掘和展示优秀传统文化的丰富内涵。制作有关传统节日、民俗风情、古代历史和传统艺术的纪录片，可以让观众在视觉和听觉上感受到优秀传统文化的独特魅力。这些节目通常由专业的制作团队和文化专家参与，通过翔实的资料和生动的讲解，使观众能够对优秀传统文化有一个全面而深入的了解。电视节目和广播节目还可以邀请文化名人、专家学者进行访谈，分享他们对优秀传统文化的见解和研究成果，进一步提高节目内容的权威性和吸引力。通过这种方式，优秀传统文化不仅能得到有效传播，还能提升公众对优秀传统文化的认知和兴趣。

网络宣传在现代社会中具有广泛的传播力和影响力。利用社交媒体、短视频平台等渠道发布优秀传统文化内容，是提高优秀传统文化知名度的重要手段。通过在微博、微信、抖音等社交媒体平台上发布优秀传统文化知识、历史故事和艺术表演短视频，可以快速吸引大量的观众关注。这些平台具有较高的互动性和分享性，用户可以通过点赞、评论和转发等方式参与优秀传统文化的传播。网络宣传还可以通过制作具有创意和趣味性的内容，如与传统文化相关的挑战活动和话题讨论，进一步增强观众的参与感和传播效果。通过这些现代化的网络宣传方式，优秀传统文化能够以更生动和贴近年轻人的形式呈现，从而扩大其影响力和传播范围。

合作与推广也是优秀传统文化宣传中不可忽视的一部分。与知名媒体和文化机构的合作，可以提升传统文化推广活动的媒体曝光率和社会影响力；可以与主流电视台、广播电台和文化机构合作，联合制作和播出优秀传统文化相关的特别节目与专题报道。通过这些合作，不仅能利用媒体的资源和影响力，还能借助文化机构的专业支持和平台，增强优秀传统文化推广的效果。通过组织文化讲座、研讨会和展览等形式，邀请媒体和文化机构参与，共同推广传统文化，这种合作与推广的方式，有助于整合各方资源，形成合力，推动优秀传统文化的广泛传播和深度认知。

二、文化产业与商业推广

（一）文化产品与品牌建设

1. 传统文化产品开发

在当前市场环境下，传统文化产品的开发逐渐成为文化产业的重要组成部分。通过开发具有中华优秀传统文化特色的工艺品和饰品，如丝绸、瓷器、刺绣等，可以满足市场需求，同时，也为优秀传统文化的传承和推广创造了机会。这一过程不仅涉及传统工艺的复兴，还包含现代市场需求的精准对接和产品创新。

开发传统工艺品如丝绸、瓷器、刺绣等，是将中华优秀传统文化融入现代市场的重要方式。丝绸作为中国古代四大发明之一，拥有悠久的历史和独特的工艺。在现代市场中，通过开发具有传统工艺特点的丝绸制品，可以让消费者体验到丝绸的质感和优秀传统文化的魅力。结合现代设计元素的丝绸服饰和家居用品，可以在保留传统工艺精髓的基础上，满足现代消费者的审美需求。这种产品不仅具有高雅的文化价值，还能吸引喜欢传统工艺的消费者，从而提升市场竞争力。

瓷器是中华优秀传统文化的另一重要代表，其工艺复杂、历史悠久。开发具有传统特色的瓷器产品，如青花瓷、景德镇瓷器等，不仅能展示传统工艺的魅力，还能满足市场对高品质家居用品的需求。在瓷器的设计和制作中融入传统的工艺元素，如手绘花纹和古典造型，可以使瓷器不仅具备实用功能，还具有很高的收藏价值。通过这种方式，可以让现代消费者在日常生活中感受到优秀传统文化的独特魅力，也促进了瓷器工艺的传承和发展。

进一步说，刺绣作为中华传统工艺中的一项重要技艺，其精细的工艺和丰富的文化内涵，使其成为传统文化产品开发的重要方向。开发传统刺绣制品，如刺绣服饰、家居装饰品等，不仅能展示刺绣艺术的美学，还能满足市场对个性化和高端手工艺品的需求。利用传统刺绣技法制作的手工艺品，可以结合现代设计理念，创造出既具有传统韵味又符合现代审美的产品。这样的刺绣制品不仅能体现传统工艺的精髓，还能在市场中占据一席之地，吸引喜欢传统手工艺的消费者。

2. 品牌营销与推广

品牌营销与推广在提升传统文化品牌的市场认知度和影响力方面发挥着关键作用。品牌打造是创建和推广传统文化品牌的基础，成功的品牌打造需要明确品牌的核心价值和独特性，将传统文化的精髓融入品牌形象。传统文化品牌可以通过设计独特的品牌标识、口号和品牌故事，突出其在传统工艺、艺术或历史上的独特性。这样的品牌定位不仅能吸引目标消费者的关注，还能在市场中建立起鲜明的品牌识别度。品牌的视觉和情感元素应当紧密结合优秀传统文化的特色，通过精美的包装、传承的工艺和文化内涵，展示品牌的独特魅力。

营销策略是传统文化品牌推广的关键环节。制定针对传统文化产品的营销策略，需要综合考虑线上、线下的推广渠道和广告宣传方式。在线上推广方面，品牌可以利用社交媒体平台如微信、微博、抖音等，进行品牌宣传和产品推广。这些平台能够帮助品牌快速接触到大量潜在消费者，并通过内容营销和互动活动提升品牌的曝光度。品牌可以通过制作与传统文化相关的视频内容、分享用户的使用体验、举办线上活动等方式，增加品牌的互动性和影响力。电商平台也是传统文化产品的重要销售渠道，通过优化产品页面、提升搜索排名和进行促销活动，可以有效提升线上销售。

线下推广同样重要，它能够帮助品牌建立与消费者的面对面联系，并增强品牌的实际体验感。品牌可以参加相关的展会、博览会和市场活动，展示传统文化产品的特色和优势。在这些活动中，品牌可以通过现场演示、工艺讲解和互动体验等方式，吸引消费者的关注，并提升品牌的知名度。品牌还可以与实体店铺和文化场所合作，通过设置专柜、举办文化讲座等方式，增加品牌的曝光和认可度。线下推广不仅能提升品牌的市场存在感，还能增强消费者对品牌的信任和忠诚度。

广告宣传是品牌营销中的重要组成部分，它能够有效提高品牌的认知度和影响力。在广告宣传中，品牌应当选择与传统文化相关的广告创意和媒体渠道。品牌可以通过电视广告、杂志广告和户外广告等传统媒体，展示品牌的文化价值和产品特色；品牌还可以利用新兴媒体进行精准广告投放，如通过搜索引擎广告、社交媒体广告和内容合作等方式，针对特定的消费群体进行广告推广。广告宣传应当注重创意和效果，通过富有吸引力的广告内容和设计，激发消费者的兴趣和购买欲望。

（二）社会参与与文化合作

社会参与与文化合作在推动优秀传统文化的传播和推广中扮演了重要角色。企业和社会组织的参与，以及国际合作与推广，为中华优秀传统文化的推广提供了广泛的平台和机会。通过鼓励企业的文化责任，与社会组织合作开展文化活动，以及在国际上进行文化交流与推广，可以有效提升中华优秀传统文化的影响力和认知度。

企业的社会责任在优秀传统文化推广中起着积极作用。现代企业越来越认识到社会责任的重要性，尤其是在文化领域的责任。鼓励企业参与优秀传统文化推广活动，不仅有助于企业提升品牌形象，还能为优秀传统文化的传播提供支持。企业可以通过赞助传统文化活动，如书法展览、传统音乐会等，以支持文化事业的发展。这些活动不仅为企业提供了展示自身品牌价值的机会，还直接促进了优秀传统文化的传播和普及。企业还可以通过支持文化教育项目，如资助传统文化课程、设立奖学金等，以增强社会对优秀传统文化的重视和认同。通过这些举措，企业不仅履行了社会责任，也在促进优秀传统文化传承和发展方面发挥了积极作用。

社会组织的合作在优秀传统文化推广中同样具有重要意义。与社会组织合作开展优秀传统文化推广活动，可以充分发挥社会组织在文化推广和教育方面的作用。非营利组织常常在文化领域拥有丰富的经验和资源，可以通过举办文化讲座、展览等活动，向公众普及优秀传统文化知识。一些非营利文化机构可以组织传统文化讲座，邀请专家学者讲解中华优秀传统文化的历史和内涵，增强公众对优秀传统文化的理解和兴趣。社会组织还可以通过举办传统文化展览，展示传统工艺品、艺术作品等，吸引公众参观和学习。通过与社会组织的合作，可以有效扩大优秀传统文化的影响力，提高公众对优秀传统文化的认知和参与度。

在国际层面，文化交流和推广活动对于展示中华优秀传统文化的独特魅力至关重要。国际文化交流项目，如文化交流展览、国际论坛等，为中华优秀传统文化提供了展示的平台。这些活动不仅能让外国观众了解中华文化的丰富内涵，还能促进不同文化之间的交流与理解。通过在国际上举办中华优秀传统文化展览，展示中国书法、绘画、传统工艺等艺术形式，可以让外国观众感受到中华文化的独特魅力。国际论坛则提供了一个讨论和交流的平台，促进外国观众对中华优秀传统文化的深入了解和探讨。

海外推广活动是提升中华优秀传统文化国际影响力的重要途径。在海外举办优秀传统文化推广活动，如文化交流周、传统艺术表演等，可以直接向外国观众展示中华文化的独特性和吸引力。通过这些活动，可以加强与海外观众的文化互动，提升中华文化的国际知名度。文化交流周可以包括传统音乐会、舞蹈表演、工艺品展览等多种形式，展示中华优秀传统文化的多样性和深度。传统艺术表演则可以通过现场演出，让外国观众亲身体验中华传统艺术的魅力。这些海外推广活动不仅能增加中华文化在国际上的曝光度，还能促进文化之间的相互理解和尊重。

参考文献

[1] 何秀莲,雷璐铭.新媒体视域下中华优秀传统文化的传承与创新路径研究 [N]. 大河美术报 ,2024–07–05(11).

[2] 朱宗海 . 中华优秀传统体育文化传承创新发展研究 [J]. 当代体育科技 ,2023,13(34):131–133.

[3] 廖锐 . 高校中华优秀传统文化艺术传承模式创新研究：以《旅游产品开发设计》课程为例 [J]. 鞋类工艺与设计 ,2023,3(16):99–101.

[4] 牛培欣 . 中华优秀传统文化在产品设计教育中的传承与创新研究 [J]. 大观 ,2023(4):141–143.

[5] 刘声扬 . 中华优秀传统文化传承与高职院校思政教学的创新研究 [J]. 现代职业教育 ,2022(37):132–135.

[6] 蔡增亮,吴志坤,龚博敏,等 . 中华优秀传统文化传承基地建设实践与创新研究：以五禽戏传承基地建设为例 [J]. 中医药管理杂志 ,2022,30(14):1–4.

[7] 赵信彦 . 习近平新时代中国特色社会主义思想传承创新中华优秀传统文化研究 [D]. 济南：山东大学 ,2022.

[8] 陈春生 . 中国梦视域下中华优秀传统文化的传承与创新 [J]. 共产党员 (河北),2022(10):56.

[9] 王威峰,李红革 . 以系统观念推动中华优秀传统文化传承创新 [J]. 人民论坛 ,2022(5):123–125.

[10] 刘若垚,傅锁根 . 传承中华优秀传统文化 弘扬社会主义核心价值观：高校思想政治理论课教学实践创新研究 [J]. 内蒙古统战理论研究 ,2022(1):6–10.

[11] 任璐 . 高校中华优秀传统文化的传承与创新：以中国古典舞美育课程体系建设为例 [J]. 艺术教育 ,2021(10):105–108.

[12] 朱小颖 . 习近平传承创新中华优秀传统文化研究 [D]. 镇江：江苏大学，2021.

[13] 张丽 . 社会科学管理：中华优秀传统文化传承创新 [Z]// 陈建春 . 四川年鉴 . 成都：四川年鉴社 ,2020:420.

[14] 徐广宇 . 优秀传统文化传承与传播中坚定文化自信的探讨：《北京中华优秀传统文化传承与传播创新研究》评价 [J]. 新闻爱好者 ,2021(2):97–98.

[15] 王瑞 . 习近平新时代中国特色社会主义思想对中华优秀传统文化的传承创新研究 [D]. 曲阜：曲阜师范大学 ,2020.

[16] 周欣 . 中华优秀传统文化中和合思想的传承与创新研究 [D]. 郑州：河南工业大学 ,2020.

[17] 卜欣 , 董博 , 刘炜亚 . 中华优秀传统文化在高职课程中的传承与创新研究 [J]. 文化创新比较研究 ,2019,3(36):185–186.

[18] 蒋薇 . 职业与继续教育：京津冀职成院校中华优秀传统文化传承与创新发展联盟成立 [Z]// 王永刚 . 北京教育年鉴北京：方志出版社 ,201:462.

[19] 柳路行 . 新媒体语境下高校传承中华优秀传统文化内容选择与载体创新研究 [J]. 中国报业 ,2018(22):40–41.

[20] 樊蓉 , 任雅芳 . 创造性转化 创新性发展 [N]. 陕西日报 ,2017–03–09(15).